한국인의 택일 지침서

한국의 택일연구

역(曆)의 과학

한국인의 택일지침서

한국의 택일연구

역(曆)의 과학

발   행 | 2018년 2월 19일
저   자 | 이수동
펴낸이 | 한건희
펴낸곳 | 주식회사 부크크
출판사등록 | 2014.07.15.(제2014-16호)
주   소 | 경기도 부천시 원미구 춘의동 202 춘의테크노파크2단지
              202동 1306호
전   화 | 1670-8316
이메일 | info@bookk.co.kr

ISBN | 979-11-272-3351-8

www.bookk.co.kr

한국인의 택일 지침서

한국의 택일연구

역(曆)의 과학

저자 이수동

머리말

우리나라 속담에 "새집 짓고 3년 나기 어렵고, 새 사람 들어와서 3년 나기 어렵고, 묘지 쓰고 3년 나기 어렵다."는 말이 있다. 이 말은 가옥건축, 혼례, 매장·이장을 할 때 택일이 잘못되면 3년 안에 흉한 재액을 당하기 쉽다는 말이다. 이뿐만이 아니다. 위에서 열거한 일 외에서도 택일이 잘못되었을 때에 흉한 재액이 미칠 수 있으며, 그 기간도 비단 3년뿐만이 아니라 매장과 이장의 경우에는 십 수 년 후에까지 재액이 미치는 것으로 알려져 있다. 사정이 이와 같았으므로 조선시대에는 국가에서 관상감을 설치하여 택일을 연구함과 동시에 택일서책을 편찬하였다.

현재 우리나라 국민이 가장 많이 하고 있는 택일은 혼인택일(약혼, 혼례, 폐백), 이사택일, 개업택일, 고사택일, 가옥건축택일(터닦기, 상량식), 연회택일, 이장택일, 수묘(修墓)택일, 여행택일, 치료날짜택일(침구, 수술날짜), 임신기도택일, 출산택일, 장담그기택일, 상장례택일(입관, 파빈, 발인, 하관), 기제사택일, 관례택일 등이다.

이러한 택일은 택일문헌에 근거를 두고 제대로 해야 한다. 현재 국내 역술인들은 사주와 민력(택일력)으로 택일하여 고객에게 날을 잡아주고 있다. 사주학은 타고난 운명을 논하는 학문이므로 택일과는 관련성이 전무하다. 『연해자평』, 『자평진전』, 『적천수』, 『궁통보감』, 『삼명통회』 등 사주 문헌의 그 어느 곳에도 택일하는 이론이 없으므로 사주로 택일하는 것은 옳지 못하다. 그리고 민력에는 본명일, 본명일대충일, 화해일, 절명일 등이 빠져있을 뿐만 아니라 택일이론의 극히 일부만을 적용하여 민력을 편찬하였으므로 민력을 신뢰하기 어렵다.

직업 특성상 저자는 동양학 학자, 역술인, 고객들과 폭넓게 교류한다. 특히 택일 상담업에 종사하는 역술인들과 교류하면서 가장 안타깝게 생각했던 점은 그들이 택일 문헌이 있는 것을 아는 경우가 극히 드물며 또한 그들이 택일 문헌과 무관한 방식으로 택일을 하고 있다는 사실이다. 택일 문헌이 한문으로 기술되어 있으므로 이를 번역할 엄두가 나지 않는 것이 이해는 되지만 번역과 연구를 시도하지 않는 것은 더욱 안타까운 현실이다. 이와 같은 상황을 파악한 뒤에 저자는 택일의 표본이 되는 택일책을 출판하겠다는 결심을 하였다.

국내 학술기관에 소장되어 있는 조선시대 택일 문헌들을 수집하여 이론을 파악한 결과 『선택기요』와 『연길귀감』이 택일 문헌을 계승했다는 결론에 이르렀다. 조선후기의 택일문헌 계보는 『협기변방서』·『상길통서』 ⋯ 『협길통의』 ⋯ 『선택기요』 ⋯ 『연길귀감』이다. 정조의 어명으로 청나라에서 편찬한 『협기변방서』와 『상길통서』의 장점을 간추려서 편찬한 책이 『협길통의』이고, 『협길통의』의 요점을 간추려서 편찬한 책이 『선택기요』이며, 『선택기요』의 요점을 간추려서 편찬한 책이 『연길귀감』이다. 『선택기요』와 『연길귀감』은 고종대의 관상감 관원들과 학자들이 편찬한 택일서책으로서 조선 '택일의 정수(精髓)'라고 할 수 있다.

이번에 저자가 공개하는 '한국의 택일연구'는 『선택기요』와 『연길귀감』을 위주로 기술하되 『협기변방서』·『협길통의』·『신증천기대요』를 참조하여 현대인이 활용할 수 있도록 하였다. 이 책의 택일이론을 읽으면서 예제를 풀면 누구나 쉽게 택일을 할 수 있다. 아무쪼록 이 책이 일상의 주요 행사에서 택일하는 데에 작은 도움이 되길 바란다.

8천만이 하나의 겨레가 되는 조국을 기원하면서
빛고을 光明에서 단기 4350년 음력 11월 26일 이수동 적음

목 차

<그림 목차>

<서식 목차>

이 책은 택일을 공부한 분은 물론이고 택일을 공부하지 않은 분도 학습해서 택일할 수 있도록 편찬하였다. 이번에 공개하는 이 책의 원저자는 조선시대 관상감 관원 및 학자들이다. 우리는 그들의 자손이기에 이 책의 택일지식을 8천만 겨레가 공유해야 된다고 생각하면서 다음과 같은 점에 유의해서 이 책을 편찬하였다.

첫째, 한글만 알면 누구나 택일할 수 있도록 기술하였다.
　한글로 기술하되 한자가 필요한 경우에는 한글과 한자를 병기하였다.
둘째, 택일의 기초지식 및 전문용어를 기술하였다.
　이를 통해 택일 이해에 도움이 되게 하였다.
셋째, 택일 예제를 실었다.
　예제를 풀어 봄으로써 실생활에서 활용할 수 있도록 하였다.
넷째, 가장 신뢰할 수 있는 택일문헌으로 이 책을 기술하였다.
　모든 학문은 정확한 지식이 담겨져 있는 문헌이 중요하다. 본 책에서는 조선후기 관상감에서 편찬, 간행했던 『선택기요』와 『연길귀감』을 중심으로 택일이론을 기술하되 『협기변방서』, 『협길통의』, 『신증천기대요』를 참조하였다.
다섯째, 예서의 사례(四禮)를 기술하였다.
　현대인이 꼭 알아야 할 관혼상제의 기본적인 예를 기술하였으며 관혼상제에 관한 성인의 말씀을 실었다.

1. 이 책이 필요한 분
   가정의 대소사에서 택일을 하려는 일반인, 철학관·사주카페·포
   교원·사찰에서 택일을 하는 분, 대학·대학원·평생교육원·문화센
   터·학회에서 택일·사주명리·풍수지리 교육자, 지관(풍수지리 전
   문가), 장례지도사, 예절지도사, 혼례 주례선생, 방과 후 예절
   교육 교사, 기타 상담업 종사자이다.

2. 택일에 필요한 준비물
   달력이나 만세력 또는 만세력을 제공하는 싸이트가 필요하다.
   만세력 중에서는 『천문대만세력』과 한국천문연구원의 자료가
   비교적 정확하다.

3. 택일하는 순서
   길년 → 길월 → 길일 → 길시 순으로 한다. 즉 길년을 고른
   뒤에 길월을 고르고 → 길월을 고른 뒤에 길일을 고르며 →
   길일을 고른 뒤에 길시를 고른다.

4. 택일하는 원칙
   택일에서 가장 중요한 원칙은 재액을 피하는 것이고, 두 번째
   로 중요한 것은 희경(喜慶)을 기대하는 것이다. 택일하는 원칙
   은 다음과 같다.
   첫째, 흉살이 없고 길신이 가장 많은 날을 고른다.
   둘째, 흉살이 없고 길신이 많은 날을 고른다.
   셋째, 가급적 흉살이 적고 길신이 많은 날을 고른다.
   넷째, 가급적 흉살이 적고 길신이 있는 날을 고른다.

상편
택일의 역사와 이론적 배경

제1장
택일의 기초 이해

1. 택일의 뜻과 필요성

택일을 택길, 연길, 추택, 선택이라고도 부른다. 택길(擇吉)은 길일을 선택한다는 뜻, 연길(涓吉)은 길일을 가린다는 뜻, 추택(推擇)은 길일을 가려서 뽑는다는 뜻, 선택(選擇)은 여러 날 중에서 가려서 뽑는다는 뜻이다. 결국 길일을 가려서 길일에 행사하는 것을 뜻하는 용어들이다. 택일을 한자로는 '擇日, 영어로는 'Choice of an auspicious day'이다. 국어사전에서는 택일을 "큰일을 치르거나 여행을 떠날 때에 길일을 고르는 일"로 정의하고 있다. 우리 조상들은 관혼상제와 일용백사에서 길일을 골라 행사하였는데, 여기서의 관혼상제는 관례·혼례·상례·제례이고 일용백사는 일상생활에서의 주요 행사이다.

사례를 잘 치르기 위한 것이 택일의 첫 번째 목적이다. 예로부터 '사례(四禮)' 곧 관혼상제가 중요하게 인식되었으므로, 고대에는 고대의 예서인 『주례』·『의례』·『예기』가 편찬되었고 송대에는 주자(1130~1200)의 『가례』가 편찬되었다. 그리고 우리나라에서는 여말에 주자의 『가례』를 수입하여 조선중기에는 김장생(1548~1631)이 저술한 『가례집람』이 편찬되었고, 조선후기에는 이재(1680~1746)가 저술한 『사례편람』이편찬되었으며, 조선말기에는 황필수가 저술한 『증보사례편람』이 편찬되었다.인륜지대사인 관혼상제를 무사히 잘 치르기 위해 택일이 중요하였으므로 택일은 예(禮)와 불가분의 관계에 놓여있다고 할 수 있으며, 바로 이와 같은 관혼상제를 잘 치르기 위한 것이 택일의 첫 번째 목적이다.

그리고 택일의 두 번째 목적은 인사(人事)에서의 주요 행사를 실수 없이 순조롭게 거행하기 위한 것이다. 인사에서의 주요 행사에는 토목건축에 관련된 대지 평탄작업·초석·기둥세우기·상량식 택일, 매장 및 이장택일, 수렵과 어렵택일, 가축의 우리를 짓고 농작물의 풍작을 위한 농업택일이 있다. 이와 같은 생활 속에서의 여러 가지 행사를 잘 치르기 위해 음양오행설과 하도·낙서를 이론적 배경으로 하는 택일이 발전하였던 것이다.

모든 사람은 사례 및 일상생활 대소사에서 흉일을 피하고 길일을 골라 행사하여 그 행사를 무사히 마치고 또한 그 결과를 보다 좋게 하고자 한다. 우리나라 속담에 "새집 짓고 3년 나기 어렵고, 새 사람 들어와서 3년 나기 어려우며, 묘지 쓰고 3년 나기 어렵다."는 말이 있다. 이는 가옥 건축, 혼례, 매장·이장을 할 때 택일이 잘못되면 3년 안에 흉한 재액을 당하기 쉽다는 말이다.

이뿐만이 아니다. 위에서 열거한 일 외에서도 택일이 잘못되었을 때에 흉한 재액이 미칠 수 있으며, 그 기간도 비단 3년뿐만이 아니라 십 수 년 후에까지 미치기도 한다. 사정이 이와 같았으므로 조선시대에는 국가에서 관상감을 설치하여 택일을 연구함과 동시에 택일서책과 책력을 편찬하여 전국에 보급하였던 것이다.

2. 택일의 종류

첫째, 관혼상제 택일이다.

송나라 성리학자 주자(1130~1200)의 『가례』와 조선중기의 『가례집람』 그리고 조선후기의 예학자 이재의 『사례편람』 등의 예서(禮書)에서 중시하는 택일로서 곧 관례·혼례·상례·제례 택일을 가리킨다. 관례 택일은 관례 때에 행하는 택일을 말한다. 관례는 남자의 성년례인 관례(冠禮)와 여자의 성년례인 계례(笄禮)를 말하는데, 전통적인 관례는 세 번에 걸쳐서 행사하기 때문에 '삼가례'라고 부르기도 한다. 이 관례는 곧 오늘날의 성년

레에 해당한다. 혼례 택일은 혼례에서 행하는 택일이다. 혼례 택일의 범위는 의혼·납채·연길·납폐·혼례·폐백에서 택일을 해서 행사하게 된다. 현대의 혼례에서 꼭 지켜야 할 택일은 대례와 가례로 일컬어지는 '혼례식'과 혼례식이 끝난 이후에 갖게 되는 '폐백'이다.

상례 택일은 상을 당한 이후에 상가에서 행하는 택일 및 매장지에서 행하는 택일을 말한다. 현대의 상례에서 꼭 지켜야 할 택일에는 대렴 택일 및 파빈 택일과 발인 택일 등이 있다. 그리고 제례 택일은 제를 모시는 모든 택일을 말한다. 현재 우리나라에서 가장 많이 행하고 있는 제례 택일은 기제사이며 이 기제사에서는 날과 시간을 엄수해서 행사해야 한다.

둘째, 일용백사 택일이다.

이는 우리의 생활과 밀접한 관련이 있는 택일이다. 여기에는 출산 택일을 시작으로 돌과 회갑연을 비롯한 각종 연회 택일, 질병치료 택일, 이사 혹은 새로 집을 지은 후에 갖게 되는 입택 택일, 가옥건축 택일, 여행 택일, 방앗간·정미소·주유소 건축 택일, 댐과 저수지 건설 택일, 파종·벌목·가축사육 및 풍어를 위한 취어 등에서의 택일 등 생활 속의 거의 모든 택일이 해당한다. 현대인에게 가장 필요한 택일로는 혼례 택일, 출산 택일, 돌을 비롯한 각종 연회 택일, 이사 택일, 개업 택일, 여행·출장 택일, 가옥·빌딩건축 택일, 질병치료날짜 택일, 상례 택일, 장례 택일, 이장 택일 등이 있다.

3. 국내의 택일 방법론

현재 우리나라 국민은 혼례, 이사, 개업, 고사, 연회, 건축, 토목공사, 매장, 이장을 비롯한 여러 가지 대소사에서의 길일을 철학관, 사주카페, 산과 도심에 있는 사찰과 포교원 및 온라인상에서 받아서 행사하고 있다. 이들 상담소에서는 크게 두 가지 방법으로 택일을 하고 있다. 첫째, 연말연초에 출간되는 소책자 형태의 간단한 민력(택일력)으로 하고 있다. 둘째, 사주(四柱)로 하고 있다. 민력으로 하는 택일은 간편하다는 장점이 있지만 근거 문헌이 불분명한 단점이 있다. 그리고 사주로 하는 택일은 아예 이치에 맞지 않는다. 왜냐하면 사주는 택일하는 학문이 아니기 때문이다.

1) 사주로 하는 택일

사주는 타고난 녹명(祿命)을 예측하는 학문이다. 사주는 어떤 한 개인이 출생한 연월일시를 10간12지로 환산하여 사주를 세워서 사람의 복록과 수명을 예측하는 학문이다.

<표 1-1> 사주학과 택일학의 차이점

사주	택일
선천적인 녹명(祿命)을 예측하는 학문	후천적인 길일을 고르는 학문
출생한 연월일시로 녹명을 예측	행사하는 시기의 연월일시로 택일

이와는 달리 택일은 어떠한 행사를 하고자 하는 시기의 연월일시를 간지(干支)로 환산해서 길일을 고르는 학문이다. 가령 서기 2016년 2월 28일 낮 12시에 혼례를 올릴 경우, 이 날짜를 간지로 환산하면 병신년(丙申年) 경인월(庚寅月) 경진일(庚辰日) 병오시(丙午時)이다. 1년의 길흉을 주재하는 태세 丙申, 1개월의 길흉을 주재하는 월건 庚寅, 1일의 길흉을 주재하는 庚辰, 1시진(120분)의 길흉을 주재하는 丙午의 길흉작용을 파악해서 길한 달의 길일인지와 길시인지를 파악한다. 택일은 길년을 고른 뒤에 길월을 고르고, 길월 중의 길일을 고르며, 길일 중의 길시를 고른다. 이와 같이 사주와 택일은 목적이 다를 뿐만 아니라 또한 별개의 학문이다. 따라서 사주학으로는 타고난 녹명을 예측하고, 택일학으로는 택일을 하는 것이 지극히 바람직

하다.

2) 민력으로 하는 택일

연말연초 서점에는 '택일력'이라고도 불리는 민력(民曆)이 다수 출판되어 독자의 눈에 띈다. 민력은 가격이 저렴하고 간편하게 택일할 수 있다는 장점이 있지만, 크게 두 가지 측면에서 단점을 지적할 수 있다.

첫째, 민력에 사용된 택일문헌이 불분명하다.

지난 2009년(기축년)에 편찬되었던 여섯 권의 민력 중 근거문헌을 제시한 책은 단 한 권뿐인데 그 문헌은 『천기대요』이다.

둘째, 택일은 각 행사에 따라 쓰이는 신살(神殺)이 다르다.

2009년도의 대부분 민력에서는 근거가 제시되지 않은 몇 개의 신살만을 모든 택일에 적용해서 길일과 흉일을 채출하였으므로 길흉일을 제대로 채출했는지에 대해 의문이 든다. 2016년에 ㅁ출판사에서 출판된 민력에서는 길신을 취용하는 것보다, 행사에 불리한 흉살의 작용력을 피해서 유리·불리를 구분했다고 하면서, 7개의 흉살이 백사에 불리하므로 이를 범하지 않는 날로 수록했다는 안내가 되어 있다. 본 책의 근거문헌인 『선택기요』와 『연길귀감』으로 혼례택일을 할 경우에, 길신 7종 12개와 흉살이 18종 23개 등 모두 35개로 하는 것과는 큰 차이가 난다.

3) 택일은 택일문헌으로 해야 한다.

그럼 왜 대다수의 역술인이 민력이나 사주로 택일을 할까? 전국 순회강의를 다니면서 물은 결과, 택일 전문서책이 있다는 것을 모르는 경우가 대부분이고 설령 안다하더라도 가르치는 곳이 없기 때문에 배울 기회가 없었기 때문이다. 그럼 조선시대에는 택일을 어떻게 했을까? 앞에서 살펴 본 택일 전문서책으로 택일을 했다는 기록이 『태종실록』에 보인다.

　　"예조에서 장삿날을 상정하였다. 예조에서 서운관의 정문(呈

　　　제1장. 택일의 기초 이해

文)에 의거하여 아뢰기를, "안장(安葬)은 십전대리일에, 다음 길일은 『장서(葬書)』·『극택통서(剋擇通書)』·『원귀집(元龜集)』·『극택전서(剋擇全書)』에 아울러 모두 재록(載錄)되어 있으므로, 이제부터 장일은 음양 구기(拘忌)를 제외하고 오로지 십전대리일(十全大利日)을 써서 임신(壬申)·계유(癸酉)·임오(壬午)·갑신(甲申)·을유(乙酉)·병신(丙申)·정유(丁酉)·임인(壬寅)·병오(丙午)·기유(己酉)·경신(庚申)·신유(辛酉)로 하고, 다음 길일은 경오(庚午)·경인(庚寅)·임진(壬辰)·갑진(甲辰)·을사(乙巳)·갑인(甲寅)·병진(丙辰)·기미(己未)로 하소서." 하니, 그대로 따랐다.1)

조선 개국 26년 뒤인 태종 18년의 기록을 통해 조선전기 택일서책인 『장서』·『극택통서』·『원귀집』·『극택전서』로 택일을 했다는 것을 알 수 있다. 위 기록에서의 장일은 매장일을 가리키고, 『극택통서』는 청나라의 『사고전서』에도 수록되어 있는 택일 전문서책이다. 그리고 조선후기 고종대의 『승정원일기』 고종 27년(1890) 8월 16일(계축)의 기록에서도 택일 전문서책으로 택일을 했다는 기록이 보인다.

김홍집이 아뢰기를 "관상감에서 의논하여 택일을 함에 있어서 오직 『협길통의』만 씁니다."2)

여기서의 『협길통의』는 정조대에 만들어진 택일 전문서책이다. 조선시대 우리 조상들은 그들이 편찬한 택일서책을 우리에게 전해 주었으므로 택일서책으로 택일하는 것이 바람직하다고 할 수 있다.

---

1) 『태종실록』 태종 18년(1418) 7월 14일 기사.
2) 『승정원일기』 고종 27년(1890) 8월 16일 기사.

4. 책력(冊曆)과 택일

택일을 하기 위해서는 반드시 책력이 필요하다. 책력이 역(曆)의 원리에 의해 만들어지기 때문에 '역서(曆書)'[3]라고도 불린다. 책력을 국어사전에서는 "책력"(일 년 동안의 월일, 해와 달의 운행, 월식과 일식, 절기, 특별한 기상 변동 따위를 날의 순서에 따라 적은 책)으로 정의하고 있고, 한자사전에서는 "책력(冊曆) 연구에 관한 책"으로 정의하고 있다. 그리고 문화원형 사전에서는 "관상감에서 동지에 제작하여 배포하는 지금의 달력"으로 정의하고 있다. 종합해서 말하면 책력은 곧 달력이다.

책력은 수록된 기간에 따라 1년의 책력은 '세력', 100년의 책력은 '백세력', 1,000년의 달력은 천세력, 10,000년의 달력은 '만세력'으로 부를 수도 있다.[4] 이러한 책력에는 태세와 월건 그리고 매일의 일진이 10간 12지로 기록되어 있다. 택일을 할 때 연말연초에 사찰, 회사, 농협, 수협, 신협 등에서 1년 치의 달력을 발행해서 고객에게 나눠주는 달력을 사용해도 되지만 이 달력에는 24절기가 시작되는 시각이 적혀있지 않은 것이 단점이다. 참고로 우리가 부르고 있는 '만세력'은 대한제국 시기에 관상소(관상감)에서 간행한 '역서'의 명칭에서 유래되었다. 현재 서점에 진열되어 있는 만세력 책자는 대개 125년~200년의 달력을 제공하고 있다.

그럼 위와 같은 책력은 어떤 과정을 거쳐서 만들어지는 것일까? 책력은 천문 관측 ⟶ 역법 정립 ⟶ 역서 편찬의 세 가지 과정을 거쳐서 만들어진다. 책력을 편찬하기 위해서는 수 십년에서 수 백년간 천문을 관측해야 한다. 관측한 천문현상들을 조사하고

---

3) 역서(曆書) : 한국천문연구원(http://www.kasi.re.kr/) <역서목록>에서는 "해방 이후 태양력법에 의해 편찬된 현대역서"로 정의하고 있다.

4) 『천세력』·『만세력』 : 한국천문연구원(http://www.kasi.re.kr/) <역서목록>에서는 '천세력·만세력'을 "정조 원년(1777)부터 수백년간의 역 자료를 편집하여 만든 책"으로 규정하고 있고, 또한 '만세력(현대)'은 "장기간의 역 자료를 현대역법으로 만든 책, 만세력(1900~2050), 만세력(1900~2100)"으로 규정하고 있다.

통계를 내서 역법(曆法)을 만들게 되며, 이 역법에 기초하여 책력을 만들게 된다.

"천체의 주기적 현상에 따라 시간 단위를 정해 나가는 체계가 역(曆)이고 이 역을 편찬하는 원리가 역법이다. 지구의 자전주기는 하루(1일)라는 시간 단위이고, 지구의 공전주기와 달의 삭망주기는 한 해(1년)와 한 달(1월)이다. 이들의 천체운동은 규칙적이고, 모든 사람이 함께 관측해서 알 수 있으며, 이러한 해와 달의 주기는 임의로 고쳐 쓸 수 없다."5)

조선시대 우리 조상들은 천문관측 자료에 의한 역법을 바로 세워서 역서(曆書)를 편찬하여 국민에게 보급하였다. 천문을 관측하여 하늘의 절기 변화를 역서에 기록하여 방방곡곡의 백성에게 알렸다. 이를 위해 국가에서는 천문대를 세우고 각종 천문관측기구를 제작하여 일월오성을 비롯한 28수 및 일출과 일몰 등 천문을 관측한 자료를 분석하여 역법을 세우고, 역법에 의해 역서를 간행하여 배포하였다.

특히 세종 24년(1442)에는 왕명에 의해 이순지(李純之, ?∼1465)와 김담(金淡, 1416∼1464)이 원나라의 『수시력(授時曆)』과 명나라의 원통이 편찬한 『대통력(大統曆)』을 참고하여 『칠정산내편』이라는 역법서를 편찬하였고, 또한 서역의 『회회력(回回曆)』을 참고하여 『칠정산외편(七政算外篇)』이라는 역법서를 편찬하였다. 이와 같은 노력에 의해 세종대에는 역법이 정밀해졌다.

조선후기에 이르러서는 서양천문학의 수용과 이에 따른 서양천문학에 바탕을 둔 『시헌력(時憲曆)』 사용으로 천문학은 더욱 발전하였으며, 그 결과 미래 1,000년의 책력인 『천세력』을 편찬하기에 이른다. 이 『천세력』 편찬은 역법이 고도로 발달해야만 가능한 일이었기에 큰 의미를 부여할 수 있다.6) 앞에서 살펴보았

---

5) [네이버 지식백과] 역법(曆法) (한국민족문화대백과, 한국학중앙연구원) 참조.
6) 이수동, 「조선시대 陰陽科에 관한 연구」, 원광대학교 박사학위 논문,

듯이 『시헌력』을 사용하기 이전에는 겨우 1년 정도의 역서 곧 책력을 만들었지만, 이 역법을 적용한 이후로는 100년 이상의 책력을 만들 수 있었으므로 『시헌력』이 조선전기의 역법에 비해 진화된 역법이라는 것을 알 수 있다. "『시헌서』라고도 불리는 『시헌력』이 사용된 시기는 1654년~1666, 1670~1897년이다."[7] 현대에서는 장기간의 역 자료를 현대역법으로 계산하여 만든 만세력이 사용되고 있다.

5. 택일을 하기 위한 기초지식

길일을 고를 때에는 흉살이 없거나 적으면서 길신이 많이 든 날을 고르면 된다. 여기에서의 '흉살'은 흉한 작용을 일으키는 살(殺)을 뜻하고 '길신'은 좋은 작용을 일으키는 신(神)을 말한다. 국어사전에서는 흉살을 "불길한 운수나 흉한 귀신"으로 정의하고 있다. 이러한 신과 살은 어떤 택일인지에 따라 달리 적용된다.

가령 관례택일의 경우, 길신에는 여섯 가지의 덕신인 세덕·세덕합·천덕·천덕합·월덕·월덕합과 건제12성의 정(定)·성(成), 황흑도길흉정국의 황도, 천원, 월은 등이 있다. 세덕과 세덕합은 태세 기준의 길신이고, 나머지 천덕·천덕합·월덕·월덕합과 건제12성의 정(定)·성(成), 황흑도길흉정국의 황도, 천원, 월은 등은 모두 월건 기준의 길신이다.

그리고 가옥건축 택일에서 기둥을 세울 때의 흉살에는 화해, 절명, 월파, 월기 등이 있다. 화해와 절명은 '한국나이'로 정하는 흉살이고, 월파는 월건 기준의 흉살이며, 월기는 음력 기준의 흉살이다. 위에서 소개했던 이러한 신살을 적용하는 기준은 태세, 사계, 월건 등이다. 이외에도 택시(擇時)를 할 때에 활용되는 육임신장살몰귀등천문은 월장에 따라 달리 적용된다. 따라서 이들

2013, 21쪽.
7) 한국천문연구원(http://www.kasi.re.kr/) <역서목록> 참조.

에 대해 살펴본다.

　태세는 관례택일, 혼례택일, 상례택일을 비롯한 모든 택일에서 태세 신살을 적용할 때와 '한국나이' 곧 '집나이'를 정하는 기준이 된다. 가령 2016년 2월 4일 18시 46분~2017년 2월 4일 00시 33분까지의 태세는 丙申, 2017년 2월 4일 00시 34분~2018년 2월 4일 06시 28분까지의 태세는 丁酉, 2018년 2월 4일 06시 28~2019년 2월 4일 12시 13분까지의 태세는 戊戌이다.

　태세의 기준은 입춘이고, 입춘은 대개 양력 2월 3일이나 4일이다. 입춘 절입시각 이후로 한 해가 바뀌는데 바뀌는 시각은 해마다 달라진다. 서울 기준 2016년의 입춘은 2월 4일 오후 6시 46분, 2017년의 입춘은 2월 4일 0시 34분이다. 따라서 丙申년은 2월 4일 오후 6시 46분~2017년 2월 4일 0시 33분까지이다. 그리고 丁酉년은 2017년 2월 4일 0시 34분 이후부터 2018년 2월 4일 오전 6시 27분까지이다. 다른 해의 태세 기간은 <표 1-2>와 같다.

1) 태세

태세는 한 해를 간지(干支)로 나타낸 것이다.

<표 1-2> 태세 기간(2016~2023)

태세	태세가 시작되는 일시	태세가 끝나는 일시
丙申	2016년 2월 4일 18시 46분	2017년 2월 4일 00시 33분
丁酉	2017년 2월 4일 00시 34분	2018년 2월 4일 06시 28분
戊戌	2018년 2월 4일 06시 28분	2019년 2월 4일 12시 13분
己亥	2019년 2월 4일 12시 14분	2020년 2월 4일 18시 02분
庚子	2020년 2월 4일 18시 03분	2021년 2월 3일 23시 58분
辛丑	2021년 2월 3일 23시 59분	2022년 2월 4일 05시 50분
壬寅	2022년 2월 4일 05시 51분	2023년 2월 4일 11시 42분
癸卯	2023년 2월 4일 11시 42분	2024년 2월 4일 17시 26분

2) 사계(四季)

사계는 봄, 여름, 가을, 겨울을 말한다. 사계는 관례택일, 혼례택일, 상례택일을 비롯한 모든 택일에서 사계 신살을 적용할 때 기준이 된다. 사계가 바뀌는 날은 입춘, 입하, 입추, 입동이고, 이 네 날을 '사립일(四立日)'이라고도 부른다.

<표 1-3> 사립이 시작되는 날짜

사립	입춘	입하	입추	입동
양력	2월 4일경	5월 6일경	8월 8일경	11월 8일경

네 계절이 바뀌는 날은 매년 달라진다. 대개의 경우 입춘은 양력 2월 4일, 입하는 양력 5월 6일, 입추는 양력 8월 8일, 입동은 양력 11월 8일에 바뀐다. 매년의 절입시각은 만세력으로 확인할 수 있다. 서울 기준 2016년 입춘 절입 일시는 2월 4일 18시 46분, 입하 절입 일시는 5월 5일 10시 52분, 입추 절입 일시는 8월 7일 10시 53분, 입동 절입 일시는 11월 7일 01시 41분이다.

3) 월건(月建)과 월장(月將)

월건은 한 달을 12지로 나타낸 것이고 12절(節)에 바뀐다. 12절은 입춘, 경칩, 청명, 입하, 망종, 소서, 입추, 백로, 한로, 입동, 대설, 소한이다. 가령 입춘부터 한 달간의 월건은 寅이고, 경칩부터 한 달간의 월건은 卯이며, 청명부터 한 달간의 월건은 辰이다. 다시 말하면 월건 寅이 시작되는 날짜는 입춘인 양력 2월 4일~5일경, 월건 卯가 시작되는 날짜는 경칩인 양력 3월 5일~6일경, 월건 辰이 시작되는 날짜는 청명인 양력 4월 4일~5일경이다. 나머지 월건이 시작되는 날짜 및 24절기(12절·12기)의 명칭과 기후는 <표 1-4>와 같다.

좀 더 자세하게 말한다면 사계, 월건, 24절기가 시작되는 기준은 '황경(黃經)'이다. 월건이 정해지는 12절은 황도상에서 운행

제1장. 택일의 기초 이해

되고 있는 태양의 운행과 직접 관련이 있다. 입춘은 315°, 경칩은 345°, 청명은 15°, 입하는 45°, 망종은 75°, 소서는 105°, 입추는 135°, 백로는 165°, 한로는 195°, 입동은 225°, 대설은 255°, 소한은 285°에 태양이 들어가는 시점이다.

월장은 12지로 나타내고 12기(氣)에 바뀐다. 12기는 우수, 춘분, 곡우, 소만, 하지, 대서, 처서, 추분, 상강, 소설, 동지, 대한이다. 12기(氣) 또한 월건과 마찬가지로 적용된다. 가령 우수가 되는 시점은 330도, 춘분이 되는 시점은 360도이다. 따라서 월장 亥는 우수~춘분 사이에, 그리고 월장 戌은 춘분~곡우 사이가 된다.

<표 1-4> 사계, 월건, 24절기

계절	절기명	날짜(양력)	월건	월장	황경	기후
봄 (春)	입춘(立春)	2월 4일~5일	寅		315°	봄의 문턱에 들어선다.
	우수(雨水)	2월 18일~20일		亥	330°	얼음이 녹고 초목이 싹트기 시작한다.
	경칩(驚蟄)	3월 5일~6일	卯		345°	겨울잠을 자던 벌레들이 깨어난다.
	춘분(春分)	3월 20일~22일		戌	360°	밤낮의 길이가 같다.
	청명(清明)	4월 4일~5일	辰		15°	하늘은 맑고 날씨는 따뜻하다.
	곡우(穀雨)	4월 20일~21일		酉	30°	농사를 재촉하는 비가 내린다.
여름 (夏)	입하(立夏)	5월 5일~6일	巳		45°	여름의 문턱에 들어선다.
	소만(小滿)	5월 20일~21일		申	60°	만물이 성장하여 가득하게 찬다.
	망종(亡種)	6월 5일~6일	午		75°	보리를 수확하고 모심기를 한다.
	하지(夏至)	6월 21일~23일		未	90°	낮이 가장 길다.
	소서(小暑)	7월 6일~8일	未		105°	본격적인 무더위가 시작된다.
	대서(大暑)	7월 22일~23일		午	120°	무더위가 절정에 이른다.

가을 (秋)	입추(立秋)	8월 7일~8일	申	135°	가을의 문턱에 들어선다.
	처서(處暑)	8월 22일~23일	巳	150°	더위가 수그러든다.
	백로(白露)	9월 7일~8일	酉	165°	풀잎에 이슬이 맺힌다.
	추분(秋分)	9월 22일~24일	辰	180°	밤낮의 길이가 같다.
	한로(寒露)	10월 7일~9일	戌	195°	날씨가 서늘해지고 이슬이 맺힌다.
	상강(霜降)	10월 23일~24일	卯	210°	서리가 내린다.
겨울 (冬)	입동(立冬)	11월 7일~8일	亥	225°	겨울의 문턱에 들어선다.
	소설(小雪)	11월 22일~23일	寅	240°	눈이 내리기 시작한다.
	대설(大雪)	12월 6일~7일	子	255°	큰 눈이 내린다.
	동지(冬至)	12월 21일~23일	丑	270°	밤이 가장 길다.
	소한(小寒)	1월 5일~7일	丑	285°	매서운 추위가 몰아친다.
	대한(大寒)	1월 20일~21일	子	300°	매서운 큰 추위가 몰아친다.

<표 1-4>는 태양의 위치를 24개의 절기로 역산(曆算)한 '24절기 태양력'이다. 이것은 '정기법(定氣法)'에 의한 역산으로서 천구상의 황도를 15° 간격으로 24등분하고 태양이 각 등분점을 통과할 때를 24개의 입기(立氣) 시각으로 정한 것이다. 정기법은 태양이 천구상의 황도를 움직여가는 각 거리를 기준으로 정했으므로 하나의 절(絶)에서 하나의 기(氣)까지의 기간 혹은 하나의 기에서 하나의 절까지의 기간이 14일에서 16일로서 일정하지 않은데, 이것은 만세력을 확인하면 바로 알 수 있다. 절은 대개 매월의 초순(평균 6일경)에 있고 기(氣)는 매월의 하순(평균 21일경)에 있다.

<표 1-4>에서 24절기는 12개의 절기와 12개의 중기로 이루어져 있다는 것을 알 수 있다. 12절기로는 월건이 정해지고 12중기로는 월장이 정해진다. 12절기와 12중기는 대략 15일로서 각각 세

등분하면 5일이 되는데, 초5일을 '초후(初候)', 중5일을 '중후(中候)', 말5일을 '말후(末候)'라고 한다. 가령 2017년 12월 22일이 소설기인데, 이 날의 12:04(서울 기준)에 태양이 황도상의 240°에 진입했다는 뜻이 되며, 삼후를 금년의 소설기에서 예를 들면 22일~25일은 초후, 26일~12월 1일은 중후, 12월 2일~12월 6일은 말후가 된다.

우리가 흔히 '요즘 기후(氣候)가 좋다'는 말을 한다. 이는 12기(氣)에서 기를 따고 초후, 중후, 말후에서의 후(候)를 따서 '기후'가 좋다는 말을 한다. 따라서 오늘 기후가 좋다는 말을 들은 적이 없을 텐데, 이는 기후가 최소 5일에서 15일을 가리키기 때문이다. 가장 중요한 것은, 24절기를 무턱대고 만들어서 사용하고 있는 것이 아니라 태양이 천구상의 황도상에서 운행되는 것을 24등분해서 만들었다는 사실로서, 모든 종류의 역학이 천문학에 기반하고 있다는 것을 알 수 있다. 위에서 소개한 월장은 관례택일, 혼례택일, 상례택일을 비롯한 모든 택일에서 택시 할 때의 기준이 된다.

4) 일진

일진은 날짜를 간지로 나타낸 것이다. 가령 양력 2016년 1월 1일의 일진은 임오(壬午), 2일의 일진은 계미(癸未), 3일의 일진은 갑신(甲申)이다. 이 일진은 자시(子時)에 바뀐다. 자시가 시작되는 시각은 11시 32분이다. 가령 위에서 임오일이 시작되는 시각은 1월 1일의 11시 32분, 계미일이 시작되는 시각은 1월 2일의 11시 32분, 갑신일이 시작되는 시각은 1월 3일의 11시 32분이다. 따라서 임오일은 1월 1일 11시 32분~1월 2일 11시 31분, 임오일은 1월 2일 11시 32분~1월 3일 11시 31분, 임오일은 1월 3일 11시 32분~1월 4일 11시 31분이다.

5) 시진

시진은 시간을 간지로 나타낸 것이다. 자시는 밤 11시 32분~01시 31분, 축시는 밤 01시 32분~03시 31분, 인시는 밤 03시

32분~05시 31분이다. 나머지의 시진은 <표 1-5>와 같다.

<표 1-5> 12시진의 시간

12시진	시간
자시(子時)	밤 11시 32분~01시 31분
축시(丑時)	밤 01시 32분~03시 31분
인시(寅時)	밤 03시 32분~05시 31분
묘시(卯時)	새벽 05시 32분~07시 31분
진시(辰時)	아침 07시 32분~09시 31분
사시(巳時)	낮 09시 32분~11시 31분
오시(午時)	낮 11시 32분~1시 31분
미시(未時)	낮 1시 32분~3시 31분
신시(申時)	낮 3시 32분~5시 31분
유시(酉時)	저녁 5시 32분~7시 31분
술시(戌時)	밤 7시 32분~9시 31분
해시(亥時)	밤 9시 32분~11시 31분

6) 태세, 월건, 일진 찾기

양력	음력	요일	일진	월건	태세
2/20	1/13	토	壬申	庚寅	丙申
21	14	일	癸酉	庚寅	丙申
22	15	월	甲戌	庚寅	丙申
23	16토	화	乙亥	庚寅	丙申

2016년 2월 20일부터 22일 사이에 혼례 택일을 하려고 한다. 태세, 월건, 일진은?

① 태세: 丙申이다. 위의 날들이 입춘 절입 시각인 양력 2월 4일 18시 46분 이후의 일진이므로 태세는 병신이다.

② 월건: 庚寅이다. 위의 날들이 입춘인 양력 2월 4일 18시 46분 이후의 날들이고 아직 경칩이 되지 않았기 때문이다.

③ 일진: 만세력을 확인했더니 양력 2월 20일은 임신, 21일은 계유, 22일은 갑술, 23일은 을해이다.

7) 태양력, 태음력, 태음태양력?

태양력(太陽曆)을 양력, 태음력(太陰曆)을 음력이라고도 부른
다. 태양력은 지구가 태양의 둘레를 한 바퀴 도는 데에 걸리는
시간을 1년으로 정한 역법이고, 태음력은 달이 지구를 한 바퀴
도는 데에 걸리는 시간을 1년으로 정한 역법이다. 그리고 '태음
태양력(太陰太陽歷)'은 달의 변화주기를 기준으로 정한 역법으로
서 윤달을 두어 태양년과 일치시키는 역법이다. 음력은 계절변화
와 일치하지 않기 때문에 우리 조상들은 태음력과 24절기에 의
한 태양력을 동시에 사용하였는데 이 역법이 곧 태음태양력이다.
음력은 합삭(合朔) 곧 달이 보이지 않는 날을 음력 초하루로 정
하여서 다음 합삭일까지의 주기는 29.53일이다. 그래서 음력은
큰달(대월)과 작은달(소월)로 구분되어 큰달은 30일이고 작은달
은 29일이다. 택일에서 중시하는 태세와 월건 및 24절기가 시작
되는 시각은 태양의 운행에 의한 것으로서, 태양이 황도 구역에
들어가는 도수로 정해진다.

6. 택일에 필요한 준비물

책력이 필요하다. 책력은 네 가지 형태가 있다. 네 가지 중에서
둘 이상을 갖추는 것이 좋다. 책력에는 택일에서 꼭 필요한 태
세·사계·24절기의 절입시각 및 양력 날짜와 음력 날짜 그리고 날
짜별 일진이 간지(干支)로 표기되어 있다. 다만 24절기의 절입시
각은 서울 기준으로만 표기되어 있다.

첫째, 달력이나 택일력을 활용할 경우

간지가 적혀 있는 달력을 활용하면 된다. 대개 한 해의 달력만
나오므로 다음 해의 택일을 원할 경우 다음 해의 택일을 할 수
없고, 또한 달력에는 24절기 절입시각이 적혀있지 않으므로 불편
하다. 그리고 연말연시가 되면 수종의 택일력이 서점에 쏟아져
나온다. 택일력을 출판사에 따라 '민력' 또는 '책력'으로 달리 부

르고 있다. 대부분의 택일력에는 태세·사계·24절기의 절입시각 및 양력 날짜와 음력 날짜 그리고 날짜별 일진이 간지로 표기되어 있다. 또한 이 택일력에는 여러 가지 인사(人事)에서의 길흉일을 표로 채출하여 놓았는데, 채출한 문헌으로 『천기대요』를 들고 있는 출판사도 있다. 그러나 대부분의 택일력에서는 문헌 근거를 밝혀 놓지 않았지만 『천기대요』를 근거로 했을 것으로 추측된다.

둘째, 만세력 책자를 활용할 경우

만세력을 서점에서 구입하면 된다. 활자가 큰 만세력이 활용에 편리하다. 택일에서 생명인 24절기 절입 시각이 가장 정확한 만세력은 2004년도에 남산당에서 출판한 <천문대 만세력>으로서 한국천문연구원의 자료와 동일하다. 그러나 이 만세력은 활자가 작은 것이 흠이다.

셋째, 컴퓨터에서 만세력을 활용할 경우

컴퓨터의 인터넷상에서 간편하게 활용할 수 있는 대표적인 만세력 싸이트는 http://saju8.com/caltype1/index.php이고, 태세와 12월건의 정확한 기준은 한국천문연구원(http://www.kasi.re.kr/)에 접속 → 월력요항 → 월별 천문현상의 달력을 참조하면 된다.

넷째, 스마트폰에서 만세력을 활용할 경우

<play 스토어>에 접속, <만세력 애플리케이션(앱)> 설치가 가능하다. 무료로 이용할 수 있는 <만세력 애플리케이션(앱)>에는 <원광만세력>이 있다. <원광만세력>에는 태세·사계·24절기의 정확한 절입시각 및 양력 날짜와 음력 날짜 그리고 날짜별 일진이 간지로 표기되어 있다. 앞에서 말한바와 같이 태세와 12월건의 정확한 기준은 한국천문연구원 홈페이지에 접속 → 월력요항 → 월별 천문현상의 달력을 참조하면 된다.

제2장

한국의 택일사

1. 고대

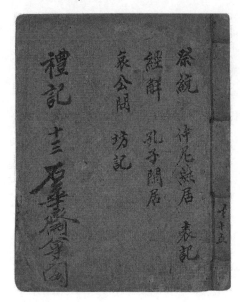

<그림 2-1> 『예기』[10]

택일에 관련된 글이 중국 고대 유교경전인 『예기』에 다수 보인다. "외사는 강일(甲·丙·戊·庚·壬)에 하고 내사는 유일(乙·丁·己·辛·癸)에 한다."[8]는 대목이 바로 그것이다. 이외에도 『예기』의 여러 곳에 택일에 관련된 글이 보인다. "증자가 물었다. 혼례 절차에서 이미 폐백을 보내고 길일(吉日)을 정했는데 여자의 부모가 죽으면 어떻게 해야 합니까?[9] 하니, "공자(B.C. 551~B.C. 479)가 말하기를, 석 달이 되어 사당에 고할 때에는 "며느리가 되었습니다." 라고 한다. 다시 "택일을 해서 사당에 제사하는 것은 며느리로서 부모를 봉양하는 도리를 이룬다는 뜻에서이다."[11] 다시 "증자가 묻기를, "여자에게 장가들기로 하여 혼인의 길일을 정하고 나서 여자가 죽으면 어떻게 해야 합니까." 이에 공자가 말씀하시기를, "사위될 사람이 재최(齊衰)를 입고 가서 조문한다."[12]

---

8) 이수동, 「조선말기 명과학 시험교재 『선택기요』 연구」, 장서각 32, 2014, 115쪽.
9) 『禮記』 <曾子問> 第七, "曾子問曰, 昏禮旣納幣, 有吉日, 女之父母死, 則如之何?"
10) 자료: 화성시향토박물관
11) 『禮記』 <曾子問> 第七, "孔子曰, …… 三月而廟見, 稱來婦也. 擇日而祭於禰, 成婦之義也."

고 하였다. 여기에서의 재최는 상을 당한 이후에 입는 상복이다.

택일에 관한 우리나라의 자료로는 『삼국사기』가 있다. 진평왕 (579~632) 때 설씨녀(薛氏女)가 혼인을 앞두고 날을 고른다 [卜日]는 기록13)이 있다. 고구려에서는 망자의 빈소를 옥내에 두고 3년이 지나면 길일을 골라 장사지냈다14)고 한다. 삼국시대에 택일을 하는 관리를 '일관(日官)' 또는 '일자(日者)'라고 불렀다. 『삼국사기』와 『삼국유사』에 이러한 관직명이 기록되어 있는 것으로 보아 국가와 민간의 일용백사에서 택일이 성행했을 것으로 짐작된다. 그러나 삼국시대 택일에 관한 기록이 많이 남아 있는 편은 아니어서 택일의 활용 범위를 구체적으로 알기는 어렵다.

2. 고려시대

고려시대에는 음양설과 참위설 그리고 풍수지리설이 유행하였다. 『고려사』에는 택일을 해서 행사하였다는 기록이 보인다. 중국 사신이 올 때에도 택일을 하였으나 제6대 성종(960~997) 이후에 그만 두었다고 한다.

> "여름 6월, 나라의 풍속이 음양에 따라 피하고 꺼려서, 매 조정에서는 사신이 올 때마다 반드시 달과 날을 택하여 조서를 받았다. 시성무가 관(館)에 머무른 것이 한 달이 넘어가니, 책망하였다. 다음 날 왕이 나가서 명을 받았다. 이때부터는 다만 날만을 택하여 맞이하였다."15)

> "문종 35년에 비가 그치지 않으므로 날이 개기를 바라는 기청제를 택일을 해서 행사하였다."16)

---

12) 위의 책, "曾子問曰, 取女有吉日而女死, 如之何, 孔子曰壻齊衰而弔."
13) 『三國史記』 권48 薛氏女列傳.
14) 『隨書』 권81 高麗列傳, "死者殯在屋內, 經三年, 擇吉日移葬."
15) 『고려사절요』 성종문의대왕, 성종9년 6월.

제2장. 한국의 택일사

"동북 여진족을 물리치고 나서 그 성과를 태조묘에 고하는 날짜를 택일을 해서 시행하였다."

"숙종 5년 요에서 사신을 보내 원자 책봉을 승인하고 택일을 해서 예를 갖춰서 교지를 내렸다."

"우왕 5년 뇌물수수와 불경죄로 왕의 유모 장씨를 유배 보내는 기록에서 장씨가 말하기를 "예(禮)에서 군왕이 반드시 날을 골라(擇日) 비빈을 거느리고 지금 들개처럼 물러가라니 어찌 된 것인지를 따졌다."

"태묘(太廟)의 향사(享祀)에 정해진 날이 있는 것은 한식과 납일(臘日)인데, 납향(臘享)은 천어를 겸한다. 상일이 없는 것은 모두 택일하는데, 네 철의 첫째 달의 시향(時享)과, 3년에 한 번 하는 맹동(음력 10월)의 협제(祫祭)와, 5년에 한 번 하는 맹하(孟夏 : 음력 4월)의 체제(禘祭)이다. 협제와 체제를 지내는 달이면 시향은 하지 않는다."[17]

※ **보충설명** : 태묘, 납일, 협제, 체제
○태묘 : 고려시대 역대 국왕들의 신주를 봉안한 왕실 사당이다.
○납일 : 고려시대에는 대한을 전후하여 가까운 진일(辰日)로 하다가 동지로부터 세 번째의 술일(戌日)로 바꾸었다.
○협제 : 국왕이 모든 선조들의 신주를 태조묘에 함께 모시고 지내는 태묘 제사를 말한다.
○체제 : 국왕이 음력 4월 시조와 직계 조상을 함께 배향하여 지내는 태묘 제사를 말한다.

---

16) 『고려사』 문종 35년(1081) 신유년.
17) 『고려사』 권60지 권제14 예2 <길례대사>.

3. 조선시대

1) 조선시대 택일의 활용범위

조선시대에는 택일이 생활 전반에서 활용되었다. 왕실과 왕릉 및 군사행동은 물론이고 일반 백성의 혼인과 거주 주택 그리고 망자가 사는 집인 음택과 상을 치르는 의식과 제사 등, 위로는 왕실의 국사로부터 아래로는 백성의 대소사에 이르기까지 두루 활용되었다. 조선시대 왕실에서의 여러 가지 대소사에서 길흉일을 가려서 행사한 예가 세계기록문화유산에 등재된『조선왕조실록』에 무수히 많이 보인다. 조선후기 택일의 활용범위는 <표 2-1>과 같다.[18]

<표 2-1> 조선시대의 택일 활용범위

결혼문	혼례 연·월·일, 초례상 안치, 관례에서 좌향, 신혼여행 방위, 방사택일, 유아 젖떼기
이사문	이사 방위, 이사 길일, 사당의 신주를 옮겨 모시는 일
가택문	건축연도, 가택의 좌향, 출입문 방향, 주춧돌 놓기, 상량식, 문달기, 변소건축
직장문	입학식길일, 상관부임, 종업원 들이기, 옷감 재단, 문서 등기, 개업 택일
가정문	양자 입양, 연회
제사문	각종 제사, 사당 옮기기, 조회, 신상의 개광, 합수목
음택문	파빈, 발인, 입관, 하관, 상여 놓기, 상석 설치, 취토, 파토, 이장에 길한 연월일
질병문	안과(眼科) 치료, 침구 치료, 병원 치료
농사문	가축을 사 와서 들이기, 물고기 잡기, 수렵, 파종, 벌목, 외양간·마굿간·돈사 건축
생활문	술·장·젓갈 담기, 쥐구멍 막기, 우물 파기, 우물 막기, 도랑 파기, 도랑 치기
토목문	제방 막기, 저수지 막기, 성곽 수리

---

18) 자료: 관상감,『선택기요』, 고종4년(1867).

2) 조선시대 관상감 추길관 시험교재

추길관은 길일을 선택하는 조선의 국가관리이다. 조선 전기에서 후기까지의 음양과(陰陽科)의 명과학(命課學) 시험교재는 운명을 예측하는 추명서류가 위주였지만, 조선후기로 내려가면서 점차 관혼상제와 일상사에서의 길일과 흉일을 가리는 택일서류 위주로 변화가 일어난다. 고종 2년(1865)에 편찬된 『대전회통』에서는 택일서책인 『협길통의』가 고시과목으로 채택되며, 또한 고종 4년(1867)에 있었던 음양과와 취재 과목으로도 택일서책인 『선택기요』가 채택된다. 조선시대 잡과 중 음양과의 관리를 선발하기 위해 채택된 택일 교재를 연대순으로 살펴보면 <표 2-2>와 같다.[19)]

<표 2-2> 조선시대 관상감 관리 선발 택일시험 교재

시대	시행법전(연대)	서책명	시험방식	비고
조선초기	『경국대전』 (세조12년,1466)	『극택통서』	임문	조선전기·중기 음양과 택일과목 채택
조선후기	『속대전』 (영조22년,1746)	『시용통서』	임문	『극택통서』 폐지, 『시용통서』 채택
조선후기	『정조실록』 (정조15년,1791)	『협기변방』, 『상길통서』	·	『협기변방』·『상길통서』 채택, 이전에 강했던 책은 폐지
조선후기	『정조실록』 (정조21년,1797)	『협길통의』	·	관상감 제조 이시수 제의로 채택
조선말기	『대전회통』 (고종2년,1865)	『협길통의』	임문	『시용통서』 폐지, 『협길통의』 채택
조선말기	『고종실록』 (고종4년,1867)	『선택기요』	배강	『협길통의』 폐지, 『선택기요』 채택

---

19) 자료:『경국대전』·『속대전』·『대전회통』 예전 제과 음양과초시·음양과복시 ;『경국대전』 예전 제과 취재 ;『正祖實錄』正祖 15年 10月 27日·21年 11月 12日/『高宗實錄』高宗 4年 7月 11日.

(1) 『극택통서』

원나라의 송노진이 편찬한 택일 서책이다. 5권 3책이고 원명은 『음양보감극택통서』이다. 원나라 송노진이 편집하고 명나라 도익보가 교정한 이 책이 선조년간(1567~1608)에 금속활자본[乙亥字]으로 간행되어 고려대학교 도서관에 소장되어 있다.

(2) 『시용통서』

저자는 명나라의 유조관이고 표지 서명은 『시용통서』이다. 간행년 미상의 목판본(중국)이 장서각에 소장되어 있다. 책1 : 태극도설, 기후도설. 책2 : 건조신묘, 표사잡용. 책3 : 연가길흉, 조장총람. 책4 : 시용집의, 제성정례. 책5 : 조명입성, 천하전환이 수록되어 있다.

(3) 『협기변방서(『協紀辨方書』)

청나라 초기에 국립 천문 관청인 흠천감에서 『선택통서(選擇通書)』를 편찬하여 택일의 이설(異說)을 바로 잡으려고 노력하였으나 바로 잡히지 않았다. 청나라 제4대 성조대 강희 52년(1713)에 대학사 이광지(李光地, 1642~1718)에게 명을 내려 『성력고원(星歷考原)』을 편찬하게 하였지만 여기서도 바로 잡히지 않았다. 그리고 제6대 고종대 건륭 4년(1739)에 어명으로 윤록(允錄)의 주도로 매곡성(梅瀔成, 1682~1764)과 하국종(何國宗, ?~1766) 등 흠천감 관원 30~40인이 이전 택일 학설의 오류를 바로 잡아 36권으로 집대성한 책이 바로 『협기변방서』이다. 청나라가 1616년에 건국되었으므로 대략 150여년의 택일술 결과물이 『협기변방서』인 셈이 된다. 이 택일서는 또한 현재 우리가 사용하고 있는 서양의 시헌력법 체제로 만든 택일서책이므로 학술적인 가치가 매우 높다.

(4) 『협길통의』

조선의 국립 관청인 관상감에서 간행한 목판본이 현재 규장각과 국립중앙도서관에 소장되어 있다. 조선후기 정조 19년(1795)에 관상감에서 총22권 10책을 편찬, 간행하였다. 찬집자는 민종현·심이지·서유방 등 세 사람이고, 휘편자는 지일빈·지경철·지경필·김종주·이정복 등 다섯 사람이며, 감인자는 휘편자 5인을 비롯하여 최경렬과 홍처중 두 사람으로 모두 일곱 사람이 참여하였다.

정조의 시문집인 『홍재전서』에는 『협길통의』의 주된 택일 문헌과 의미가 기록되어 있다. "하도·낙서의 변화를 따져서 술가의 잘못을 변증(證正)한 것으로는 매곡성의 『협기변방서』가 있으며, 제가(諸家)의 도해(圖解)를 모두 모으고 각 법의 단점과 장점을 절충한 책으로는 위감의 『상길통서』가 있다. 내가 서운관에 지시하여 『협기변방서』와 『상길통서』 두 책을 참고하여 합하고 그 가운데 번잡한 것은 삭제하고 잘못된 것은 바로 잡아서 본원·의례·공규·용사·의기·입성·이용·총론·변위·부록의 10개 항목으로 편집하고 『협길통의』라고 명명하였다."[20]고 하였다.

(5)『선택기요』

選擇紀要序
禮曰外事以剛日內事以采日左氏傳曰辰在子卯
謂之疾日由是言之選擇時日趨避吉凶之法其來
遠矣自茲以後陰陽家流無慮數千百而代愈久
方衛愈煩曹震圭李光地發揮生剋旣詳且明梅數
成巍鑑折衷諸書刊誤證正至於我東協吉通義而
端本究原廣大該洽可謂極備其致矣然源流浩汗
論說多端今之巧師各主一義莫知適從此非一誤
人所以自誤焉余提擧雲觀見其生徒諷吉之學不
甚專工於通義而所讀誦者乃是袁天綱也此卽推

이 책은 조선말기의 문신이며 천문역법 학자인 남병길(1820~1869)과 관상감의 여러 학자들이 일상의 대소사에서 길일을 가려 행사하기 위해 편찬한 추택서이다. 이 책의 본원(本原)에 "선택하는 방법에는 예로부터 여러 학파가 있었으나 그 본래의 뜻이 전하지 못해 일으키는 방법에 착오가 많았다. 지금 그 중에서 이치에 가까운 것을 수집하여 해석하니,

---

20)『弘齋全書』제184권 <羣書標記>6 命撰 2.

<그림 2-2> 『선택기요』[21] 장차 길흉의 본뜻을 예에서 찾을 수 있을 것"[22]이라고 하였으므로, 이 책이 기존의 추택서를 보완한 서책임을 알 수 있다.

국립중앙도서관과 규장각에 관상감에서 간행한 이 추택서 목판본이 전해져 내려온다. 상편은 서(序), 본원, 관계류, 가취류, 용사류, 하편은 조장류상, 조장류하, 힐수류로 구성되어 있다. 목판본의 끝에는 간행에 참여한 휘편인과 감동인의 관직자 관함이 적혀있다. 『협기변방서』와 『상길통서』의 장점을 취하고 시헌력법 체계로 편찬한 『협길통의』를 좀 더 수정·보완하였다. 따라서 택일술 이치에 가까운 책이다.

(6) 『연길귀감』

<그림 2-3> 『연길귀감』[23]

『선택기요』의 주요 내용을 편집한 추택서이다. 따라서 『선택기요』와 마찬가지로 택일술 이치에 가까운 책이다. 이 서책은 관상감 최고책임자를 오랫동안 역임했던 조선말기의 천문학자 남병길이 『선택기요』를 편집하고 임긍연(林兢淵: 1830~?)이 교정해서 1913년에 경성의 신구서림에서 인쇄되었다. 이 서책의 서언에, "정묘 8월 자서(丁卯 八月 自序)"로 기록되어 있으므로 고종 4년(1867)에 서언을 작성한 것이다.

그런데 『고종실록』 기사에서는, "길한 날을 잡는 여러 가지 방법 가운데에서 긴요한 것을 취하여 『선택기요』 상권·하권을 편찬

---

21) 자료: 국립중앙도서관.
22) 『選擇紀要』上篇「本原」, "選擇之法, 古有諸家, 義不盡傳起例多誤. 今改蒐葺擇其近理, 加之解釋, 庶吉凶之義 因例可尋焉."
23) 자료: 국립중앙도서관.

하였으니, 좋은 날을 잡는 방법이 명확하게 되었습니다."24)로 기
록되어 있으므로, 고종 4년에 『선택기요』를 편찬한 뒤에 바로 『
연길귀감』을 편집한 것으로 추측된다. 『연길귀감』은 일용백사에
서 택일을 하기 위해 편찬한 추택서로서, 상·하 두 편의 한 책이
다. 이 서책의 서언에서, "지금 『선택기요』를 편집하는 이유가
후학으로 하여금 생극(生克)의 본말을 알게 하기 위함에 있다
."25)는 글을 통해, 『연길귀감』이 『선택기요』의 주요 내용을 편집
한 추택서임을 알 수 있다.

(7)『천기대요』
　명나라의 임소주(林紹周)가 편찬한 『천기대요』를 인조 14년
(1636)에 도입하여 성여춘(成如櫄)이 이를 간행하였고, 병자호
란을 겪고 난 뒤인 효종 4년(1653)에 다시 『시헌력(時憲曆)』에
의하여 개편해서 중간하였다. 영조 13년(1737)에는 음양과(陰陽
科) 출신인 지백원(池百源)이 다시 보충하여 『신증천기대요(新
增天機大要)』라는 표제로 관상감에서 간행하였다. 그리고 영조
39년(1763)에는 다시 그의 손자 지일빈(池日賓: 1729~?) 등이
혼효중성(昏曉中星)을 바로잡아 이를 증보하여 『증보참찬비전천
기대요(增補參贊祕傳天機大要)』라는 표제로 관상감에서 간행하
였다. 현재 우리나라에서 택일 이론으로 가장 많이 사용되고 있
는 추택서이다. 그러나 이 책은 중국의 사고전서에 수록되어 있
지 않고 또한 현재 중국이나 대만에서도 택일 책으로 사용되고
있지 않은 책이다. 따라서 본 책에서는 이 책의 이론을 참고만
하였다.

(8)『산림경제』·『증보산림경제』
　위에서 거론했던 추택 전문서 외에도 조선후기 숙종조의 실학

---

24)『高宗實錄』高宗 四年 七月 十一日, "取吉日家諸方之緊要者, 輯成 『選
　擇紀要』上下卷, 庶可瞭然於剋擇之法矣."
25)『涓吉龜鑑』序, "今所輯『選擇紀要』, 欲使後學得知生克之本末."

자 홍만선(1643~1715)이 엮은 농서 겸 가정생활서인 『산림경제』 및 영조 42년(1766)에 유중림이 엮은 『증보산림경제』에도 택일이 소개되어 있다. 두 서책의 「선택」편에 택일이 수록되어 있지만, 앞에서 살펴본 택일 전문서책에 비하면 택일 이론이 매우 적은 편이다.

3) 조선후기의 추택서 계보

<표 2-3> 『선택기요』·『연길귀감』 계보

『협기변방서』 청나라 고종4년(1739)에 편찬 ⇩	청조 택일술 150여년 노력의 결과물이자 『시헌력』 체계로 편찬	청
『협길통의』 정조 19년(1795)에 편찬	『협기변방서』·『상길통서』의 장점을 취합해서 편찬	조선
『선택기요』 고종 4년(1867)에 편찬 ⇩	『협길통의』의 장점을 요약해서 편찬	조선
『연길귀감』 순종 4년(1910)에 편찬	『선택기요』의 장점을 요약해서 편찬	조선

『협기변방서』는 청조 택일술 150여년 노력의 결과물이자 『시헌력』 체계로 편찬되었고, 『협길통의』는 『협기변방서』 및 『상길통서』의 장점을 취합해서 편찬되었으며, 『선택기요』는 『협길통의』의 장점을 요약해서 편찬되었고, 『연길귀감』은 『선택기요』의 장점을 요약해서 편찬되었다. 이와 같은 이유 때문에 이 교재의 택일문헌으로 『선택기요』와 『연길귀감』을 채택하였다.

조선후기의 주요 추택서 계보에 『천기대요』는 소개하지 않았다. 앞에서도 소개했듯이 청나라 조정의 관심과 전문 학자들에 의해 이전 택일학설의 오류를 바로 잡은 『협기변방서』가 정통 계보이기 때문이다. 또한 『천기대요』는 현재 대만이나 중국에서 거의 활용되지 않고 있으며, 중국의 사고전서에도 수록되어 있지 않았으므로 추택서로서의 학술적인 가치가 떨어지기 때문이다.

제3장
택일의 이론적 배경

고대 동아시아에서는 일찍이 유교·불교 사상과 함께 음양오행설이 발생하여 발전하였다. 이 음양오행설은 우주만물이 생장하고 변화하며 소멸되는 과정을 관찰하여 발생한 것으로서, 원래의 음양과 오행은 각각 다른 자연적·지리적 환경에서 발생하였지만 두 가지가 합쳐지면서 '음양오행설'로 발전하였다. 발전을 거듭해 온 이 학설은 동아시아의 사상과 문화에 지대한 영향을 끼쳤다. 한의학·군사학·예술·천문학·풍수지리설은 물론이고, 조선시대 음양과 시험과목인 명과학(命課學)의 이론적 토대에도 큰 영향을 미쳤다. 이 시대의 명과학 과목은 현대로 전해져서 많은 사람들의 사랑을 받고 있는데, 타고난 복록을 예측하는 사주명리, 당면 현안의 길흉과 해결책을 제시하고자 하는 복서(卜筮), 특히 일용백사에서의 택일에서 이 학설이 이론적인 바탕이 되고 있다.

음양오행설은 하도·낙서와 함께 택일의 이론적 배경이다. 『선택기요』에는 오행총론, 천간오행, 지지오행, 천간음양, 60화갑자, 오행상생, 오행상극, 천간상생, 천간상극, 천간상충, 포태법(장생결), 사생(四生)·사왕(四旺)·사고(四庫), 오행의 왕상(往相), 천간의 오합화기(五合化氣), 지지육합, 지지삼합, 12생초(十二生肖), 지지상충, 지지삼형, 지지육해, 천간의 인위(刃位), 순 중의 공망, 오호둔(五虎遁), 오서둔(五鼠遁), 12월 벽괘(辟卦), 오행용사(用事), 이사(二社)·한식(寒食), 복납(伏臘), 천간정록, 천간식신, 천간인수, 천간정재, 역마, 마전(馬前)의 신살, 삼기귀(三奇貴), 천을귀인 등이 수록되어 있다. 다만 본 장에서는 택일에서 꼭 필요한 이론을 위주로 기술한다.

1. 문헌에서의 음양오행설

1) 음양설

음과 양은 우주와 인간계를 해석하는 사상이자 우주를 있게 하는 기운이다. 음양설에 따르면 이 세상의 모든 사물은 음양으로 구성되어 있다고 한다. 천지, 일월, 주야, 동정, 명암, 한난, 동절기와 하절기, 남녀, 부자, 부부, 표리, 내외 등이 그것이다. 음양의 여러 설은 다음과 같다.

(1) 『설문해자』에서의 음양의 원시관념

음(陰)은 어둡다는 뜻이다. 물의 남쪽과 산의 북쪽을 가리킨다. 언덕(阜)을 따라 만들어졌고 음으로 발음한다. 음(陰)은 '어두운 그늘졌다.'의 의미이며 '태양을 덮어 가린다.'의 의미이고, 양(陽)은 '고명(高明)'의 뜻이다. 부(阜)를 따라 만들어진 것26)으로 설명하고 있다.

(2) 『시경(詩經)』에서의 음양설

음양이라는 글자는 주나라의 시가(詩歌) 3,000여 편을 공자가 305편으로 간추린 『시경』에도 기록되어 있다. 『시경』에서는 '陰(음)'과 '雨(우)'가 연용된 것이 음양이라고 하였다. 가령 「패풍(邶風)」의 "어둑어둑한 그늘 '陰"에서의 음은 날씨를 가리켜는 것이다. 『시경』에는 18개의 '陽'이 나온다. 열하나는 산이나 강의 방위를 두고 말한 것이고, 「소아·담로(小雅·湛露)」의 양은 햇빛을 의미하며, 세 개의 양은 따뜻하다는 의미로 쓰인다. 「빈풍·칠월」

---

26) 『說文解字』 11下 雲部, 『설문해자』는 후한의 경학자 허신(許愼, A.D.58 ~A.D.147)이 서기 100년부터 시작하여 121년까지 약 22년에 걸쳐 『설문해자』를 완성하였다. 이 책은 한자를 부수에 따라 분류하여 배열한 중국의 가장 오래된 자전이다.

에서는 '밝게 빛난다'는 의미로 쓰이고, 「왕풍·군자양양(王風·君子陽陽)」에서는 날씨가 맑다는 의미가 확대되어 가득한 모습을 가리키는 것으로 사용된다.27) 위에서 살펴본 음양개념은 주나라 초기에 형성되었으나 그것이 가장 먼저 나타나는 것은 『시경』이다. 『시경』에 나타난 음양에서도 『설문해자』에서의 음양개념과 같이 그 의미가 태양과 밀접한 관련이 있음을 알 수 있다.

  (3) 『주역』 역전에서의 음양설
  「계사전」과 「설괘전」에 음양설이 설명되어 있다. "해와 달이 운행하여 한 번은 춥고 한 번은 덥다.28)" 또한 "공자가 말하기를 건과 곤은 역의 문인데, 건(乾)은 양물이고 곤(坤)은 음물이다. 음양이 덕을 합하여서 강유의 체가 있는 것이다."라는 대목, "이러하므로 역(易)에 태극이 있는데 이것이 양의를 낳고, 양의가 사상을 낳으며, 사상이 팔괘를 낳아서, 팔괘가 길흉을 정하며, 길흉이 대업을 낳는다."는 대목, "음양의 변화를 살펴서 괘를 세우고 강과 유를 드러내어서 효를 낳는다."29)고 한 대목은 모두 음양설을 설명하고 있다.

  (4) 『춘추좌씨전(春秋左氏傳)』
  『춘추좌씨전』 「양공」 28년에는 봄에 얼음이 얼지 않았다는 말이 있다. 이에 대해 노나라의 자신은 "음이 양을 견디지 못한 것"30)이라고 해설하였다.

---

27) 『詩經』「小雅·湛露」, "湛湛露斯, 匪陽不晞". ; 같은 책, 「豳風·七月」, "春日載陽". ; 같은 책, 「王風·君子陽陽」, "君子陽陽".
28) 『周易』 <繫辭傳> 第一章, "日月運行 一寒一暑."
29) 『周易』 <繫辭傳> 第六章, "子曰 乾坤 其易之門邪. 乾 陽物也 坤 陰物也." ; 『周易』 <繫辭傳> 第十一章, "易有大極 是生兩儀 兩儀生四象 四象生八卦." ; 『周易』 <說卦傳> 第六章, "觀變於陰陽而立卦 發揮於剛柔而生爻."
30) 김홍경 편역, 『음양오행설의 연구』 신지서원, 1993, 62쪽.

(5) 『국어(國語)』

"양기가 충만하고 토기(土氣)가 격동하며 … 양기가 일제히 위로 올라간다."는 표현이 그 단적인 예가 된다.31) 이와 같이 『국어』에는 음과 양의 세력 균형과 조화를 중시하는 관념이 나타나 있는 것을 알 수 있다.

┌───┐
│ ※ 보충설명 : 『춘추좌씨전』은 춘추시대에 일어난 주요 정치적·사 │
│ 회적·군사적 사건들을 포괄적으로 설명한 책이다. 『국어』는 춘추시 │
│ 대 여덟 국가의 역사를 나라별로 기록한 역사책이다. │
└───┘

2) 오행설

(1) 『상서』에서의 오행설

오행에 관련된 최초의 기록은 『상서』에 보인다. 한대에서 송대까지 『서경』의 옛 명칭인 『상서(尙書)』「감서(甘誓)」에서, "유호씨가 오행을 업신여겨서 삼정을 태만히 하였다"32)는 기록에서 오행이 처음 거론된다. 『상서』의 「홍범(洪範)」에는 오행의 구체적인 명칭과 성질이 기록되어 있다. "1은 수이고, 2는 화이며, 3은 목이고, 4는 금이며, 5는 토이다. 수는 적시며 아래로 흐르고, 화는 불꽃을 내며 타오르고, 목은 굽고 반듯하며, 금은 바꾸며, 토는 곡식을 심는 것이다. 아래로 흐름은 짜고(수), 오르는 것은 쓰고(화), 뻗어 오름은 시고(목), 바꿈은 맵고(금), 곡식을 심는 것(토)은 달다."고 하였다.

(2) 추연과 동중서의 음양오행설

『홍범』 이후의 오행은 전국시대의 추연(B.C.305?~240?)에 의해 음양과 오행이 결합된다. 그는 오행상승(五行相勝)의 이치로 왕조순환론을 주장하였다. 그 후 동중서(B.C.179~104)는 『춘추

---

31) 『國語』「周語」上, "陽癉憤盈, 土氣震發, …陽氣俱蒸, 土膏其動,…陰陽分布, 震雷出滯."

32) 『尙書』「甘誓」, "有扈氏威侮五行, 怠棄三正."

제3장. 택일의 이론적 배경

번로』에서, "하늘에는 오행이 있으니 목, 화, 토, 금, 수이다. …
목생화, 화생토, 토생금, 금생수, 수생목은 부자관계이다.…." 라는
오행상생의 이치를 폈다. 위에서 서로 생하는 이러한 까닭으로
인해 오행이 서로 이어져서 상극(相剋)이 있는 것과 무관하지
않다.

(3)『오행대의』에서의 오행설

오행의 생성에 대해 수나라 소길이 편찬한『오행대의』에 관련
된 글이 보인다. "오행은 모두 음양 기운을 바탕으로 나왔다. 그
러므로 습한 기운은 수를 낳고, 따스한 기운은 화를 낳으며, 굳
센 기운은 목을 낳고, 강한 기운은 금을 낳으며, 화합하는 기운
은 토를 낳는다."[33]고 하였다. 즉 오행은 음양의 기운을 바탕으
로 나왔다는 것이다. 다시 말하면 오행은 음양의 기운이 없으면
발생할 수 없다는 것으로써, 이는 음양과 오행이 상호 밀접한 연
관성을 지니고 있음을 의미한다.

2.『선택기요』에서의 음양오행설

조선후기 관상감 관리를 선발하는 택일 시험교재인『선택기요』
에는 오행인 수·화·목·금·토의 생성에 대해 다음과 같이 설명되어
있다. "오행의 왕래함이 하늘과 땅 사이에서 다함이 없다. 북방으
로 행하여 음(陰)이 극화하여 큰 한(寒)을 생하여서 수를 낳고,
남방에서 양이 극화하여 큰 열을 생하여서 화를 낳고, 동방에서
양이 흩어져서 큰 바람을 생하여서 목을 낳고, 서방에서 음이 그
치고 거두어들여서 큰 건조함을 생하여서 금을 낳고, 중앙에서
음양이 교류하고 큰 온기를 생하여서 土를 낳는다고 하는 것이
다. 서로 생하는 이러한 까닭으로 인하여 오행이 서로 이어져서
상극이 있는 것"이라고 하였다.

---

33) 김수길·윤상철 공역,『오행대의』, 대유학당, 1998, 116쪽.

제2장. 10간 12지와 음양오행

10천간은 갑(甲) · 을(乙) · 병(丙) · 정(丁) · 무(戊) · 기(己) · 경(庚) · 신(辛) · 임(壬) · 계(癸)이고, 12지는 자(子) · 축(丑) · 인(寅) · 묘(卯) · 진(辰) · 사(巳) · 오(午) · 미(未) · 신(申) · 유(酉) · 술(戌) · 해(亥)이다. 이 10간 12지는 고대 중국의 왕실에서 왕의 이름이나 날짜를 표시하는 기호로 사용되어 오다가 이후에 음양오행설과 결합하면서 택일, 사주명리, 복서(卜筮), 성명학 등에 응용되어 쓰이게 되었다.

1. 간지의 기원과 12생초
1) 간지의 기원

10간과 12지는 누구에 의해 언제 만들어진 것일까? 신화적인 기원설과 역사적인 사실로서의 기원이 있다. 이에 대해 살펴본다.

① 신화적인 기원설에 의하면 황제 때에 만들어졌다고 한다.

황제가 하늘에 제를 올렸더니 하늘로부터 60갑자가 내려왔다고 한다. 황제가 제단을 쌓아서 하늘과 땅에 제를 올렸더니 하늘에서 10간과 12지가 내려왔는데, 황제는 10간을 둥글게 펼쳐서 하늘을 형상하고 12지를 네모로 펼쳐서 땅을 형상하여 비로소 10간이 하늘이 되고 12지는 땅이 되었다.[34]

수대 소길에 의해 저술된 『오행대의』에서는 황제 때의 대요(大撓)씨에 의해 만들어졌다고 한다. "간지는 오행을 따라 세운 것인데 옛날에 헌원씨가 나라를 다스릴 때에 대요씨가 만든 것"[35]이라고 하였다. 위의 두 설은 모두 황제 때에 간지가 만들어졌다고 한다. 전자에서는 기도에 의해 하늘로부터 내려왔고, 후자에

---

34) 『선택기요』 상편 <육십화갑자>.
35) 김수길·윤상철 공역, 『오행대의』, 대유학당, 1998, 10쪽.

서는 대요씨에 의해 만들어졌다고 주장한다.

② 역사적인 사실로서의 간지의 기원은 은나라이다.

은나라에서는 거북이의 껍질(腹甲)과 소의 어깨뼈에 60갑자 간지가 날짜를 기록하는 역일(曆日)로 사용되었다. 그리고 사마천36)의 『사기』「은본기」에는 은나라 왕실에서 천간(天干)을 사용하였음이 기록되어 있다.

"은(殷)의 시조인 설(契)의 어머니는 간적(簡狄)이다. … 설이 죽자 그의 아들 소명(昭明)이 즉위했다. … 미가 죽자 아들 보정(報丁)이 즉위했다. 보정이 죽자 아들 보을(報乙)이 즉위했고, 보을이 죽자 아들 보병(報丙)이 즉위했다. 보병이 죽자 아들 주임(主壬)이 즉위했다. 주임이 죽자 아들 주계(主癸)가 즉위했고, 주계가 죽자 아들 천을(天乙)이 즉위했는데 이가 성탕(成湯)이다. … 탕왕이 세상을 떴으나 태자 태정(太丁)이 즉위하지 못하고 죽어서 태정의 동생인 외병(外丙)이 즉위하니, 이가 바로 외병 임금이다. 외병 임금이 즉위한 지 3년 만에 세상을 떠나자 외병제의 동생 중임(中壬)이 즉위해 중임 임금이 되었으며, 중임이 즉위한지 4년 만에 세상을 뜨자 이윤은 태정의 아들 태갑(太甲)을 즉위시켰다. 태갑은 성탕(成湯)의 직계 장손으로 태갑 임금이 되었다."37) 이러한 근거로 60갑자는 늦어도 은대에 사용되었음을 알 수 있다.

---

36) 司馬遷(B.C. 145 혹은 135?~B.C. 86?) : 사마천의 자는 자장(子長)이고 지금의 협서성 한성 사람이다. 전한의 역사가이자 문학가로서 중국 최고의 역사가로 칭송받는 그는 기원전 91년에 『사기』를 완성하였다. 『사기』는 상고시대의 오제(五帝)로부터 한나라 무제 태조 연간(B.C. 104~101년)의 중국과 그 주변 민족의 역사를 포괄하여 저술한 통사로서 무려 130권의 책으로 구성되어 있는데, 본기 12권, 표 10권, 서 8권, 세가 30권, 열전 70권으로 구성되어 있다. 이중 본기의 권3이 「은본기(殷本紀)」이다.

37) 司馬遷, 『史記』「殷本紀」, "殷契, 母曰簡狄. … 契卒, 子昭明立. … 微卒, 子報丁立. 報丁卒, 子報乙立. 報乙卒, 子報丙立. 報丙卒, 子主壬立. 主壬卒, 子主癸立. 主癸卒, 子天乙立, 是爲成湯. 湯崩, 太子太丁未立而卒, 於是迺立太丁之弟外丙, 是爲帝外丙. 帝外丙卽位三年, 崩, 立外丙之弟中壬, 是爲帝中壬. 帝中壬卽位四年, 崩, 伊尹迺立太丁之子太甲. 太甲, 成湯適長孫也, 是爲帝太甲."

2) 12생초(十二生肖)

12지는 새와 짐승의 상을 본뜬 것이다. "子는 쥐, 丑은 소, 寅은 범, 辰은 용, 巳는 뱀, 午는 말, 未는 양, 申은 원숭이, 酉는 닭, 戌은 개, 亥는 돼지[38]"라고 부른다. 다시 말하면 子는 쥐를 가리키고, 丑은 소를 가리키며,…亥는 돼지를 가리킨다. 12진별 12생초는 <표 3-1>과 같다.

<표 3-1> 12생초(十二生肖)

12지	子	丑	寅	卯	辰	巳	午	未	申	酉	戌	亥
12생초	쥐	소	범	토끼	용	뱀	말	양	원숭이	닭	개	돼지

2. 간지의 음양오행

1) 간지와 음양오행

음양오행에서의 '음양'은 음과 양을 가리키고 '오행'은 목·화·토·금·수를 가리키며, 간지에서의 천간은 10개의 천간을 가리키고 지지는 12개의 지지를 가리킨다. 간지에 음양과 오행을 배속해야 택일에서 길일을 고를 수 있다. 10간 곧 甲·乙·丙·丁·戊·己·庚·辛·壬·癸는 양에 배속되고, 12지지 곧 子·丑·寅·卯·辰·巳·午·未·申·酉·戌·亥는 음에 배속된다. 이 10개의 천간과 12개의 지지는 다시 오행에 배속된다.

2) 간지의 음양오행 배속

① 『선택기요』

㉮ 10개의 천간은 모두 오행에 배속된다. 甲·乙은 동방 목에 속하고, 丙·丁은 남방 화에 속하며, 戊·己는 중앙 토에 속하고, 庚·辛은 서방 금에 속하며, 壬·癸는 북방 수에 속한다."[39]고 하였다.

---

38) 『選擇紀要』上編 本原 <十二生肖>, "子鼠, 丑牛, 寅虎, 卯兎, 辰龍, 巳蛇, 午馬, 未羊, 申猴, 酉鷄, 戌狗, 亥猪."

제3장. 택일의 이론적 배경

<표 3-2> 10간과 12지의 음양오행

양음	양				·		음			
오행	목		화		토		금		수	
양음	양	음	양	음	양	음	양	음	양	음
10간	甲	乙	丙	丁	戊	己	庚	辛	壬	癸
12지	寅	卯	午	巳	辰·戌	丑·未	申	酉	子	亥
방위	동		남		중앙		서		북	

공자가 지은 것으로 알려진 『예기』의 「월령」에서도 甲·乙은 봄과 목에, 丙·丁은 여름과 화에, 戊·己는 토에, 庚·辛은 가을과 금에, 壬·癸는 겨울과 수에 각각 배속되어 있다. 그리고 「본원」의 <지지오행>에서의 12지지 오행 배속에서, 寅·卯는 동방 木에 속하고, 巳·午는 남방 火에 속하며, 申·酉는 서방 金에 속하고, 亥·子는 북방 水에 속하며, 辰·戌·丑·未는 중앙 土에 속한다고 하였다.

㉯ 『선택기요』 「본원」의 <천간오행>에서는 10천간을 음양에 배속하고 있다. "甲·丙·戊·庚·壬은 양에 속하고, 乙·丁·己·辛·癸는 음에 속한다." 12지지의 음양을 구분한 <지지음양>에서는 子·寅·辰·午·申·戌은 양에 속하고, 丑·卯·巳·未·酉·亥는 음에 속한다고 하였다. <표 3-2>에서와 같이 봄과 여름의 기운에 해당하는 甲·乙·丙·丁과 寅·卯·巳·午의 목화를 양에 그리고 가을과 겨울의 기운에 해당하는 庚·辛·壬·癸와 申·酉·子·亥를 음에 배속하였고, 다시 10천간과 12지지 각각에 음양과 오행을 배속하였다.

② 『협기변방서』

청나라 장각친왕 윤록 등이 고종의 명을 받아 흠천감의 관원들을 동원해서 편찬한 택일 서책인 『협기변방』의 「본원」에서 10천간과 12지지를 음양과 오행에 배속시키고 있다. 천간의 甲·乙은

---

39) 『선택기요』 상편 「본원」 <천간오행>.

목, 丙·丁은 화, 戊·己는 토, 庚·辛은 금, 壬·癸는 수에 각각 배속된다. 지지의 寅卯辰은 목과 동방에 배속되며, 巳午未는 화와 남방에 배속되며, 申酉戌은 금과 서방에 배속되며, 亥子丑은 수와 북방에 배속되는데, 토는 辰戌丑未 사이에 붙어서 왕성하며 사계에 배속된다. 위에서와 같이 10간과 12지에 음양오행을 배속함으로써 간지의 쓰임새가 생겨난다.

3) 60갑자와 60갑자 납음오행

택일에서는 60갑자를 사용한다. <표 3-3>과 같이 60갑자는 갑자, 을축, 병인, 정묘 …… 계해 등 모두 60개의 일진(日辰)으로서 10개의 천간과 12개의 지지를 순서대로 짝을 지어 나가면 60갑자가 된다. 10간의 첫 글자인 甲과 12지의 첫 글자인 子를 짝지으면 甲子가 되고, 10간의 두 번째 글자인 乙과 12지의 두 번째 글자인 丑을 짝지으면 乙丑이 되며, …… 10간의 마지막 글자인 癸와 12지의 마지막 글자인 亥를 짝지으면 癸亥가 된다.

<표 3-3> 60갑자(60일진)

여섯 순	60갑자									
갑자순	갑자 甲子	을축 乙丑	병인 丙寅	정묘 丁卯	무진 戊辰	기사 己巳	경오 庚午	신미 辛未	임신 壬申	계유 癸酉
갑술순	갑술 甲戌	을해 乙亥	병자 丙子	정축 丁丑	무인 戊寅	기묘 己卯	경진 庚辰	신사 辛巳	임오 壬午	계미 癸未
갑신순	갑신 甲申	을유 乙酉	병술 丙戌	정해 丁亥	무자 戊子	기축 己丑	경인 庚寅	신묘 辛卯	임진 壬辰	계사 癸巳
갑오순	갑오 甲午	을미 乙未	병신 丙申	정유 丁酉	무술 戊戌	기해 己亥	경자 庚子	신축 辛丑	임인 壬寅	계묘 癸卯
갑진순	갑진 甲辰	을사 乙巳	병오 丙午	정미 丁未	무신 戊申	기유 己酉	경술 庚戌	신해 辛亥	임자 壬子	계축 癸丑
갑인순	갑인 甲寅	을묘 乙卯	병진 丙辰	정사 丁巳	무오 戊午	기미 己未	경신 庚申	신유 辛酉	임술 壬戌	계해 癸亥

<표 3-4>는 '60갑자 납음오행'이다. 60갑자에 오행을 배속한 것이 바로 이것이다. 이 60갑자는 남녀의 궁합 및 망자의 매장과 이장에서 산운(山運)을 볼 때 주로 사용되며, 60갑자 납음오행의 상생과 상극으로 묘지의 길흉을 예측한다.

<표 3-4> 60갑자 납음오행

해중금 (海中金)		노중화 (爐中火)		대림목 (大林木)		노방토 (路傍土)		검봉금 (劍鋒金)	
甲子	乙丑	丙寅	丁卯	戊辰	己巳	庚午	辛未	壬申	癸酉
산두화 (山頭火)		간하수 (澗下水)		성두토 (城頭土)		백납금 (白蠟金)		양류목 (楊柳木)	
甲戌	乙亥	丙子	丁丑	戊寅	己卯	庚辰	辛巳	壬午	癸未
천중수 (泉中水)		옥상토 (屋上土)		벽력화 (霹靂火)		송백목 (松柏木)		장류수 (長流水)	
甲申	乙酉	丙戌	丁亥	戊子	己丑	庚寅	辛卯	壬辰	癸巳
사중금 (沙中金)		산하화 (山下火)		평지목 (平地木)		벽상토 (壁上土)		금박금 (金箔金)	
甲午	乙未	丙申	丁酉	戊戌	己亥	庚子	辛丑	壬寅	癸卯
복등화 (覆燈火)		천하수 (天河水)		대역토 (大驛土)		차천금 (叉釧金)		상자목 (桑柘木)	
甲辰	乙巳	丙午	丁未	戊申	己酉	庚戌	辛亥	壬子	癸丑
대계수 (大溪水)		사중토 (沙中土)		천상화 (天上火)		석류목 (石榴木)		대해수 (大海水)	
甲寅	乙卯	丙辰	丁巳	戊午	己未	庚申	辛酉	壬戌	癸亥

60갑자 납음오행의 이름을 금, 목, 화, 토, 수 순으로 간단하게 알아본다.

(1) 금

갑자·을축 해중금(海中金) : 바다 속에 잠겨있는 금

임인·계묘 금박금(金箔金) : 금박을 입히는 금

경진·신사 백랍금(白鑞金) : 납땜하는 금

갑오·을미 사중금(沙中金) : 모래 속에 섞여있는 금

임신·계유 검봉금(劍鋒金) : 칼끝의 날카로운 금

경술·신해 차천금(釵釧金) : 비녀와 팔찌 및 가락지의 금

(2) 목

임자·계축 상자목(桑柘木) : 뽕나무와 산뽕나무

경인·신묘 송백목(松柏木) : 소나무와 잣나무

무진·기사 대림목(大林木) : 산림 속의 큰 나무

임오·계미 양류목(楊柳木) : 버드나무

경신·신유 석류목(石榴木) : 석류나무

무술·기해 평지목(平地木) : 평지의 나무

(3) 화

무자·기축 벽력화(霹靂火) : 벼락의 불

병인·정묘 노중화(爐中火) : 큰 화로 속의 불

갑진·을사 복등화(覆燈火) : 밤을 밝히는 등불과 촛불

무오·기미 천상화(天上火) : 위로 타올라 하늘에 있는 불

병신·정유 산하화(山下火) : 산 아래에 있는 불

갑술·을해 산두화(山頭火) : 산머리에 있는 불

(4) 토

경자·신축 벽상토(壁上土) : 가정 집 담을 이루는 토

무인·기묘 성두토(城頭土) : 성곽을 이룬 토

병진·정사 사중토(沙中土) : 물가의 토

경오·신미 노방토(路傍土, 路中土) : 길가의 토

무신·기유 대역토(大驛土) : 대로(大路)의 토

병술·정해 옥상토(屋上土) : 지붕 위의 기와의 토

(5) 수

병자·정축 간하수(澗下水) : 산골짝이에 흐르는 물
갑인·을묘 대계수(大溪水) : 큰 계곡에 흐르는 물
임진·계사 장류수(長流水) : 길게 흐르는 물
병오·정미 천하수(天河水) : 하늘 위에 있는 물
갑신·을유 정천수(井泉水) : 우물의 샘물
임술·계해 대해수(大海水) : 바다의 큰물
위의 토에서, 경오·신미 노방토(路傍土)가 노중토(路中土)로도
불리는데 길가의 토와 길의 토이다.

3. 오행의 생극설(生克設)

조선후기 택일서책인 『선택기요』에서는 오행의 기본 이론인 오
행의 상생과 상극 작용인 <오행상생>, <오행상극>, <천간상
생>, <천간상극>, <천간상충>에 대해 논하고 있다. 반고의 『
백호통의』에서는 상생과 상극을 모자(母子) 관계로 설정하여 설
명하고 있다. 오행에서의 아들은 만물이 어머니에게 되돌아갈 수
있도록 하는데, 목왕(木旺)과 화상(火相)으로 금을 완성시키니
그 화로 금을 태운다. 그리고 금은 수를 생하고 수는 화를 멸하
니 이치로 보답한다. 화는 토를 생하고 토는 수를 해치니 능히
맞설 수 없다고 설명하고 있다. 여기서 그는 상생과 상극의 이치
를 부모가 자식을 낳고 키운 뒤에는 노년에 자식이 부모를 보호
하는 역할에 비유하여 설명하고 있다.

1) 오행의 상생설(相生設)
(1) 오행의 상생
① 『선택기요』 「본원」의 <오행상생>에서 "금은 수를 생하고, 수
는 목을 생하며, 목은 화를 생하고, 화는 토를 생하며, 토는 금

을 생한다.”고 논하고 있다.

② 오행의 상생에 대한 최초의 기록은 한나라의 동중서가 지은 『춘추번로』「오행지의」에 보인다. “하늘에 오행이 있는데 첫째는 목, 둘째는 화, 셋째는 토, 넷째는 금, 다섯째는 수이다. 목은 오행의 시작이고 수는 오행의 끝이며 토는 오행의 가운데이다. 이것이 하늘의 질서”라고 하였다.

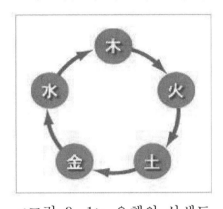

<그림 3-1> 오행의 상생도

계속하여 오행의 생(生)하는 작용에 대해 “목은 화를 생하고, 화는 토를 생하며, 토는 금을 생하고, 금은 수를 생하며, 수는 목을 생한다. 이것이 바로 부자(父子) 관계”라고 하였다. 곧 “목은 왼쪽에 거주하고, 금은 오른쪽에 거주하며, 토는 화에서 받고, 금은 토에서 받으며, 수는 금에서 받는다.

모든 주는 자는 모두 그 부(父)이고 모든 받는 자는 모두 그 자(子)”라고 하였다. 가령 사주학에서 일간 甲乙목을 기준으로, 수에 해당하는 壬癸를 부모로 삼고, 화에 해당하는 丙丁을 자식으로 보는 것이 이에 해당한다.

(2) 오행의 상생에 따른 부자(父子) 관계 설정

오행에서의 부자 관계 설정은 명과학에서 가족 관계를 결정짓는 데에 기여한 것으로 여겨진다.

①『춘추번로』

동중서는 특히 “항상 그 부(父)로 인하여 그 자식이 따르게 하는 것이 하늘의 도이고 이러한 오행의 이치는 곧 천도”라고 규정하고 있다.

②『선택기요』

『선택기요』「본원」의 <천간상생>에서는 오행의 상생작용에 의한 육친에서의 편인과 정인에 대해 논하였고, 부제 및 본문에서는 다음과 같이 오행의 상생작용에 대해 논하고 있다. "양에서 양을 생하는 것과 음에서 음을 생하는 것은 편인(偏印)이고, 양에서 음을 생하는 것과 음에서 양을 생하는 것은 정인(正印)이다. 갑목(甲木)은 정화(丁火)를 생하고, 정화는 무토(戊土)를 생하며, 무토는 신금(辛金)을 생하고, 신금은 임수(壬水)를 생하며, 임수는 을목(乙木)을 생하고, 을목은 병화(丙火)를 생하며, 병화는 기토(己土)를 생하고, 기토는 경금(庚金)을 생하며, 경금은 계수(癸水)를 생하고, 계수는 갑목(甲木)을 생한다."40)고 하였다.

2) 오행의 상극설(相克設)
(1) 오행의 상극

오행에는 생하는 작용뿐만 아니라 극하는 작용도 있다. "금은 목을 극하고, 목은 토를 극하며, 토는 수를 극하고, 수는 화를 극하며, 화는 금을 극한다.41) 오행에서 생하는 작용과 극하는 작용을 '오행상생상극설'이라 한다. 이 설은 인간생활에서의 길흉을 판단하는 작용을 한다.

①『춘추번로』에서의 상극작용

오행의 상극 작용에 대한 최초의 기록은 전국시대 사상가인 동중서의 『춘추번로』「오행상생」제58장에 보인다. 그는 "천지의 기는 합하면 일(一)이 되고, 나누면 음양이 되며, 가르면 사시(네 계절)가 되고, 펼치면 오행이 된다. (오행에서의) 행(行)은 곧 유행한다는 것인데, 유행하는 것이 같지 않으므로 오행"이라

---

40)『選擇紀要』上編 本原 <天干相生>, "甲木生丁火, 丁火生戊土, 戊土生辛金, 辛金生壬水, 壬水生乙木, 乙木生丙火, 丙火生己土, 己土生庚金, 庚金生癸水, 癸水生甲木."

41)『選擇紀要』上編 本原 <五行相生>, "金生水, 水生木, 木生火, 火生土, 土生金."; <五行相克>, "金克木, 木克土, 土克水, 水克火, 火克金. 陽克陽陰克陰爲七殺, 陽克陰陰克陽爲正官."

고 하였다.

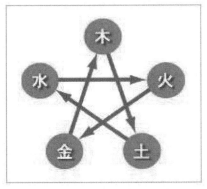

<그림 3-2> 오행의 상극도

이 글에서 그는 음양과 오행이 천지의 기에서 유래한다고 하였다. 그는 또다시 오행에서의 생(生) 및 극(克)의 관계를 규정하고 있다. "오행은 오관인데, (오행에서) 이웃한 것은 상생이고 사이를 둔 것은 상극이다." 다시 말하면 오행 곧 목·화·토·금·수에서 목과 화, 화와 토, 토와 금, 금과 수, 수와 목은 상생관계가 되고, 목과 토, 화와 금, 토와 수, 금과 목, 수와 화는 모두 상극관계가 된다는 것이다.

② 『백호통의』에서의 상극작용

춘추시대의 동중서에서 시발된 극(克)하는 작용은 한대의 『백호통의』에서도 나타난다. "오행이 서로 해치는[克] 까닭은 천지의 본성은 많은 것이 적은 것을 이기므로 수는 화를 이긴다. 정밀한 것이 견고한 것을 이기므로 화가 금을 이긴다. 강한 것이 부드러운 것을 이기므로 금이 목을 이긴다. 순수한 것이 흩어진 것을 이기므로 목이 토를 이긴다. 실한 것이 공허한 것을 이기므로 토가 수를 이긴다."[42]

부모가 자식을 생하는 것은 자식이 부모를 지키는 작용도 한다. 가령 '금은 수를 생하고 수는 화를 멸하니 이치로서 보답한다.' 여기서의 금은 수의 부모인데 수는 부모를 이기는(극하는) 화를 이기는(극하는) 작용을 한다. 다시 예를 들면 '화는 토를 생하고 토는 수를 해치니 능히 맞설 수 없는 것이다.' 여기서의 화는 토의 부모인데 토는 부모를 이기는(극하는) 수를 이기는(극하는) 작용을 한다. 이와 같은 오행에서의 상생과 상극의 작

---

42) 동중서, 『춘추번로』 오행상생 제58장.

☆ ♪ 한국의 택일연구　　　　- 43 -

용은 명과학에서의 길흉을 추론하는 이론적 근거가 되며, 또한『선택기요』의 활용편인「관계류」,「가취류」,「용사류」등의 일용백사에서 길흉을 파악하는 이론적인 근거가 되고 있다.

③『선택기요』에서의 상극작용

칠살과 정관은 오행의 상극(相剋) 작용에서 산출된 것이다. 천간의 상극에서 양극양과 음극음은 칠살이고, 양극음과 음극양은 정관이다. 甲木은 戊土를 극하고, 戊土는 壬水를 극하며, 壬水는 丙火를 극하고, 丙火는 庚金을 극하며, 庚金은 甲木을 극하고, 乙木은 己土를 극하며, 己土는 癸水를 극하고, 癸水는 丁火를 극하며, 丁火는 辛金을 극하고, 辛金은 乙木을 극한다.

(2) 오행의 상생과 상극에 따른 가족관계 설정

<표 3-5> 일간 기준의 편인과 정인

목생화 (甲乙生丙丁)	丙 기준의 甲은 편인(陽生陽), 丁 기준의 乙은 편인(陰生陰) 丙 기준의 乙은 정인(陰生陽), 丁 기준의 甲은 정인(陽生陰)
화생토 (丙丁生戊己)	戊 기준의 丙은 편인(陽生陽), 己 기준의 丁은 편인(陰生陰) 戊 기준의 丁은 정인(陰生陽), 己 기준의 丙은 정인(陽生陰)
토생금 (戊己生庚辛)	庚 기준의 戊는 편인(陽生陽), 辛 기준의 己는 편인(陰生陰) 庚 기준의 己는 정인(陰生陽), 辛 기준의 戊는 정인(陽生陰)
금생수 (庚辛生壬癸)	壬 기준의 庚는 편인(陽生陽), 癸 기준의 辛은 편인(陰生陰) 壬 기준의 辛은 정인(陰生陽), 癸 기준의 庚은 정인(陽生陰)
수생목 (壬癸生甲乙)	甲 기준의 壬은 편인(陽生陽), 乙 기준의 癸는 편인(陰生陰) 甲 기준의 癸는 정인(陰生陽), 乙 기준의 壬은 정인(陽生陰)

<표 3-6> 일간 기준의 칠살과 정관

목극토 (甲乙克戊己)	戊 기준의 甲은 칠살(陽克陽), 己 기준의 乙은 칠살(陰克陰) 戊 기준의 乙은 정관(陰克陽), 己 기준의 甲은 정관(陽克陰)

화극금 (丙丁克庚辛)	庚 기준의 丙은 칠살(陽克陽), 辛 기준의 丁은 칠살(陰克陰)
	庚 기준의 丁은 정관(陰克陽), 辛 기준의 丙은 정관(陽克陰)
토극수 (戊己克壬癸)	壬 기준의 戊는 칠살(陽克陽), 癸 기준의 己는 칠살(陰克陰)
	壬 기준의 己는 정관(陰克陽), 癸 기준의 戊는 정관(陽克陰)
금극목 (庚辛克甲乙)	甲 기준의 庚은 칠살(陽克陽), 乙 기준의 辛은 칠살(陰克陰)
	甲 기준의 辛은 정관(陰克陽), 乙 기준의 庚은 정관(陽克陰)
수극화 (壬癸克丙丁)	丙 기준의 壬은 칠살(陽克陽), 丁 기준의 癸는 칠살(陰克陰)
	丙 기준의 癸는 정관(陰克陽), 丁 기준의 壬은 정관(陽克陰)

『선택기요』「본원」<예왈>에서는 오행의 상생과 상극에 의한 가족관계에서의 육친의 배속을 규정하고 있다. "나를 생하는 것은 부모(인수), 나의 생을 받는 것은 자손, 나를 극하는 것은 관귀, 내가 극하는 것은 처재, 비화(比和)되는 것은 형제"이다. 위에서 살펴본 바와 같이 천간의 음양에 따라 편인과 정인 그리고 칠살과 정관이 달라짐을 알 수 있고, 이것을 표로 나타내면 <표 3-5>·<표 3-6>과 같다.

3. 오행과 택일

앞에서 10천간과 12지지가 합(合)을 하여 오행이 변화되는 것을 살펴보았다. 대인 관계에서의 화합이 오행에서의 합(合)의 작용에 비유될 수 있다면, 등을 지고 사이가 멀어지는 것은 오행에서의 상충(相沖), 삼형(三刑), 육해(六害)에 비유될 수 있다.

1) 충(沖)
(1) 충(沖)이 되는 원리

충은 10간과 12지가 서로 마주보고 자리한 것이다. "10개의 천간에서 甲과 庚, 乙과 辛, 丙과 壬, 丁과 癸가 서로 충을 한다.43) 12지에서는 寅과 申, 巳와 亥는 상대하여 처음에 있고, 子

와 午, 卯와 酉는 정 가운데에 머물며, 辰과 戌, 丑과 未는 스스로 끝에 있다."44)

간지의 충에는 천간의 충과 지지의 충이 있다. 수나라 소길의 『오행대의』에서의 충의 조건은 '격대(格對)'이다. 격대에서의 격(格)에는 자리나 지위의 뜻이 있고 또한 치거나, 때리거나, 싸우거나, 겨루거나, 대적한다는 뜻이 있다. 대(對)에는 또한 대궁(對宮)의 뜻이 있다.

<표 3-7> 간지의 상충

10간 상충	甲(양목) ↕ 庚(양금)	乙(음목) ↕ 辛(음금)	丙(양화) ↕ 壬(양수)	丁(음화) ↕ 癸(음수)	· ·	· ·
12지 상충	寅(양목) ↕ 申(양금)	卯(음목) ↕ 酉(음금)	午(양화) ↕ 子(양수)	巳(음화) ↕ 亥(음수)	辰(양토) ↕ 戌(양토)	丑(음토) ↕ 未(음토)

이와 같으므로 격대는 대궁에 위치하거나 혹은 대궁에 위치하면서 서로 겨뤄야 된다는 뜻으로 해석된다. 따라서 천간은 물론이고 지지의 충은 대궁에 위치하면서 겨뤄야 한다.

먼저 천간의 충은 6개이다. 10간의 충은 7위 떨어진 천간을 취해서 충이 되는데, 가령 甲에서 일곱 번째 천간은 庚, 乙에서 일곱 번째 천간은 辛, 丙에서 일곱 번째 천간은 壬, 丁에서 일곱 번째 천간은 癸이다. 따라서 甲과 庚, 乙과 辛, 丙과 壬, 丁과 癸는 서로 충을 한다. 이 6개 천간의 충은 '상대를 취한 것'이다. 그리고 여섯 천간의 충은 대궁에 위치하면서 극을 한다. 가령 경금에서 갑목을, 신금에서 을목을, 임수에서 병화를, 계수에서 정화를 극을 한다.

---

43) 『選擇紀要』 上編 本原 <冲>, "甲庚乙辛冲, 丙壬丁癸從, 南冲北不離, 東來西不恐."

44) 위의 책, <地支相冲>, "寅申巳亥相對初, 子午卯酉正中居, 辰戌丑未自爲終."

✿ ♪ 한국의 택일연구　　　　　- 46 -

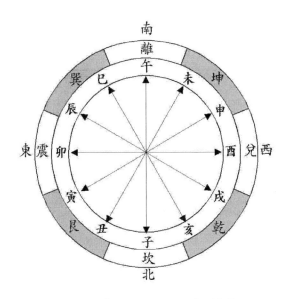

<그림 3-3> 12지 상충

12지의 충은 6개이다. 12지의 충은 모두 7위를 취해서 충이 되는데, 가령 子에서 일곱번째 지지는 午, 丑에서 7번째 지지는 未, 寅에서 일곱번째 지지는 申, 卯에서 일곱번째 지지는 酉, 辰에서 7번째 지지는 戌, 巳에서 일곱번째 지지는 亥이다. 따라서 子와 午, 丑과 未, 寅과 申,

卯와 酉, 辰과 戌, 巳와 亥는 서로 충을 한다.

지지의 충은 또한 방위의 충이기도 하다. 子는 정북, 午는 정남, 申은 서남, 寅은 동북, 酉는 정서, 卯는 정동, 亥는 북서, 巳는 남동, 丑은 북동, 未는 남서, 辰은 동남, 戌은 서북이다. 이들은 서로 대충에 위치하면서 충을 하는 관계이다. 천간과 지지가 충을 당하면 해당 천간과 지지의 기운이 깨지므로『오행대의』에서는 '충파(沖破)'로 기록하고 있다.

각 계절의 회태(懷胎) 곧 첫 월건지에 해당하는 寅·申, 巳·亥는 서로의 대(對)를 취해 상충하며, 각 계절의 가운데에 위치하는 子·午, 卯·酉는 서로의 대(對)를 취해 상충하며, 각 계절의 끝자락에 해당하는 辰·戌, 丑·未 또한 서로의 대(對)를 취해 상충한다. <표 3-7>에서 10간에는 토의 충이 없고, 12지에는 토의 충이 있음을 알 수 있다.

(2) 충의 세기
사맹의 충과 사중의 충과 사계의 충에는 깨어지는(破) 정도에서 차이가 있다. 『오행대의』에서, "사맹월(寅巳申亥)에는 생(生)만 있고 사(死)가 없으므로 충(沖)은 하지만 파(破)는 없다. 사계월(辰未戌丑)에는 사(死)만 있고 생(生)이 없으므로 파는 있고 충은 없다. 사중월(卯午酉子)에는 사(死)와 생(生)이 함께 일어나므로 충과 파가 모두 있다."45) 서로 마주보고 자리한 두 12지 기운은 각 계절의 차례에 따라 깨어지는 정도에 차이가 있다. 사맹월에는 마주보고 자리하지만 12지 기운이 깨지지 않는데 그 이유는 사맹은 12운성으로 생(배태)은 있지만 사(死)가 없기 때문이다.

<표 3-8> 맹중계(孟仲季)에서의 파(破)

맹중계	파의 여부	이유	파의 정도
사맹(寅巳申亥))	깨지지 않음	생(生)만 있다.	가볍다.
사중(卯午酉子)	깨짐	생과 사가 함께 있다.	중하다.
사계(辰未戌丑)	깨짐	사만 있다.	중하다.

사중월에는 마주보고 자리하여 12지 기운이 깨지는데, 그 이유는 사중에는 사와 생이 함께 있기 때문이다. 사계월에는 마주보고 자리하여 12지 기운이 깨지는데, 그 이유는 사계에는 사만 있고 생이 없기 때문이다. 충(沖)한 기운은 경하고 파(破)한 기운은 중하므로 사계의 충과 사중의 충은 손상이 심하지만 사맹월의 충은 그렇지 않다.

2) 육해(六害)
(1) 육해의 작용력
육해가 되는 이유와 육해가 되는 관계를 『선택기요』본문에서 설명하고 있다. 子와 未는 서로에게 상처를 주고, 丑과 午도 역

---

45) 김수길·윤상철 공역, 『오행대의』, 대유학당, 1998, 226쪽 참조.

시 서로에게 상처를 준다. 더불어서 寅巳와 申亥도 상세하게 살펴봐야 하고, 卯와 辰은 육해이고, 酉와 戌도 육해이다. 혹시 과(課)에서 이를 범하는지를 자세하게 살펴야 한다.[46)]

육해는 곧 불화를 말하는 것으로서, 모든 일에서 합을 기쁘게 여기고 충을 꺼린다. 예를 들면 정월건 寅은 亥와 합인데 巳에서 이를 충하니 寅과 巳는 해가 된다. 월건은 모든 신의 우두머리[首]인데 이 합하는 곳을 충하는 것이 해(害)가 되는 것이다. 위에서 말하는 육해는 <표 3-9>에서와 같이 丑과 午는 육해, 子와 未는 육해, …… 寅과 巳는 육해이다.

(2) 육해가 되는 이유
① 『선택기요』
여러 종류의 육해에서 寅과 巳가 육해가 되는 이유는, 寅과 亥가 육합을 하려고 하는데 巳가 와서 寅의 배필인 亥를 깨트리므로, 寅의 입장에서는 巳가 화합을 방해하는 육해(원수)가 된다. 육해에서의 육(六)은 육친 즉 아버지와 어머니, 형과 아우, 처와 자식을 뜻하고, 친(親)은 친족을 뜻한다. 따라서 육해는 곧 육친 간의 해로운 관계를 설명한 이론이다.
② 『오행대의』
卯와 辰이 서로 육해가 되는 이유는 다음과 같다. 卯의 아내는 辰인데 아내인 辰을 버리고 辰과 원수관계인 戌과 육합을 하고 辰을 버린다. 그래서 卯의 아내인 辰은 酉와 합을 하고 酉가 卯를 충극(沖克)하니, 이것은 卯의 아내(辰)가 외간남자(酉)와 합을 하여 본 남편을 죽이는 상이므로 卯와 辰은 육해가 된다."[47)]는 것이다. <표 3-9>에서 축과 오, 자와 미, 해와 신, 술과 유, 유와 술, 신과 해, 미와 자, 오와 축, 사와 인, 진과 묘, 묘와 진, 인과 사는 육해이다.

---

46) 『選擇紀要』 上編 本原 <地支六害>, "子未相穿丑相午, 寅巳申亥是非祥, 卯辰六害酉與戌, 課中犯此細推詳. 六害者不和也."
47) 김수길·윤상철 공역, 앞의 책, 219쪽.

<표 3-9> 육해

육	丑	子	亥	戌	酉	申	未	午	巳	辰	卯	寅
해	午	未	申	酉	戌	亥	子	丑	寅	卯	辰	巳

3) 삼형(三刑)

(1) 형의 종류

寅은 巳와 형이고, 巳와 申은 형이다. 申과 寅, 未와 丑, 丑과 戌은 형이다. 戌과 未, 子와 卯, 卯와 子는 형이다. 辰과 午와 酉와 亥는 스스로 (형에) 이른다.[48] 그리고 "형(刑)은 죽이고 벌주는 것이다. 옳지 못하므로 형벌을 주는 것이고 잘못되었기 때문에 서로 형벌하는 것이다. 쓰는 것이 엄격하지 못하면 다스려야 하니 버리고 쓰지 않을 수 없기 때문에 모두 서로 형벌로 다스리는 것이다. 마치 금으로써 금을 다스리면 그릇을 만들고 사람으로 하여금 사람을 다스리면 나라와 정치를 이루는 것과 같다."[49]고 하였다.

(2) 형이 되는 이유
① 『오행대의』에서의 설명

목의 자리인 亥와 卯와 未의 형은 북방에 있다. 따라서 亥의 형은 亥(북방)에 있고, 卯의 형은 子(북방)에 있으며, 未의 형은 丑(북방)에 있는 것이다. 수의 자리인 申과 子와 辰의 형은 동쪽에 있다. 따라서 申의 형은 寅(동방)에 있고, 子의 형은 卯(동방)에 있으며, 辰(동방)은 스스로 형을 한다. 금의 자리인 巳와 酉와 丑의 형은 서방에 있다. 따라서 巳의 형은 申(서방)에 있고, 酉(서방)는 스스로 형이 되며, 丑의 형은 戌(서방)에 있다. 화의 자리인 寅과 午와 戌의 형은 남방에 있다. 따라서 寅의 형

---

48) 『選擇紀要』 上編 本原 <地支三刑>, "寅刑巳上巳刑申 申寅未丑丑刑戌 戌未子卯刑子 辰午酉亥自上訖."
49) 김수길·윤상철 공역, 앞의 책, 210쪽.

은 巳(남방)에 있고, 午(남방)는 스스로 형을 하며, 戌의 형은 未(남방)에 있다."50)고 하였다.

②『선택기요』에서의 설명

수(數)의 이치로 삼형이 성립되며 삼형은 극수(極數)가 된다. 스스로 卯에서 순으로 가면 子에 이른다. 그리고 子에서 역으로 가서 극의 10수인 卯에 이른다. 스스로 寅에서 역으로 巳에 이르고 스스로 巳에서 역으로 극의 10수인 申에 이른다. 丑에서 순으로 戌에 이르고 戌에서 순으로 극의 10수인 未에 이른다. 황극 중의 천(天)은 10에 살기의 수가 쌓이고 수가 10에 이르면 곧 모두 공(空)하게 된다. 위에서와 같이 세 가지 유형의 삼형인 子卯, 寅巳申, 丑戌未가 삼형이 되는 이유를 숫자 10에 두고 있는데, 10에 이르면 비게 되므로 삼형이 된다는 것이다. 위에서 충·형·해를 살펴보았다. 오행에서 비롯된 이러한 개념들이『선택기요』상권의 혼례택일에서 적용된 예가 나온다.

<표 3-10> 월파·월형·월해

월건 신살	寅	卯	辰	巳	午	未	申	酉	戌	亥	子	丑
월파(月破)	申	酉	戌	亥	子	丑	寅	卯	辰	巳	午	未
월형(月刑)	巳	子	辰	申	午	丑	寅	酉	未	亥	卯	戌
월해(月害)	巳	辰	卯	寅	丑	子	亥	戌	酉	申	未	午

<표 3-10>에서와 같이 寅월의 혼례택일에서, 월건 寅과 충이 되는 申일(寅과 申은 상충의 관계)과, 삼형이 되는 巳일과(寅과 巳는 월형의 관계), 육해가 되는 사일(巳日, 寅과 巳는 육해의 관계)에는 혼례를 꺼린다. 월건 寅과 충이 되는 날 혼례를 올리

---

50) 김수길·윤상철 공역, 앞의 책, 213쪽.

면 충돌이 생기고, 형이 되는 날 혼례를 올리면 다투게 되며, 육해가 되는 날 혼례를 올리면 서로에게 해를 당하게 된다고 해석할 수 있다.

※ **보충설명** : 납음오행을 손쉽게 아는 방법

○ 천간수 　　□ 지지수 1 　　□ 지지수 2
甲乙(목): 1 　　子丑: 1 　　午未: 1
丙丁(화): 2 　　寅卯: 2 　　申酉: 2
戊己(토): 3 　　辰巳: 3 　　戌亥: 3
庚辛(금): 4
壬癸(수): 5

① (천간수 + 지지수) − 5를 하여 나머지 수를 구한다.
② 나머지 수가 1이면 木, 2이면 金, 3이면 水, 4이면 火, 5이면 土이다.
(예제 1) 癸卯: 癸(수)가 5이고 卯가 2이니 이 둘을 더하면 7이다. 7에서 5를 빼면 2이다. 2가 금이니 납음오행은 금이다.
(예제 2) 甲寅: 甲(목)이 1이고 寅이 2이니 이 둘을 더하면 3이다. 3이 수이니 납음오행은 수이다.
(예제 3) 戊戌: 戊가 3이고 戌이 3이니 이 둘을 더하면 6이다. 6에서 5를 빼면 1이다. 1이 목이니 납음오행은 목이다.
(예제 4) 壬戌: 壬이 5이고 戌이 3이니 이 둘을 더하면 8이다. 8에서 5를 빼면 3이다. 3이 수이니 납음오행은 수이다.
(예제 5) 戊辰: 戊가 3이고 辰이 3이니 이 둘을 더하면 6이다. 6에서 5를 빼면 1이다. 1이 목이니 납음오행은 목이다.

음양오행설과 함께 하도·낙서와 구궁설은 택일의 이론적 배경이다. 『선택기요』를 비롯한 모든 택일 전문서책에는 하도·낙서가 기술되어 있다. 『선택기요』 상편에 하도·낙서, 선후천팔괘, 혼천납갑장괘결, 납갑정음정양, 유년변괘, 일괘통삼산, 팔괘결, <선천수>, <후천수>가 차례로 기술되어 있다. 그리고 『연길귀감』의 서(序) 뒤에는 하도·낙서와 복희선천팔괘와 문왕후천팔괘가 등장하며, 본문에는 팔괘결, 유년변괘, 구궁도가 기술되어 있다. 이를 통해 하도·낙서와 구궁설이 택일의 이론적 배경임을 알 수 있다.

1. 하도·낙서

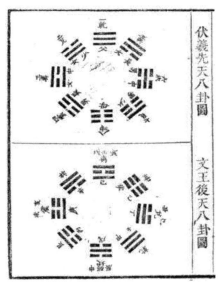

<그림 3-4>와 같이 <선천팔괘(先天八卦)>와 <후천팔괘(後天八卦)>에는 팔괘의 위치가 도식화되어 있다. 복희의 <선천팔괘>에는 상단의 중앙에서 우선하면서 아버지를 뜻하는 건괘, 장녀를 뜻하는 손괘, 중남을 뜻하는 감괘, 소남을 뜻하는 간괘, 어머니를 뜻하는 곤괘, 장남을 뜻하는 진괘, 중녀를 뜻하는 리괘, 소녀를 뜻하는 태괘가 배속되어 있다.

<그림 3-4> 선·후천팔괘[51] 그리고 문왕의 <후천팔괘>에는 상단의 중앙에서 우선하면서 중녀를 뜻하는 리괘, 어머니를 뜻하는 곤괘, 소녀를 뜻하는 태괘, 아버지를 뜻하는 건괘, 중남을 뜻

---

51) 자료: 국립중앙도서관.

하는 감괘, 소남을 뜻하는 간괘, 장남을 뜻하는 진괘, 장녀를 뜻
하는 손괘가 배속되어 있다.

<혼천납갑장괘결(渾天納甲裝卦訣)>에서는 팔괘를 오행에 배
속시켜서 납갑을 붙이는 방법을 설명하고 있다. <납갑정음정양
(納甲淨陰淨陽)>에서는 팔괘에서의 건·감·리·곤은 양에 배속하고,
간·진·태·손은 음에 배속[52]하고 있다. 그리고 <유년변괘(遊年變
卦)>에서는 북두구성에서의 제1성 탐랑은 수에 배속, 제2성 거
문은 토에 배속, 제3성 녹존은 목에 배속, 제4성 문곡은 목에 배
속, 제5성 염정은 토에 배속, 제6성 무곡은 금에 배속, 제7성 파
군은 금에 배속, 제8성 좌보는 토에 배속, 제9성우필은 화에 배
속[53]하고 있다.

<일괘통삼산(一卦統三山)>에서는 하나의 괘가 세 개의 산을
거느리고 있다는 것을 설명하고 있다. 건괘는 戌·亥, 감괘는 壬·
癸, 간괘는 丑·寅, 진괘는 甲·乙, 손괘는 辰·巳, 리괘는 丙·丁, 곤괘
는 未·申, 태괘는 庚·辛을 거느리고 있다.[54] 즉 24방을 8개의 괘
로 묶어서 분류하고 있다. <선천수>에서는 甲·己·子·午는 9, 乙·
庚·丑·未는 8, 丙·辛·寅·申은 7, 丁·壬·卯·酉는 6, 戊·癸·辰·戌는 5, 巳·
亥는 4로 배속하고 있고, <후천수>에서는 1·6은 수, 2·7은 화,
3·8은 목, 4·9는 금, 5·10은 토에 배속[55]하고 있다.[56]

---

52) 『選擇紀要』 上編 本原 <納甲淨陰淨陽>, "乾納甲, 坎納癸申辰, 離納壬寅
戌, 坤納乙 陽. 艮納丙, 震納庚亥未, 兌納丁巳丑, 巽納辛 陰."

53) 위의 책, <遊年變卦>, "一貪狼屬水, 二巨門屬土, 三祿存屬木, 四文曲屬
木, 五廉貞屬土, 六武曲屬金, 七破軍屬金, 八左輔屬土, 九右弼屬火."

54) 위의 책, <一卦統三山>, "乾戌亥, 坎壬癸, 艮丑寅, 震甲乙, 巽辰巳, 離丙
丁, 坤未申, 兌庚辛."

55) 위의 책, <先天數>, "甲己子午九, 乙庚丑未八, 丙辛寅申七, 丁壬卯酉六,
戊癸辰戌五, 巳亥屬之四, 甲十干之元, 子十二支之首是. 故甲子起於天地之
數也."; <後天數>, "壬子一兮丁巳二. 甲寅三兮辛酉四. 戊辰戌五癸亥
六. 丙午七兮乙卯八. 己百丑未十. 庚申九. 天干爲十地支零.."

56) 이수동, 「조선 말기 명과학 시험교재 『선택기요』 연구」, 『장서각』 32,
한국학중앙연구원, 2014, 117~118쪽.

2. 구궁설

1) 구궁(九宮)의 의미

하늘에 있는 북두구성을 땅에 있는 아홉 개 궁에 배속시킨 것이 구궁이다. 구궁은 위로는 하늘에서 나누어진 것이고 아래로 땅에서 나누어진 것인데 모두 아홉 개의 자리가 있다. 하늘에 있는 28수와 북두구성을 땅에서는 사방과 사유와 중앙 등의 아홉 구역으로 나눈 것이기도 하다. 궁(宮)이라고 부르는 이유는 모든 신이 거처하기 때문이다.

'북두칠성'으로 널리 알려진 북두구성에는 어떤 의미가 있어서 하도·낙서의 구궁에 배속한 것일까? 정월에는 북두구성의 손잡이 부분인 두병(斗柄)이 인방(寅方)을 가리키고, 묘월에는 북두구성의 두병이 묘방(卯方)을 가리키며, …… 축월에는 북두구성의 두병이 축방(丑方)을 가리킨다. 뿐만 아니라 북두구성의 두병은 24절기를 알 수 있게도 해준다. 상술한 바와 같이 북두구성의 작용은 택일에서 길일과 흉일을 가리는 이론적 배경이 되고 있다.

2) 구궁의 연원

구궁도는 한대의 학자들이 '명당구실'과 짝짓던 것이어서 '구궁'이라고 부른다. 그 사상의 연원은 『역위』의 '구궁설'에 있다. 1에서 9까지의 수를 이들 팔방과 중궁에 각각 배열하면 가로세로 빗변의 세 수의 합이 모두 15가 된다. 또 중궁의 5를 뺀 나머지 1, 2, 3, 4, 6, 7, 8, 9의 수로 팔괘의 상을 만들 수도 있으므로 팔괘의 상을 만들 수 있으므로 팔괘의 연원으로 간주되기도 한다. 송대의 유목은 이것을 『하도』로 여겼고 소옹과 채원정은 『낙서』로 여겼다.[57]

3) 구궁에 12지지, 팔방, 팔절, 오행을 배속

---

57) 주희 저 김진근 옮김,『역학계몽』, 청계, 2008, p.40.주희 저 김진근 옮김,『역학계몽』, 청계, 2008, p.40.

<그림 3-5>는 구궁도이다. 구궁은 중궁, 건궁, 감궁, 간궁, 진궁, 손궁, 리궁, 곤궁, 태궁 등 아홉 개 궁이다. 이 구궁에는 12지인 子, 丑, 寅, 卯, 辰, 巳, 午, 未, 申, 酉, 戌, 亥가 배속되어 있다. 그리고 아홉 개의 궁은 24절기에서의 팔절(八節)과 오행으로 나눌 수 있는데, 간궁은 입춘과 오행의 토(土), 진궁은 춘분과 오행의 목(木), 손궁은 입하와 오행의 목(木), 리궁은 하지와 오행의 화(火), 곤궁은 입추와 오행의 토(土), 태궁은 추분과 오행의 금(金), 건궁은 입동과 오행의 금(金), 감궁은 동지와 오행의 수(水)로 각각 나누어진다.

제4성 文曲 巽 辰 巳	제9성 右弼 離 午	제2성 巨門 坤 未 申
제3성 祿存 震 卯	제5성 廉貞 中宮	제7성 破軍 兌 酉
제8성 左輔 艮 寅 丑	제1성 貪狼 坎 子	제6성 武曲 乾 亥 戌

<그림 3-5> 구궁도

그리고『오행대의』에서는 팔괘와 방위와의 관계에 대해, "『주역통괘험』에서 간은 동북방으로 입춘을 주관하고, 진은 동방으로 춘분을 주관하고, 손은 동남방으로 입하을 주관하고, 리는 남방으로 하지를 주관하고, 곤은 서남방으로 입추를 주관하고, 태는 서방으로 추분을 주관하고, 건은 서북방으로 입동을 주관하고, 감은 북방으로 동지를 주관한다."[58] 고 하였다.

<표 3-11> 팔괘의 12지·팔방·팔절·오행

	간(艮)	진(震)	손(巽)	리(離)	곤(坤)	태(兌)	건(乾)	감(坎)
12지	丑·寅	卯	辰·巳	午	未·申	酉	戌·亥	子
팔방	동북	정동	동남	정남	남서	정서	서북	정북
팔절	입춘	춘분	입하	하지	입추	추분	입동	동지

---

58) 김수길·윤상철 공역,『오행대의』, 대유학당, 1998, 420쪽.

오행	토	목	목	화	토	금	금	수

『선택기요』본문에서는 하늘에 있는 북두구성 각각의 이름과 각각의 성에 오행을 배속하고 있다. 이를 정리하면 <그림 3-5> 와 같다. 1인 탐랑은 수, 2인 거문인데 토, 3인 녹존은 목, 4인 문곡은 목, 5인 염정은 토, 6인 무곡은 금, 7인 파군은 금, 8인 좌보는 토, 9인 우필은 화에 각각 배속된다.

구궁의 위치는 <그림 3-6>에서와 같이 네 정위(正位)에는 홀수인 9(남방,리) 1(북방,감) 3(동방,진) 7(서방,태)이 자리하고 네 우위(우위)에는 짝수인 4(동남방,손) 6(북서방,건) 8(북동방,간) 2(남서방,곤)가 자리하고 있음을 알 수 있다. 또한 <그림 3-3>은 후천문왕의 팔괘도를 나타냈음을 알 수 있다.

4) 구궁의 순행과 역행

구궁설은 태일(太一)이 1에서 9까지 음양의 수(數) 순서에 따라 구궁에서 운행한다는 설로서, 구궁은 사정과 사유와 중궁을 합하여 모두 구궁이다. 태일이 구궁에서 운행한다는 것은 팔괘 속에서 운행하는 것으로서[59] 태일은 구궁에서 순운행과 역운행을 한다.

4 巽 ⑤	9 離 ⑩	2 坤 ③
3 震 ④	5 중궁 ① ⑥	7 兌 ⑧
8 艮 ⑨	1 坎 ②	6 乾 ⑦

<그림 3-6> 순운행(순포)

4 巽 ⑦	9 離 ②	2 坤 ⑨
3 震 ⑧	5 중궁 ① ⑥	7 兌 ④
8 艮 ③	1 坎 ⑩	6 乾 ⑤

<그림 3-7> 역운행(역포)

---

59) 윤태현,「京房 易의 硏究」, 동국대학교 박사학위논문, 1999, p.53.

중궁에서 시작하여 → 감궁 → 곤궁 → 진궁 → 손궁 → 중궁 → 건궁 → 태궁 → 간궁 → 리궁으로 운행하는 것이 '순운행'이다. 그리고 중궁에서 출발하여 → 리궁 → 간궁 → 태궁 → 건궁 → 중궁 → 손궁 → 진궁 → 곤궁 → 감궁으로 운행하는 것이 '역운행'이다.

위에서 언급한 '태일'에 대해 소길의 『오행대의』에서는 두 가지 주장을 하고 있다. 먼저 정현(127~200)이 『역위건착도』를 주석하여 이르기를 "태일은 북극성의 신의 명칭이다. 그 자리에 있는 것을 '태제'라 하고 팔괘궁과 일진의 사이를 행하는 것을 '태일(太一)' 혹은 '천일(天一)'이라고 하니, 나가고 들어가는 곳과 자미궁 밖에서 쉬는 것에 따라 별의 이름을 붙인 것이다. … 그러므로 태일이 아래로 구궁을 행하여 감궁으로부터 시작한다."[60]고 하였다.

그리고 두 번째 설은 『오행대의』에 기술되어 있다. "『구궁경』에서 태일의 행함은 감궁에서 시작하며 … 열두 신과 합해서 구궁의 아홉 자리를 노닌다."[61]고 하였다. 위 정현의 주석과 『구궁경』에 의하면 태일이 구궁도의 감궁에서 출발함을 알 수 있다.

---

60) 김수길·윤상철 공역, 『오행대의』, 대유학당, 1998, 475쪽.
61) 김수길·윤상철, 위의 책, 475쪽~476쪽.

중편
관혼상제 택일

제4장
관례(冠禮) 택일

성인이 되는 예, 관례와 계례

> 예전에 관례에서 날을 점치고 손님을 점친 것은
> 관례 치르는 일을 공경하기 때문이요
> 관례 치르는 일을 공경한 것은 예를 중히 여긴
> 때문이요
> 관례를 중히 여긴 것은 나라의 근본이 되기
> 때문이다.
> ─ 『예기』 <관의(冠義) 제43>

위의 구절은 『예기』에 수록되어 있는 글이다.[62] 이 글을 통해 관례에서 이 행사를 주재할 집사와 축하객을 맞이하는 것을 택일해서 행사했음을 알 수 있고 또한 옛 사람들이 관례를 얼마나 중요하게 여겼는지도 알 수 있다.

1. 관례의 의미와 시기, 절차
1) 관례의 의미

관례(冠禮)는 관례(冠禮)와 계례(筓禮)의 합칭이다. 관례는 소년이 남자성인이 되는 예이고, 계례는 소녀가 여자성인이 되는

---

62) 朱彬 撰, 『禮記訓纂』「祭統第二十五」, "古者冠禮筮日筮賓, 所以敬冠事, 故冠事所以重禮, 重禮所以爲國本也."

예이다. 통상 이 둘을 '관례'라고 부른다. 관례는 길게 땋아 내렸던 소년의 댕기머리를 올려서 상투를 틀어 관을 씌우는 예이고, 계례는 소녀의 머리를 올려 쪽을 찌고 비녀를 꽂는 예이다. 그래서 관례와 계례는 관과 비녀를 뜻하는 관(冠)과 계(筓)에 예(禮)를 써서 '관례'와 '계례'라고 부른다.

관례를 통해 어린이가 성인이 되었음을 사회적으로 인식시킴으로써 예를 지키고 성인과 사회인으로서의 책임감과 의무를 일깨워주는 예이다. 관례 이후 맡은 바 소임을 자신이 할 수 있는 능력이 있다는 것을 대외에 알리며 자기의 권리를 주장할 수 있게 된다. 또한 관례를 통해 성인으로 대접받게 하는 데에 그 의미와 목적이 있다.

현재 우리나라에서 행해지고 있는 성년례는 '유교식'이다. 이 유교식 성년례는 고려와 문물을 주고받던 송나라의 주희가 중국 고대의 예법을 정리해서 만든 『가례』에 뿌리를 두고 있다. 『가례』를 지은 주자의 성명은 주희(朱熹)인데 후세의 사람들이 그를 높여서 '주자(朱子)'라고 존칭하고 있다. 주자는 고려 인종 8년, 서기 1130년에 송나라 사람으로 지금의 중국 안휘성에서 태어나 서기 1,200년에 사망했다.

관례 곧 성년례를 통해 예의바른 사람으로 거듭난다. 『예기』에서는 "사람이 사람다운 바는 예의가 있기 때문인데, 관례 후에는 옷이 갖춰지고, 옷이 갖춰진 후에는 얼굴과 몸가짐이 바르며 안색이 정제되고 말 주변이 순하다. 따라서 관례는 예의 시작인 것이다. 그러므로 예전에 성인 임금이 관례를 중히 여겼다."[63]고 하였다.

그리고 유네스코 세계기록문화유산으로 지정된 조선의 통감(統監) 『조선왕조실록』에는 관례의 의미에 대해 다음과 같은 기록들이 보인다. 『세조실록』에서 집현전 직제학 양성지가 상소하기

---

63) 朱彬 撰, 《禮記訓纂》 <祭統第二十五>, "故冠而后服備, 服備而后容體正, 顔色齊, 辭令順. 故曰冠者禮之始也. 是故古者聖王重冠."

를, "대개 예전에 남자 20세에 관(冠)을 씌운 것은 성인의 도를 일깨우려는 것"[64]이라고 하였다. 『현종실록』에는 현종이 그의 왕세자 이돈에게 교시한 기록이 보인다. "예(禮)는 나라를 다스리는 근본이고 관례는 예를 행하는 시초이다. … 하늘을 본뜬 것이 관례제도이고 성인이 되게 하는 것이 관례이다. 관례를 행한 뒤에 사람의 도리가 갖춰지고 사람의 도리가 갖춰진 뒤에야 비로소 예가 서게 된다. 이 때문에 옛날 성왕들이 관례를 중요하게 여긴 것"[65]이라고 하였다.

그리고 『영조실록』에는 영조가 교시한 기록이 보인다. "교서하기를, … 세 번 가관(加冠)하여 복색을 더욱 존엄하게 하는 것은 성인이 됨을 더하는 뜻이 있는 것이다. 이미 관을 쓰고 나서 자(字)를 지어 주는 것이 성인의 도(道)인데, 성인이라고 하는 것은 성인의 예를 책임지우는 것이다. … 제주(祭主)가 되어 조종(祖宗)의 제사를 받들게 하는 것이니, 그 예절이 중하지 않을 수 있겠는가?"[66] 라고 하였다.

삼가례의 초가(初加)에서 심의와 치포관을 착용하는 것에는 고례를 숭상하는 의미를 담고 있으므로 문화 계승의 의미가 담고 있다. 재가(再加)에서 조복(朝服)을 착용하는 것에는 사회적인 활동의 의미가 담겨 있으며, 삼가(三加)에서의 복장은 제복(祭服)에 해당하는 것으로 조상을 계승함을 의미하는 것이다. 결국 관례에서의 삼가례 복식은 고대와 중세 사회에 있어 남성의 사회적 역할을 의복과 관련하여 규정한 것으로 볼 수 있다. 그리고 삼가례에서의 축사(祝辭)와 초례(醮禮)에는 "어린 시절과의 단절을 통해 성인이 되어 성인의 문화를 습득하고 친족 내의 역할을 수행하여 세대를 계승하고 지속하는 의미가 담겨 있다.

---

64) 『세조실록』 세조 2년(1457) 3월 28일(정유) 기사.
65) 『현종실록』 현종 11년(1670) 3월 9일(병인) 기사.
66) 『영조실록』 영조 3년(1727) 9월 9일(임술) 기사.

2) 관례 시기

주자의 『가례』와 조선후기에 편찬된 이재의 『사례편람』에는 "15~20세에 모두 관례를 행하였다. 다만 부모상을 당한지 1년 안에는 할 수 없다"[67]고 규정하고 있다. 왕실에서는 10세 이전에 행하였고, 조선말기에는 조혼하는 풍습에 따라 이보다 일찍이 하였다. 삼가는 세 가지 관건(冠巾)을 차례로 씌우는 초가·재가·삼가를 말한다. 삼가례가 끝난 뒤에는 '초례'를 행하는데 남자에게는 자(字)를 지어 주고 여자에게는 당호(堂號)를 지어 준다. 가령 조선 중기의 유학자 이황의 자는 '경호(景浩)'이고 이황과 거의 같은 시기의 이이 어머니의 당호는 사임당'(師任堂)'이 그 예이다. 최근에는 매년 양력 5월의 세 번째 월요일을 성년의 날로 정하고, 만 20세가 되는 소년에게 성년례를 치르도록 하고 있다. 위 글에서의 초례는 삼가를 마친 뒤에 술을 마시는 예이다.

3) 관례 절차

전통적인 관례는 아래와 같은 순으로 진행된다.

> ⇨ 관례 전에 종묘 및 사당의 조상에게 고하는 예를 갖춘다.
> ⇨ 관자(冠者)의 머리를 씌운 뒤에 초가례, 재가례, 삼가례를 차례로 행한다. 매 의절마다 축사를 한다.
> ⇨ 관자에게 자(字)를 지어준다.
> ⇨ 왕세자는 조정에 나아가서 임금을 뵙고 왕비궁에 나아가서 아뢴 후에 세자궁으로 돌아간다. 사대부는 사당에 나아가서 관례를 마쳤음을 고하고 집안의 어른과 마을 어른들에게 인사를 한다.
> ⇨ 뒤이어서 음식을 대접하면서 행사를 마친다.

---

67) 주희 지음, 임민혁 옮김, 『주자가례』, 예문서원, 2013, 119쪽~120쪽 ; 도암 이재 원저, 국역 『사례편람』, 명문당, 2003, 17쪽.

┌───┐
│ **※ 보충설명** : 이름의 종류

　어느 나라의 누가 되었건 이름을 중요시한다. 특히 우리나라에는
여러 가지의 이름이 쓰이고 있다. 그것을 어릴 때부터 사망 후까지
살펴보면 다음과 같다.

　첫째, 어린아이의 이름인 아명(兒名)이다.

　둘째, 관명(官名·族譜名·戶籍名)이다. 관명은 '공식명'이다. 현대에
는 호적에 출생신고를 할 때에 이름을 지으므로 '호적명'이라고 부
르며, 옛날에는 족보에 올리므로 '족보명'이라고도 했다. 이것을 공
식명이라 하는 까닭은 사회활동이나 학적부, 이력서 등에서 자리를
대표하는 이름으로 쓰이기 때문이다.

　셋째, 자(字)이다. 자는 관례를 할 때에 '관자(冠字)'라 해서 지어
주는 별명이다. 공식적인 관명을 존중하기 위해서 어른이나 친구들
이 부르게 된다. 비록 별명이기는 하지만 아랫사람들은 웃어른의 자
를 부를 수 없었다.

　넷째, 호(號, 雅號)이다. 호는 아랫사람도 윗사람에게 부를 수 있
는 별명이다.

　다섯째, 시호(諡號)이다. 생시의 공적이나 학덕을 기려서 임금이
내리는 이름이다.
└───┘

2. 관례 택일

　조선시대는 물론이고 현대에서도 국가와 민간의 대소 행사에서
택일을 해서 행사한다는 것은 일반화된 사실이다. 사례의 하나인
관례를 행할 때에 아무 날에나 한 것이 아니라 길일을 잡아서
행사했다는 사실이 『영조실록』에 보인다. "영조가 말하기를, 왕
세자에게 길일을 가려 원복(元服)을 하는 것은 옛 법에 따른
것"[68]이라고 하였다. 국가 대소사 길일은 조선의 국가관청인 관
상감에서 잡았고, 구체적인 길일은 택일 전문서책에 기록되어 있
는 이론으로 잡았다.

---

68) 『영조실록』 영조 3년(1727) 9월 9일(임술) 2번째 기사.

1) 택일

(1) 마땅한 날

육덕일, 건제12성의 정일(定日)과 성일(成日), 황흑도길흉정국의 황도일시, 천원일, 월은일이 있다.

(2) 꺼리는 날

본명일, 본명대충일, 월파, 월기, 매월의 축일(丑日).

(3) 길시

길일을 고른 뒤에 황도시를 선택하면 된다.[69]

2) 길신과 흉살 해설

(1) 길신

① 육덕일

육덕에는 태세 기준의 세덕·세덕합 및 월건기준의 천덕·천덕합·월덕·월덕합이 있다. 여기에서의 태세는 입춘 절입시각을 기준으로 정해지고 월건은 12절(節)을 기준으로 정해지며, 육덕은 제1장에 있는 <표 1-2>와 <표 1-4>를 각각 참조하면 된다. <표 4-1>에서 세덕은 10간으로 표기되어 있고 세덕합은 12지로 표기되어 있다. 가령 갑자년(甲子年)의 세덕과 세덕합은 甲 항목을 보면 되는데, 이 해의 세덕은 甲이고 세덕합은 己이다. 곧 이 甲과 己에 해당하는 날에 관례를 올리면 좋다는 뜻이 된다.

<표 4-1> 육덕(세덕·세덕합)

세간 육덕	甲	乙	丙	丁	戊	己	庚	辛	壬	癸
세덕 (歲德)	甲	庚	丙	壬	戊	甲	庚	丙	壬	戊
세덕합 (歲德合)	己	乙	辛	丁	癸	己	乙	辛	丁	癸

---

[69] 『選擇紀要』冠笄類 <三加>, 宜：六德, 定成日, 黃道吉日時, 月恩, 天願日. 忌：本命日, 本命對冲日, 月破, 月忌, 每月丑日.

이 세덕과 세덕합에서 다섯 양간(陽干)은 마땅한 자리를 스스로 득한 것이고 다섯 음간(陰干)은 그 합을 취한 것이다.[70] 따라서 양간에 해당하는 해인 갑년에는 甲, 병년에는 丙, 무년에는 戊, 경년에는 庚, 임년에는 壬이 세덕이 된다. 그리고 음간에 해당하는 해인 을년에는 乙과의 합인 庚, 정년에는 丁과의 합인 壬, 기년에는 己와의 합인 甲, 신년에는 辛과의 합인 丙, 계년에는 계와의 합인 戊가 세덕이 된다. 이와 같이 세덕합은 세덕과의 천간합을 쓴다. 따라서 甲년의 세덕인 甲과의 세덕합은 己, 乙과의 세덕인 庚과의 세덕합은 乙이 되는 등이다.

『선택기요』와 『천기대요』에서의 묘·오·유·자 월건에서의 천덕과 천덕합에는 차이가 있다. 『선택기요』의 묘·오·유·자 월건에는 천덕이 팔괘 궁명으로 적혀 있는데,[71] 가령 묘월에는 곤(坤), 오월에는 건(建), 유월에는 간(肝), 자월에는 손(巽) 등이다. 이것을 12지로 바꾸면 묘월의 곤은 未·申, 오월의 건은 戌·亥, 유월의 간은 丑·寅, 자월의 손은 辰·巳가 된다.

그리고 『천기대요』의 묘월에는 申, 오월에는 亥, 유월에는 寅, 자월에는 巳만 적혀 있는데,[72] 이는 묘월에는 未, 오월에는 戌, 유월에는 丑, 자월에는 辰이 각각 누락되어 있는 것이다. 제3주차에 있는 <그림 3-5> 구궁도에 의하면 천덕은 <표 4-3>의 천덕과 같다.

---

70) 『選擇紀要』冠筓類 <本原>, "歲德·歲德合 : 五陽干當位自得, 五陰干則取其合."

71) 『選擇紀要』冠筓類 <本原> "天德."

月建\天德	寅	卯	辰	巳	午	未	申	酉	戌	亥	子	丑
天德	丁	坤	壬	辛	乾	甲	癸	艮	丙	乙	巽	庚

72) 林紹周 原著, 成汝櫄 改編, 『新增參贊秘傳天氣大要』 券之下 <吉凶神總局>, 月家吉神. "天德, 造葬上官百事皆亨通, : 正丁, 二申, 三壬, 四辛, 五亥, 六甲, 七癸, 八寅, 九丙, 十乙, 十一巳 十二庚. "天德合 : 正壬, 二巳, 三丁, 四丙, 五寅, 六己, 七戊, 八亥, 九辛, 十庚, 十一申, 十二乙."

<표 4-2> 『선택기요』와 『천기대요』에서의 천덕·천덕합 비교

천덕＼월건	寅	卯	辰	巳	午	未	申	酉	戌	亥	子	丑	비고
천덕	丁	坤未申	壬	辛	乾戌亥	甲	癸	艮丑寅	丙	乙	巽辰巳	庚	『선택기요』
천덕	丁	申	壬	辛	亥	甲	癸	寅	丙	乙	巳	庚	『천기대요』
천덕합	壬	.	丁	丙	.	己	戊	.	辛	庚	.	乙	『선택기요』
천덕합	壬	巳	丁	丙	寅	己	戊	亥	辛	庚	申	乙	『천기대요』

두 문헌의 묘·오·유·자 월건에서의 천덕과 천덕합에는 차이가 있다. 『선택기요』에서는 묘월·오월·유월·자월의 천덕합이 공란인데 반해, 『천기대요』에서는 각각 巳·寅·亥·申이 적혀 있다. 육합이론에 의하면 묘월의 천덕이 未와 申이므로 육합은 午와 巳, 오월의 천덕이 戌과 亥이므로 육합은 卯와 寅, 유월의 천덕이 丑과 寅이므로 육합은 子와 亥, 자월의 천덕이 辰과 巳이므로 육합은 酉와 申이다.

<표 4-3> 육덕(천덕·천덕합·월덕·월덕합)

육덕＼월건	寅	卯	辰	巳	午	未	申	酉	戌	亥	子	丑
천덕(天德)	丁	坤未申	壬	辛	乾戌亥	甲	癸	艮丑寅	丙	乙	巽辰巳	庚
천덕합(天德合)	壬	.	丁	丙	.	己	戊	.	辛	庚	.	乙
월덕(月德)	丙	甲	壬	庚	丙	甲	壬	庚	丙	甲	壬	庚
월덕합(月德合)	辛	己	丁	乙	辛	己	丁	乙	辛	己	丁	乙
	덕은 거의 모든 흉살을 능히 제압할 수 있다. 다만 삼살과 세파는 제압하지 못한다.73)											

---

73) 『選擇紀要』冠笄類 <本原>의 세덕, 세덕합, 천덕, 천덕합, 월덕, 월덕합을 참조해서 '표'로 재 정리하였음. 태세나 월건이 申·子·辰이면 巳·午·未

천덕은 곧 천도방(天道方)인데 인월에는 남방, 묘월에는 서남방, 진월에는 북방, 사월에는 서방, 오월에는 서북방, 미월에는 동방, 신월에는 북방, 유월에는 동북방, 술월에는 남방, 해월에는 동방, 자월에는 동남, 축월에는 서방이 천도방이다.[74] 월·일·시로 따지는 육덕 곧 월덕·일덕·시덕은 능히 일체의 흉살방위에 있는 흉살을 제압하는 바, 육덕이 이른 방위에 흉살이 숨어있더라도 감히 해가 되지 않지만 다만 삼살과 세파는 제압하지 못한다.[75] 따라서 육덕에 해당하는 날이 삼살과 세파에 해당하지 않으면 어떠한 해도 발생하지 않으므로 길일로 잡아도 안전하다고 할 수 있다.

태세가 정해지는 기준은 입춘이다. 대개는 매년 양력 2월 4일이 입춘이지만, 해가 바뀜에 따라 입춘이 시작되는 일시가 달라진다. 가령 2015년의 입춘절 절입 시각은 낮 12시 58분이고, 2016년의 입춘절 절입 시각은 오후 6시 46분이다. 그리고 월건이 정해지는 기준은 12절(節)이다.

② 건제12성길흉정국의 정일(定日)·성일(成日)

아래에서 건제12성의 쓰임새와 작용, 순환주기, 역사를 차례로 살펴본다.

㉮ 건제12성의 쓰임새와 작용

건제12성은 모두 고유의 작용을 한다. 건, 제, 만, 평, 정, 집, 파, 위, 성, 수, 개, 폐 각각의 쓰임새와 작용은 다음과 같다.

(남방), 태세나 월건이 寅·午·戌이면 亥·子·丑(북방), 태세나 월건이 亥·卯·未이면 申·酉·戌(서방), 태세나 월건이 巳·酉·丑이면 寅·卯·辰(동방)이 삼살이다. 세파는 태세지와의 충이 12지인데 가령 자년에는 오, 축년에는 미, 인년에는 신, 묘년에는 유, 진년에는 술, 사년에는 해, 오년에는 자, 미년에는 축, 신년에는 인, 유년에는 묘, 술년에는 진, 해년에는 사이다.

74) 『選擇紀要』 冠筓類 <本原> 天德, "天德天道方, 寅南, 卯西南, 辰北, 巳西, 午西北, 未東, 申北, 酉東北, 戌南, 亥東, 子東南, 丑西."
75) 『選擇紀要』 冠筓類 <本原> 六德, "六德所値月日時, 能制一切凶殺方位有凶殺, 得六德到蟄伏不敢爲害. 惟三殺歲破不能制也."

ㄱ 건(建)

소사(掃舍), 출행, 상장(上章), 입학, 관대[冠帶, 관례와 계례], 구인 및 귀인을 만나는 일에는 길하다. 그러나 가옥수리와 건축 [修造], 동토(動土), 혼인, 벌초[斬草], 파토(破土), 장매 등에는 불리하다.

<표 4-4> 건제12성길흉정국

월건 12성	寅	卯	辰	巳	午	未	申	酉	戌	亥	子	丑
건(建)	寅	卯	辰	巳	午	未	申	酉	戌	亥	子	丑
제(除)	卯	辰	巳	午	未	申	酉	戌	亥	子	丑	寅
만(滿)	辰	巳	午	未	申	酉	戌	亥	子	丑	寅	卯
평(平)	巳	午	未	申	酉	戌	亥	子	丑	寅	卯	辰
정(定)	午	未	申	酉	戌	亥	子	丑	寅	卯	辰	巳
집(執)	未	申	酉	戌	亥	子	丑	寅	卯	辰	巳	午
파(破)	申	酉	戌	亥	子	丑	寅	卯	辰	巳	午	未
위(危)	酉	戌	亥	子	丑	寅	卯	辰	巳	午	未	申
성(成)	戌	亥	子	丑	寅	卯	辰	巳	午	未	申	酉
수(收)	亥	子	丑	寅	卯	辰	巳	午	未	申	酉	戌
개(開)	子	丑	寅	卯	辰	巳	午	未	申	酉	戌	亥
폐(閉)	丑	寅	卯	辰	巳	午	未	申	酉	戌	亥	子

위에서 소사는 대청소를 말하고, 상장은 백성이 임금에게 민원을 올리는 상소에 해당한다. 현대에서는 관청에 제출하는 민원서류 가령 법원에 제출하는 소송장이나 시청이나 군청 또는 구청, 동사무소에 제출하는 여러 가지 서류가 있다. 이 외에도 학교나 직장에 제출하는 입학지원서나 직장지원서 그리고 시나 산문 등

원고 제출 등이 있다. 그리고 장매는 매장, 파토는 무덤을 만들기 위해 풀을 베고 땅을 고르는 일을 말한다.

ⓛ 제(除)

안택(安宅), 기복(祈福), 출행, 상장, 제사, 입권(立券), 치료, 접목, 종목(種木) 등에는 길하고, 구직, 취임, 출재화(出財貨), 이사 등에는 불리하다. 이 글에서 안택은 가정의 평안을 비는 무속행사, 입권은 집이나 토지 등 부동산 등기, 종목은 나무를 심는 일이다.

ⓒ 만(滿)

제사, 소사, 종업원고용[納奴], 접목, 옷감재단[裁衣] 등에는 길하다. 그러나 맹월(정월, 사월, 칠월, 십월)에 천적(天賊)과 같이 만나면 동토, 입주(立柱), 이사, 기복 등에는 불리하다. 이 글에서 동토는 집터와 사업장을 닦거나 도로를 닦는 일 등 토목공사가 해당한다. 그리고 입주는 건축에서 대들보는 세우는 일이다.

ⓔ 평(平)

평기(平基), 취토, 축장(築墻), 치도(治道), 제사 등에는 길하다. 그러나 나무심기와 파종[栽種], 하천정비[開渠], 벌초, 파토(破土) 등에는 불리하다. 이 글에서 평기는 집을 짓기 위해서 터를 평탄하는 작업을 말하고, 축장은 담을 쌓는 것을 말하며, 치도는 도로를 닦는 것을 말한다.

ⓜ 정(定)

제사, 혼인, 수조, 장매(葬埋), 구복, 구사(求嗣), 옷감 재단, 가축들이기[納畜], 안대(安碓) 등에는 길하다. 그러나 출행, 소송, 파종 등에는 불리하다. 이 글에서 안대는 방앗간을 짓는 일을 말한다.

ⓗ 집(執)

제사, 상장, 혼인, 입권, 수조, 장매 등에는 길하다. 그러나 이사, 입택, 수방(修枋), 출행 등에 불리하다. 이 글에서 수조는 건축물을 짓거나 수리하는 일, 입택은 새 집으로 들어가는 것을 말한다.

ㅅ 파(破)

치병, 파옥(破屋), 담허물기[壞垣] 등에는 길하다. 그러나 중월(卯·午·酉·子)에 천적을 만나면 참초, 파토, 흥공(興工), 동토, 안장(安葬), 출행, 이사, 식구들이기[進人口], 가취(嫁娶) 등에는 불리하다. 이 글에서 참초는 음력 8월에 많이 하는 벌초가 해당한다.

ㅇ 위(危)

제사, 상장, 혼인, 입권, 수조 등에는 길하다. 그러나 입산, 사냥, 입수(入水), 배의 승선, 어렵(漁獵) 등에는 불리하다. 이 글에서 입수는 물에 들어가는 일로서 가령 해녀의 수산물 채취를 위한 입수가 있다.

ㅈ 성(成)

제사, 상장, 혼인, 안택, 구재, 수조, 이사, 환가(還家), 접붙이기[接花] 등에는 길하다. 그러나 소송에서 불리하다. 이 글에서 환가는 피서지 혹은 피한지에서 귀가하는 일이다.

ㅊ 수(收)

수렵, 납축, 납채(納采), 혼인, 제사, 입학, 파종, 접화, 식목 등에는 길하다. 그러나 참초, 파토, 조묘(造墓), 영폄(永窆), 출행 등에는 불리하다. 위에서 조묘는 묘지를 만드는 일이고, 영폄은 하관하는 일을 말한다. 조선시대 인조 15년(1637) 3월의 기록에서 "인천 도장리 선영 밑으로 반장(返葬)을 하였다가 같은 해 9월 모일에 손향 터에 영폄(永窆)하였다."는 기록이 있다. 여기에서의 손은 주역 팔괘에서의 손(巽)인데, 이 손은 동남간을 말한다. 따라서 동남간을 바라보게 하관을 했다는 뜻이다.

ㅋ 개(開)

제사, 안택, 혼인, 집수리와 건축, 우물파기[穿井], 개당(開塘), 안대(安碓), 재종, 입권, 출행 등에는 길하다. 그러나 동토, 장매 등에는 불리하다. 다만 중월 곧 卯·午·酉·子월에는 가능하다.

ㅌ 폐(閉)

제사, 장매, 입권, 접화, 변소건축[作厠] 등에는 길하다. 그러나
출행, 이사, 환가, 원행, 수조, 동토 등에는 불리하다.

ⓝ 건제12성의 순환주기

건제12성의 순환주기는 북극성을 중심으로 각 방위에 12지가
배속된 것이다. 이 12지 방위를 토대로 북극성 주변에서 북두칠
성의 두병(斗柄)이 향하는 방위는 매월 절입일의 초혼(初昏, 초
저녁)마다 달라진다. 가령 인월(寅月)이 시작되는 입춘에서 묘월
(卯月)이 시작되는 경칩 전까지의 초저녁에는 두병이 인방(寅
方)을 가리킨다. 이것을 확인하는 방법이 있다. 입춘절에 나경을
휴대하고 옥상이나 산을 올라간다. → 나경의 자오선 곧 남북을
맞춘다. → 나경의 제4층은 지반이다. 지반을 보면 북두칠성의
여섯 번째 별에서 일곱 번째 별이 가리키는 방위가 寅이라는 것
을 확인할 수 있다. 이 외의 나머지 월건도 이와 같은 방법으로
확인할 수 있다.

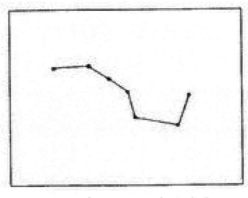

<그림 4-2> 북두칠성

월건이 寅인 입춘부터 1개
월 동안의 초저녁에는 두
병이 인방(寅方)을 가리킨
다. 따라서 입춘 이후에는
寅일에 건제12성의 건을
배속하고 卯일에는 제, 辰
일에는 만, 巳일에는 평,
午일에는 정, 未일에는 집,
申일에는 파, 酉일에는 위,
戌일에는 성, 亥일에는 수, 子일에는 개, 丑일에는 폐에 배속된
다.

건제12성은 절입일을 기준으로 정해지므로 월건 卯에서는 卯에 건이 배속되어 순서대로 배속된다. 12절의 건제12성 배속은 다음과 같다. 입춘 후에는 寅일이 건, 경칩 후에는 卯일이 건, 청명 후에는 辰일이 건, 입하 후에는 巳일이 건, 망종 후에는 午일이 건, 소서 후에는 未일이 건, 입추 후에는 申일이 건, 백로 후에는 酉일이 건, 한로 후에는 戌일이 건, 입동 후에는 亥일이 건, 대설 후에는 子일이 건, 소한 후에는 丑일이 건이다.

㉓ 건제12성의 역사

건제술은 전한(B.C.202~A.D.8)에서 시작되었다. 건제12성을 '건제12직(建除十二直)', '건제12진(建除十二辰)', '건제12신(建除十二神)'이라고도 불린다. 건제12성은 건, 제, 만, 평, 정, 집, 파, 위, 성, 수 개, 폐인데, 앞에 있는 건과 제를 따서 '건제'라고 불렀다. 건제12성을 12지와 짝을 짓고서 방위와 세월을 정하며 인사(人事)의 길흉을 점쳤다.

한나라의 회남왕 유안(劉安: B.C.179~B.C.122)[76]이 저술한 『회남자』「천문훈」에서 "寅은 건이고, 卯는 제이며, 辰은 만이고, 巳는 평인데, 생(生)을 주관한다. 午는 정(定)이고 未는 집(執)인데 함(陷)을 주관한다. 申은 파(破)인데 형(衡)을 주관하고, 酉는 위(危)인데 표(杓)를 주관한다. 戌은 성(成)인데 소덕(少德)을 주관하고, 亥는 수(收)인데 대덕(大德)을 주관한다. 子는 개(開)인데 태세를 주관하고, 丑은 폐(廢)인데 태음(太陰)을 주관한다."고 하였다.

원래 12지는 10개의 천간과 짝을 지어서 연월일시를 기록하여 왔다. 한대에 와서 술사들이 간지를 차용하고 다른 물상을 배합해서 시간과 방위의 길흉화복을 예측하였으며, 또한 음양오행술을 도입하여 연월일시라는 시간이 길흉을 지니게 하였다. 한나라

---

76) 유안(劉安, B.C.179~B.C.122) : 한나라 고조의 손자이고 회남왕에 봉해졌다. 많은 문사(文士)를 식객으로 맞아 『회남자』를 편찬하였는데, 그 일부인 「내편(內篇)」이 현존한다.

의 건(建)은 寅이었는데 인월로 그 해의 처음으로 삼았고, 이로 인해 건제가들은 寅을 처음으로 삼고 그 순서로 12지와 12진의 대응관계를 일으켰다. 12지로는 시(時)를 기록하고 12진으로는 방위를 나타냈다. 그런 뒤에 각각의 12辰이 맡은 바에 따라 길흉 화복을 추단하였다.

어떤 의미로서는 12진의 명칭이 둘씩 대응을 이뤄 서로 인과(因果) 관계를 이루었으니, 건과 제, 만과 평, 정과 집, 파와 위, 성과 수, 개와 폐가 그러하다. 이는 앞뒤로 상대 혹은 서로 상관하여 인과로 존재한다. 건(建)과 제(除)는 서로 깨트릴 수 없고 세울 수 없다는 의미가 된다.

<표 4-5> 건제12성의 인과(因果) 대응관계

인과 대응	인과 대응	인과 대응	인과 대응	인과 대응	인과 대응
건	만	정	파	성	개
제	평	집	위	수	폐

건(建)은 寅이 되고 그 해의 처음을 이루니, 건과 제에는 낡은 것을 제거하고 새로운 것을 편다는 의미가 있다. 개와 폐는 그 서열이 11과 12인데 11월은 1년의 매 달이 전부 경과하는 수(數)이므로 개(開)가 된다. 12월은 1년의 끝이므로 폐라고 부른다. 개로 인해 폐하지만 돌아서서 다시 시작한다.

그 나머지 넷의 대응도 이러한 인과가 존재한다. 만은 평, 정은 집, 파는 위, 성은 수와 대응관계이다. 각각의 진(辰)이 맡은 일도 서로 보완하고 계승하는 관계를 포함하고 있다. 생을 하면 서로 의존에 빠지고 생하지 못하면 빠지지 않는데 만약 빠지지 않으면 생이 되지 못한다.

형과 표는 모두 북두칠성의 별 이름으로서 형은 제5성이고 옥형(玉衡)이며, 표(杓)는 제7성의 자루(杓柄)에 해당하는 제3성의 총칭이다. 옥형은 표(杓)에 포함이 되므로, 서로 보완하고 서로 계승하는 관계를 자연스럽게 볼 수 있다. 소덕과 대덕, 태세와 태음도 모두 서로 보완하고 서로 계승한다. 열 두 개 진(辰) 중에서 여섯 개의 진(辰)은 생(生)과 함(陷)을 주관하므로 건제술이 사람의 생사 수요와 밀접한 관련이 있음을 알 수 있다.

건제술은 점성술과 관련이 있다. 옥형, 표성, 태세, 태음은 별 이름인데 파(破)·위(危)·개(開)·폐(廢) 네 진(辰)이 추구하는 바에 따라 뜻을 취함이 뚜렷하다. 고대에는 길일과 길시를 선택하는 학문을 '택일법'이라고 불렀다. 위에서 우리가 살펴본 건제12성은 택일하는 방법의 하나인 것이다.

③ 황흑도길흉정국의 황도일

'황흑도길흉영정국'이라고도 불린다. 황흑도길흉정국에는 황도와 흑도가 있다. 황도는 흉살을 제살(制殺)하는 길신으로서 관례와 혼례를 비롯한 거의 모든 행사에서 길일이다. 길일인 황도를 선택한 뒤에 길시인 황도시를 선택하면 된다. 가령 인월(寅月)에 관례나 혼례를 올리려고 한다면 <표 4-6>에서와 같이 子·丑·未·辰·戌·巳일이 황도일이고, 만약 자일(子日)을 선택했다면 申·酉·卯·子·午·丑이 황도시이다. 하지만 황흑도길흉정국의 흑도는 흉살이므로 행사에서 피해야 한다. 역학인 중에서는 각종 행사마다의 택일 이론을 알지 못해서 황흑도길흉정국의 황도만으로 혼례를 비롯한 각종 행사에서 택일하여 왔으나 이것이 바람직한 것은 아니다.

㉠ 황도의 길한 작용

황도일에 행사하면 재앙이 없다. 여섯 황도 각각의 작용은 다음과 같다.

¤ 청룡황도(靑龍黃道): 장수한다.
¤ 명당황도(明堂黃道): 자손이 번성[强]한다.
¤ 금궤황도(金櫃黃道): 재록(財祿)이 는다.

¤ 천덕황도(天德黃道): 가정이 번창한다.

¤ 옥당황도(玉堂黃道): 복축(僕畜) 곧 재산이 는다.

¤ 사명황도(司命黃道): 사람이 길해진다.

㉯ 흑도의 흉한 작용

≠ 천형흑도(天刑黑道): 재산상의 손실을 당하며 정신병이 생긴다.

≠ 주작흑도(朱雀黑道): 쟁투로 형상(刑傷)을 당하며 관비구설이 생긴다.

≠ 백호흑도(白虎黑道): 흉화를 많이 당한다. 가족은 이별하고 가장 이 감옥에 갇힌다.

≠ 천뢰흑도(天雷黑道): 형해(刑害)를 당한다. 식구가 상하고 재물 을 모두 잃는다.

≠ 현무흑도(玄武黑道): 재산[貨財] 손실이 있다. 특히 태아가 손상 을 당하며 노비[종업원]이 도망친다.

≠ 구진흑도(勾陳黑道): 전택 곧 재산이 모두 흩어진다. 가장과 부 인이 쟁투로 형상을 당한다.

<표 4-6> 황흑도길흉정국(황도·흑도)

월＼황흑도＼일		청룡황도	명당황도	옥당황도	금궤황도	사명황도	천덕황도	백호흑도	천형흑도	천뢰흑도	주작흑도	현무흑도	구진흑도
寅월	寅일	子	丑	未	辰	戌	巳	午	寅	申	卯	酉	亥
卯월	卯일	寅	卯	酉	午	子	未	申	辰	戌	巳	亥	丑
辰월	辰일	辰	巳	亥	申	寅	酉	戌	午	子	未	丑	卯
巳월	巳일	午	未	丑	戌	辰	亥	子	申	寅	酉	卯	巳
午월	午일	申	酉	卯	子	午	丑	寅	戌	辰	亥	巳	未
未월	未일	戌	亥	巳	寅	申	卯	辰	子	午	丑	未	酉

申월	申일	子	丑	未	辰	戌	巳	午	寅	申	卯	酉	亥
酉월	酉일	寅	卯	酉	午	子	未	申	辰	戌	巳	亥	丑
戌월	戌일	辰	巳	亥	申	寅	酉	戌	午	子	未	丑	卯
亥월	亥일	午	未	丑	戌	辰	亥	子	申	寅	酉	卯	巳
子월	子일	申	酉	卯	子	午	丑	寅	戌	辰	亥	巳	未
丑월	丑일	戌	亥	巳	寅	申	卯	辰	子	午	丑	未	酉

※ 활용법 : 가령 인월(寅月)에는 子·丑·未·辰·戌·巳가 길일이다. 이 중에서 자일(子日) 을 선택했다고 가정하면 申·酉·卯·子·午·丑이 길시가 된다.

④ 천원일(天願日)

천원일은 관례 외에도 구사, 혼례, 입택, 귀화, 입학, 침구치료, 입권(立券), 교역, 창고수리, 가축을 집안으로 들이는 일 등에서 길일이다. 아홉 영성(令星)의 으뜸은 태양이다. 하늘의 작용에 의하여 만물이 나오고 하늘이 있으므로 1년이 있는 것인데, 태양은 우선하고 지구는 좌선하므로 오기(五氣)가 순조롭게 퍼져서 네 계절이 운행되고 만물이 생기는 이치가 있다.

<표 4-7> 천원, 월은

신살＼월건	寅	卯	辰	巳	午	未	申	酉	戌	亥	子	丑
천원 (天願)	乙亥	甲戌	乙酉	丙申	丁未	戊午	己巳	庚辰	辛卯	壬寅	癸丑	甲子
월은 (月恩)	丙	丁	庚	己	戊	辛	壬	癸	庚	乙	甲	辛

⑤ 월은일(月恩日)

‘한 달을 주재하는 신의 은총이 있다’는 신살로서, 이 날 행사를 하면 모든 재앙이 사라진다. 이날은 관례 외에도 구사(求嗣), 혼례, 입택, 귀화, 입학, 제사, 기도, 출행, 상장(관청 민원 접수), 상관 부임, 씨뿌리기, 창고 열기, 창고 수리, 성곽 수리, 가축 들이기, 양잠 등에서 길일이다.

(2) 흉살

① 본명일, 본명대충일

본명일은 태어난 해의 간지(干支)와 동일한 간지이고 본명일대충일은 본명일과 천간과 지지가 모두 충이 되는 간지이다. 가령 1984년 출생자는 출생한 해의 간지(干支)가 甲子이므로 甲子일이 본명일이다.

그 대충일은 <표 4-8>에서와 같이 甲子와의 간지가 모두 충이 되는 庚午가 본명일의 대충일이 된다. 2016년의 경우, 양력 3월 12일(甲子)은 본명일이고 3월 18일(庚午)은 그 대충일이다. 본명일에서 주의할 점이 있다. 그것은 사주에서의 일주를 가리키지 않는다는 것으로서 역학인 중에서는 사주의 일주를 본명일로 잘못알고 적용하는 경우가 많다. 출생한 해의 간지가 본명일임을 잊지 말아야 한다. 60일진의 상충은 제3주차 <표 3-7>을 참조해서 완성하면 <표 4-8>을 채출할 수 있다.

<표 4-8> 60일진의 대충(對沖)

간지 대충↕	甲子	乙丑	丙寅	丁卯	戊辰	己巳	庚午	辛未	壬申	癸酉
	庚午	辛未	壬申	癸酉	甲戌	乙亥	甲子	乙丑	丙寅	丁卯
간지 대충↕	甲戌	乙亥	丙子	丁丑	戊寅	己卯	庚辰	辛巳	壬午	癸未
	庚辰	辛巳	壬午	癸未	甲申	乙酉	甲戌	乙亥	丙子	丁丑
간지 대충↕	甲申	乙酉	丙戌	丁亥	戊子	己丑	庚寅	辛卯	壬辰	癸巳
	庚寅	辛卯	壬辰	癸巳	甲午	乙未	甲申	乙酉	丙戌	丁亥
간지 대충↕	甲午	乙未	丙申	丁酉	戊戌	己亥	庚子	辛丑	壬寅	癸卯
	庚子	辛丑	壬寅	癸卯	甲辰	乙巳	甲午	乙未	丙申	丁酉
간지 대충↕	甲辰	乙巳	丙午	丁未	戊申	己酉	庚戌	辛亥	壬子	癸丑
	庚戌	辛亥	壬子	癸丑	甲寅	乙卯	甲辰	乙巳	丙午	丁未

간지 대충↕	甲寅	乙卯	丙辰	丁巳	戊午	己未	庚申	辛酉	壬戌	癸亥
	庚申	辛酉	壬戌	癸亥	甲子	乙丑	甲寅	乙卯	丙辰	丁巳

② 월파(月破)

월파(月破)에서의 월은 월건을 가리키고 파(破)는 깨진다는 뜻이다. 가령 인월의 월파는 申이다. 申에 해당하는 날은 한 달을 주재하는 신이 관례를 깨뜨린다는 뜻이 담겨져 있다.

③ 월기(月忌)

월기(月忌)에서의 월은 월건을 가리키고 기(忌)에는 꺼리고, 질투하며, 시기한다는 뜻이 있으니, 월기에 해당하는 날은 각종 행사에서 마땅하지 않다. 음력 5일, 14일, 23일은 구궁의 중궁에 드는 날로서 중궁이 임금의 궁이니 서민이 감히 범할 수 없다.

④ 매월의 축일(丑日)

축일(丑日)은 달력·민력·만세력에서 '丑'이 적힌 날 곧 소날이다. 매 월의 축일(丑日)을 꺼린다. 여기에서의 매 월건의 기준은 <표 1-4>와 같다.

3) 예제

[문제] 서기 2015년 5월 9일에서 24일 사이의 토요일이나 일요일에 20세가 된 1996년(丙子生)에 출생한 아들에게 관례를 행하려고 한다. 마땅한 일시는?

《해설》 마땅한 날에 육덕일, 건제12성의 정일(定日)과 성일(成日), 황흑도길흉정국의 황도일, 천원일, 월은일이 있다고 하였다.

① 마땅한 날: 2015년 5월은 乙未년에 속한다. 을미년의 세덕은 庚이고 세덕합은 乙이므로 5월 9일은 세덕합이고 24일은 세덕이다. 그리고 5월 9일~24일은 월건이 巳이다. 천덕은 辛, 천덕합은 丙, 월덕은 庚, 월덕합은 乙이다. 천덕은 표에 없고,

천덕합은 10일, 월덕은 24일, 월덕합은 9일이다. 이 기간의 정일(定日)은 酉이고 성일(成日)은 丑인데 5월 9일이 정일이다. 또한 사월의 황도일은 午·未·丑·戌·辰·亥이므로 10일·16일·23일이 황도일이다. 그리고 천원은 丙申이지만 표에 없고, 월은인 己는 23일이다.

[예제] 관례날짜 택일 – 마땅한 날

| 양력 | 음력 | 요일 | 일진 | 육덕 | | | | | | 건제 12성 | 황도 | 천원 | 월은 | 해당수 |
				세덕	세덕합	천덕	천덕합	월덕	월덕합	定·成				
5/9	3/21	토	乙酉		√				√	√				3
10	22	일	丙戌				√				√			2
16	28	토	壬辰								√			1
17	29	일	癸巳											0
23	4/6	토	己亥								√		√	1
24	7	일	庚子	√				√						2

[예제] 관례날짜 택일 – 꺼리는 날

양력	음력	요일	일진	본명일	본명일 대충일	월파	월기	丑日	해당수
5/9	3/21	토	乙酉						0
10	22	일	丙戌						0
16	28	토	壬辰						0
17	29	일	癸巳						0
23	4/6	토	己亥			√			1
24	7	일	庚子						0

② 꺼리는 날: 아들이 丙子년에 출생했으므로 본명일은 丙子이고 그 대충일은 壬午이지만 모두 보이지 않는다. 그리고 행사하려고 하는 달의 월건이 巳이므로 이 달의 월파는 亥인데 23일이

이에 해당한다. 그리고 월기는 음력으로 5일·14일·23일이지만 표에서 보이지 않으며, 축일(丑日) 또한 보이지 않는다.

③ 《결론》 ☞ 길일 : 5월 9일은 마땅에 해당하는 것이 3개, 10일·23일·24일은 2개, 16일은 1개, 17일은 해당하는 것이 없다. 따라서 5월 9일이 최길일이다. 5월 9일은 마땅에 해당하는 것이 3개이고 꺼림에 해당하는 것이 없으므로 가장 마땅하다. 만약 이날 하지 못할 경우에는 10일과 24일이 마땅한 날에 2개 해당하고 꺼리는 날에 해당하는 것이 없으므로 9일 다음으로 마땅한 날이다.

☞ 길시 : 만약 9일(乙酉)을 선택했다면 길한 시간은 寅·卯·酉·午·子·未이다. 이중에서 인시·묘시·유시·자시는 불가능한 시간이다. 따라서 오시와 미시 중에서 하나를 선택해서 관례를 하면 된다.

3. 관례를 행하는 좌향(坐向)

관례를 행하는 좌향 이론은 『선택기요』·『연길귀감』·『천기대요』에 수록되어 있다. 좌향에서의 좌(坐)는 등지는 것을 가리키고 향(向)은 바라보는 것을 가리킨다.

1) 좌향

관례를 행하는 좌향은 甲·己일에는 동북, 乙·庚일에는 서북, 丙·辛일에는 서남, 丁·壬일에는 정남, 戊·癸일에는 동남이다.[77] 이것을 60일진으로 다시 기술하면 아래와 같다.

① 갑일(甲子·甲戌·甲申·甲午·甲辰·甲寅)과 기일(己丑·己卯·己巳·己未·己酉·己亥)에는 동북을 등지거나 향한다.

② 을일(乙丑·乙卯·乙巳·乙未·乙酉·乙亥)과 경일(庚子·庚寅·庚辰·

---

77) 『選擇紀要』 冠笄類 <三加坐向>, 甲己日東北, 乙庚日西北, 丙辛日西南, 丁壬日正南, 戊癸日東南.

庚午·庚申·庚戌)에는 서북을 등지거나 향한다.

③ 병일(丙子·丙寅·丙辰·丙午·丙申·丙戌)과 신일(辛丑·辛卯·辛巳·辛未·辛酉·辛亥)에는 서남을 등지거나 향한다.

④ 정일(丁丑·丁卯·丁巳·丁未·丁酉·丁亥)과 임일(壬子·壬寅·壬辰·壬午·壬申·壬戌)에는 정남을 등지거나 향한다.

⑤ 무일(戊子·戊寅·戊辰·戊午·戊申·戊戌)와 계일(癸丑·癸卯·癸巳·癸未·癸酉·癸亥)에는 동남을 등지거나 향한다.

<표 4-9> (일간 별) 관례 좌향

10간일	일진	좌향
갑일	甲子·甲戌·甲申·甲午·甲辰·甲寅	동북
기일	己丑·己卯·己巳·己未·己酉·己亥	
을일	乙丑·乙卯·乙巳·乙未·乙酉·乙亥	서북
경일	丙子·丙寅·丙辰·丙午·丙申·丙戌	
병일	丙子·丙寅·丙辰·丙午·丙申·丙戌	서남
신일	辛丑·辛卯·辛巳·辛未·辛酉·辛亥	
정일	丁丑·丁卯·丁巳·丁未·丁酉·丁亥	정남
임일	壬子·壬寅·壬辰·壬午·壬申·壬戌	
무일	戊子·戊寅·戊辰·戊午·戊申·戊戌	동남
계일	癸丑·癸卯·癸巳·癸未·癸酉·癸亥	

만세력이나 민력에는 1일, 2일, 3일 …… 28일, 29일, 30일, 31일이 숫자로 기록되어 있고, 다시 甲子, 乙丑, 丙寅 …… 壬戌, 癸亥 등 60일진이 기록되어 있다. 따라서 간지로 택일을 한 뒤에 해당하는 날을 만세력이나 민력에서 찾아서 사용하면 된다. 가령 서기 2014년 2월 17일에 집안의 가까운 어른을 모시고 관례나 계례를 행하려고 한다. 달력과 만세력을 보니 2월 17일은 기미 (己未)로 적혀 있다. 이 날의 천간이 己이므로 <표 4-9>에서

와 같이 동북이 좋다. 그리고 좌향을 적용하기 위해서는 '패철'이라고 불리는 '나경'이 있어야 한다. 이 나경은 불교용품점 또는 인터넷상의 가게에서 구입하면 된다. 만약 구입이 어려울 경우에는 문방구에서 나침판을 구입해서 사용해도 된다.

2) 예제

[문제] 서기 2015년 5월 9일에 20세가 된 아들에게 관례를 해 주려고 한다. 길한 좌향은?

《해설》 관례를 행하려고 하는 날의 간지가 乙酉이므로 서북이 좋다.

제5장
혼례 택일

부부가 되는 예, 혼례

> 무릇 혼담에서는 마땅히 먼저 그 사위 될 사람과
> 며느리 될 사람의 성품과 행실과 그 가정의 법도가
> 어떠한지를 살필 것이지, 그 가정의 부귀(富貴)를
> 바라지 말아야 한다.

위의 구절은 『소학』 ≪가언편≫에 수록되어 있는 글이다.[78] 고
대의 예서인 『예기』에서는 "혼인하는 예가 무너지면 부부의 도가
나빠져서 도리를 벗어난 죄가 많다."[79]고 하였다. 혼례는 삼강의
하나인 부위부강(夫爲婦綱)의 근본이 된다.

여기에서의 '부위부강'은 남편과 아내가 지켜야 할 마땅한 도리
로서 임금과 신하와의 도리에 관한 '군위신강(君爲臣綱)' 및 부
모와 자식과의 도리에 관한 '부위자강(父爲子綱)'과 더불어서 사
회의 기본적인 윤리로 존중되어 온 동양전통의 윤리이자 또한
덕목이다. 현대식 혼례는 간소하다. 현대인의 삶이 바삐 돌아가
듯이 혼례도 20여분 만에 뚝딱 마치게 된다. 이러한 현대식 혼례
는 전통혼례에 비해 혼례의 참된 의미가 다소 약한 편이다.

혼례 때 신랑신부 양가에서 주의해야 할 것이 있다. 바로 재물
이다. 송나라 때 주자의 제자 유자징(劉子澄)이 주자의 지시에

---

78) 劉子澄, 『小學』「嘉言篇」, "凡議婚姻, 當先察其婿與婦之性行及家法何如,
勿苟慕其富貴."
79) 朱彬 撰, 『禮記訓纂』「祭統第二十五」, "昏姻之禮廢, 則夫婦之道苦, 而淫
辟之罪多矣." 1996年 北京 中華書局, 饒欽農 點校 排印本.

따라 편찬한 『소학』80)에는 "혼인에서 재물을 논하는 것은 오랑캐의 짓이다. 군자는 그런 마을에 들어가지도 않는다. 옛날에는 남녀의 두 가족들이 각각 그 사람의 덕을 택했지 그 재산을 예로 삼지 않았다."81)라고 하였다. 예나 지금이나 배우자를 고를 때에는 재물의 대소로 고르지 말고 심성을 보고 고르는 것이 옳다고 할 수 있다.

제1절. 혼례의 의미와 절자

1. 혼례의 의미

혼례는 인륜지대사로서 혼례는 예법에 맞게 행해져야 한다. 남자와 여자가 짝을 지어 부부가 되는 혼례에는 양[陽 +]과 음[陰 −]이 만나는 의미가 있다. 따라서 '양'인 낮과 '음'인 밤이 만나는 저녁 시간에 거행하므로 날 저물 혼(昏) 글자를 써서 '혼례(昏禮)'라고 하였다. 그리고 남녀가 만나서 부부가 되는 것을 '혼인(婚姻)'이라고 한다.

'혼(婚)'에는 남자가 장가든다는 뜻이 있고 '인(姻)'에는 여자가 시집간다는 뜻이 있으므로 혼인은 곧 남자가 장가들고 여자가 시집간다는 뜻이다. 그러나 현대사회에서 즐겨 부르고 있는 결혼(結婚)에는 남자가 장가든다는 뜻만 있으므로 '혼인'이라고 불러야 바른 말이다. 그리고 넓은 의미의 혼례는 의혼·납채·연길·납폐·

---

80) 류자징(劉子澄) : 이름은 淸之이고 호는 靜齋, 자는 '淸叔'이다. 지금의 강서성 태화 사람이다. 영종 가정(寧宗嘉定) 13년 (1220) 진사가 되었다. 朱子가 『小學』을 편집할 때 이 일을 주관하였다. 남송 효종 때인 1185년 (순희 14)부터 편집을 시작하여 2년 후에 완성했다. 내편(內篇) 4권과 외편(外篇) 2권으로 이루어져 있으며 내편은 입교(立敎)·명륜(明倫)·경신(敬身)·계고(稽古), 외편은 가언(嘉言)·선행(善行) 순으로 되어 있다.

81) 『小學』〈嘉言篇〉, "婚娶而論財, 夷虜之道也. 君子不入其鄕, 古者男女之族各擇德焉, 不以財爲禮"

혼례·폐백 모두를 가리키고, 좁은 의미의 혼례는 혼례만을 가리킨다.

2. 혼례 절차

우리나라에서 신랑이 여자 집에 가서 혼례를 올리는 풍속은 오래되었다. 조선시대 혼례는 의혼(議婚) → 납채(納采) → 연길(涓吉) → 납폐(納幣) → 혼례(昏禮) → 친영 순으로 진행되었다. 이 모든 혼례 절차에서 길일을 골라 행사하였다.

① 의혼(議婚)

혼기가 찬 가정에서는 중매쟁이를 통해 양가 집안을 오가며 혼담이 오고 가는데 이것을 '의혼'이라고 한다. 『사례편람』에서의 '의혼'에 해당한다.

② 납채(納采)

신랑집에서 혼담을 내놓고 신부집에서 허락을 하면 신랑집에서는 신랑이 태어난 해·달·날·시를 간지(干支)로 기록한 종이를 신부집에 보내게 되는데 이 절차가 '납채'이다. 이때 신랑이 태어난 해·달·날·시를 간지(干支)로 적은 것을 '사성(四星)'이라고 하고 사성을 기록한 종이를 '사주단자'라고 한다. 이 절차는 『주자가례』와 『사례편람』에서의 '납채'에 해당한다.

③ 연길(涓吉)

신부집에서 신랑감의 사주단자를 받으면 혼인이 성사된 셈이다. 혼인을 승락하는 정표로 신부집에서는 혼례 길일을 한지에 적어서 신랑집에 보내게 되는데 이 절차가 '연길(涓吉)'이다.

④ 납폐(納幣)

연길을 받은 신랑집에서는 채단(綵緞) 곧 신부의 치마와 저고릿감을 보내게 되는데 이 절차가 '납폐'이다. 채단은 푸른색과 붉은색 비단으로 신부의 치마나 저고릿감으로 쓰인다. 『사례편람』에서의 '납폐'에 해당한다. 납폐를 육례에서는 '납징(納徵)'이라고 부른다.

⑤ 혼례(昏禮)

이윽고 길일에 백년가약을 맺는 혼례를 올리게 되는데 이 예를 '대례(大禮)' 또는 '가례(嘉禮)'라고도 한다. 대례에는 인생에서 중대한 예, 그리고 가례에는 즐겁고 경사스러운 예라는 뜻이 숨어있으므로 혼례의 의미를 짐작해 볼 수 있다. 『사례편람』에서의 '친영'에 해당한다.

⑥ 부현구고(婦見舅姑)

혼례를 마친 뒤 신랑신부는 신랑집으로 가서 부모님께 예를 올리게 되는데 이 절차가 '부현구고(婦見舅姑)'이다. 이 예는 오늘날 혼례예식장에서 폐백(幣帛)으로 대체되었다.

제2절. 혼례 택일

택일은 해(가취 년) → 달(가위 월) → 날(가취 일) → 시(가취 시) 순으로 하면 된다. 다만 가취 년은 무시하고 월 → 일 → 시 순으로 하면 된다.

1. 혼례 택년

『선택기요』·『연길귀감』·『천기대요』에서 신빙성이 없다고 하였으므로 무시해도 좋다. 서한(전한: B.C 202~A.D8) 시대에 변방의 흉노족이 구혼을 자주 요구하였으나 펑계를 대서 물리치지를 못했다. 당대에 이르러서 여공이 구궁법과 개폐법을 만들어서 천자에게 올려 천하에 반포해서 외국의 구혼을 사양하여 물리쳤다고 하였다. 따라서 이 방법은 허위임을 증명할 수 있다. 사용할 방법이 되지 못하므로 자세한 설명을 하지 않는다."[82]고 하였다.

---

82) 임소주 원저 성여춘 개편, 『신증천기대요』, 대지문화사, 2004, 251쪽 참조.

2. 혼례 택월

신부의 띠로 혼인에 길한 달과 흉한 달을 가리고, 또한 어느 달에 혼인하면 누구에게 나쁜지를 가려야 한다. 대리에 해당하는 달이 가장 좋고, 소리는 그 다음으로 좋다. 방옹고는 시부모가 안 계시면 사용해도 좋고, 방녀부모는 친정부모가 안 계시면 사용해도 좋다. 그리고 방부와 방처 그리고 방녀신은 대흉하다. 왜냐하면 방부에는 신랑에게 해가 있고, 방처와 방녀신에는 신부에게 해가 있기 때문이다. 가취 월은 <표 5-1>과 같고, 표 안의 숫자는 월건을 가리킨다.[83]

<표 5-1> 여명가취월구분도

길흉월 \ 띠	쥐	말	소·양	범	원숭이	토끼·닭	용	개	뱀·돼지
大利 ☺ 대길	6 12	6 12	5 11	2 8	2 8	1 7	4 10	4 10	3 9
小利 □ 중길	1 7	1 7	4 10	3 9	3 9	6 12	5 11	5 11	2 8
妨翁姑 △ 소길	2 8	2 8	3 9	4 10	4 10	5 11	6 12	6 12	1 7
妨女父母 △ 소길	3 9	3 9	2 8	5 11	5 11	4 10	1 7	1 7	6 12
妨夫 X 흉	4 10	4 10	1 7	6 12	6 12	3 9	2 8	2 8	5 11
妨妻 X 흉	5	11	6 12	7	1	2 8	9	3	4 10
妨女身 X 흉	11	5	.	1	7	.	3	9	.

※ 표 안의 숫자는 월건을 가리킨다. 가령 쥐띠의 대리월인 6과 12는 월건 未와 丑을 각각 가리킨다.

[문제] 토끼띠 아가씨가 혼인을 하려고 한다. 혼례에 길한 달

---

83) 『選擇紀要』 嫁娶類 <女命嫁娶月分圖> 참조.

은?

《해설》 인월(寅月)과 신월(申月)은 최길하고, 미월(未月)과 축월(丑月)은 차길하며, 오월(午月)과 자월(子月)에는 시어른이 안 계시면 해도 좋고, 사월(巳月)과 해월(亥月)에는 친부모가 안 계시면 사용해도 좋다.

이 두 가지는 신랑의 부모나 신부의 부모가 생존해 있을 때 혼인하면 두 분이 손상을 당한다. 그리고 진월(辰月)과 술월(戌月)에 혼인하면 남편이 손상을 당하고, 묘월(卯月)과 유월(酉月)에 혼인하면 신부가 손상을 당한다. 여기에서의 달은 모두 월건을 기준한 것이다.[84]

3. 혼례 택일

모든 택일이 그러하듯이 혼례 택일 또한 흉일을 피하고 길일을 선택해서 행사를 한다. 이때 가급적 흉일에 해당하지 않고 길일에 많이 해당하는 날을 선택한다. 『선택기요』에서의 혼례 택일은 <육례> 편에 기술되어 있다. 여기에서의 마땅한 날과 꺼리는 날은 다음과 같다. <육례>는 혼례의 주요 절차인 납채(納采), 납징(納徵), 고기(告期), 책비(冊妃), 친영(親迎), 동뢰연(同牢宴)을 말한다. 납채는 신랑집에서 신부집에 며느리를 삼기로 했음을 서신으로 알리는 절차, 납징은 신랑집에서 신부집에 혼인하기로 결정한 징표로 물건을 보내는 절차, 고기는 신부집에서 신랑집에 혼례날짜를 알리는 절차, 책비는 왕비 책봉 절차, 친영은 신부집에서 혼례를 올린 뒤에 신랑집에 신부를 맞이해 오는 절차이다.

1) 택일

혼례에서 마땅한 날에는 육덕, 월은, 천원, 모창, 음양부장길일, 오합, 황도길일이 있다. 그리고 꺼리는 날에는 남녀의 본명일, 남

---

84) 양력과 음력은 제1장 5-7), 월건은 <표 1-4> 참조.

녀의 본명일의 대충일, 남녀의 화해, 남녀의 절명, 월파, 월기, 월
염, 염대, 해일(亥日), 항일, 회일(그믐날), 피마, 건제12성의 폐·
평·수, 월형, 월해, 월건 기준의 삼살일이 있다.[85] 그리고 민속에
서 꺼리는 날은 사월초팔일, 삼복일(초복·중복·말복), 홍사, 수사
일이 있다.[86]

(1) 마땅한 날

육덕(세덕·세덕합·천덕·천덕합·월덕·월덕합), 월은(月恩), 천원(天
願), 모창(母倉), 음양부장길일(陰陽不將), 오합(五合), 황도길일
(黃道吉日)이 있다. 이외에도 가취주당도에서의 길일(廚·竈·第·堂)
이 있다. 이중에서 육덕일, 월은일, 천원일, 황도일 등은 제4주차
<관례> 택일에 수록되어 있다.

① 모창일(母倉日)

모창에서의 모(母)는 어머니를 가리키고 창(倉)에는 집의 뜻이
있다. <표 5-2>에서와 같이 가령 봄의 모창은 겨울의 월건인
亥·子, 여름의 모창은 봄의 寅·卯, 가을의 모창은 辰·戌·丑·未, 겨
울의 모창은 가을의 申·酉, 토왕기의 모창은 여름의 巳·午이다.
모창에는 어머니가 자식을 낳고 자식이 어머니에게서 출생하는
뜻이 담겨있으며 또한 어미와 자식이 서로를 따르는 뜻이 숨어
있다. 모창을 설명하면 봄의 모창은 亥·子이다. 오행에서의 목
(木)에 해당하는 봄에는 목을 생하는 겨울 수(水)의 오행인 亥·
子가 어머니에 해당하고 따라서 모창이 된다. 오행에서 수(겨울)
와 목(봄)은 어머니와 자식에 해당하는 관계이므로 이러한 이름
이 붙었다. 나머지 사계도 이와 같다.

---

85) 『選擇紀要』嫁娶類 <六禮, 納采, 納徵, 告期, 冊妃, 親迎, 同牢宴>, 宜
: 六德, 月恩, 天願, 母倉, 陰陽不將, 五合, 黃道吉日. 忌 : 本命日, 對冲,
禍害, 絶命, 月破, 月忌, 月厭, 厭對, 亥日, 抗日, 晦日, 披麻, 閉·平·收,
刑害日, 月三殺日.
86) 『選擇紀要』嫁娶類 <六禮, 納采, 納徵, 告期, 冊妃, 親迎, 同牢宴>, 俗
忌 : 四月初八日, 三伏日, 紅紗, 受死日.

<표 5-2> 모창일

길신 \ 5계	봄	여름	가을	겨울	토왕
모창(母倉)	亥子	寅卯	辰戌丑未	申酉	巳午

- 『천보력』에서의 설명 : 모창은 오행이 왕(王)이 생하는 곳에 당도하는 것이다. 이 날에는 가축을 기르고, 묘목과 나무를 심으며, 씨를 뿌리고 옮겨 심는 일에 좋다.
- 『역례』에서의 설명 : 봄에는 亥·子, 여름에는 寅·卯, 가을에는 辰·戌·丑·未, 겨울에는 申·酉, 토왕일 이후에는 巳·午이다.
- 조진규의 주석 : 나를 낳아주는 것은 어머니(母)이고 이루어서 쌓는 것은 창고(倉庫)인데, 그 이름은 여기에서 연유한 것이다.[87] <표 5-2>에서의 토왕(土旺)은 해마다 약간씩 차이는 나지만, 대개 사립일(입춘·입하·입추·입동) 전18일부터 사립일까지이다.

② 음양부장길일(陰陽不將吉日)

음양부장길일은 백사에서 쓸 수 있다. 다만 6월의 무오일(戊午日)에는 진살(逐陳)이 따르니 쓸 수 없다.[88] 음양은 '남녀'로 해석할 수 있고 부장길일은 '오히려 길일이 아니랴!'의 뜻으로 해석할 수 있다. 따라서 이 날은 혼례에서 길일일 수밖에 없다는 뜻으로 해석된다. 음양부장길일은 뒤에서 소개되는 오합일에 해당하면 더욱 길하다.

---

87) 이창익, 「조선후기 역서의 우주론적 복합성에 대한 연구」, 2005, 서울대학교 박사학위논문 218쪽 참조.
88) 앞의 책, <嫁娶類>, "陰陽不將吉日, 凡事可用, 非僅施之嫁娶也. 惟六月戊午爲逐陳殺 不可用耳." <표 5-3>은 『선택기요 <가취류>에 수록되어 있는 것을 표로 다시 정리한 것임.

<표 5-3> 음양부장길일

월건 \ 길일	길일												
寅	丙子	丙寅	丁亥	丁丑	丁卯	己亥	己丑	己卯	庚子	庚寅	辛亥	辛丑	辛卯
卯	乙亥	乙丑	丙戌	丙子	丙寅	丁亥	丁丑	己亥	己丑	庚戌	庚寅	庚子	.
辰	甲戌	甲子	乙酉	乙亥	乙丑	丙戌	丙子	丁酉	丁亥	丁丑	己酉	己亥	己丑
巳	甲申	甲戌	甲子	乙酉	乙亥	丙申	丙戌	丙子	丁酉	丁亥	戊申	戊戌	戊子
午	甲申	甲戌	乙未	乙酉	乙亥	丙申	丙戌	戊申	戊戌	癸未	癸酉	癸亥	.
未	甲午	甲申	甲戌	乙未	乙酉	戊午	戊申	戊戌	壬午	壬申	壬戌	癸未	癸酉
申	甲午	甲申	乙巳	乙未	乙酉	戊午	戊申	壬午	壬申	癸巳	癸未	癸酉	.
酉	甲辰	甲午	甲申	戊辰	戊午	戊申	辛巳	辛未	壬辰	壬午	癸巳	癸未	癸酉
戌	戊辰	戊午	庚辰	庚午	辛卯	辛巳	辛未	壬辰	壬午	癸卯	癸巳	癸未	.
亥	己卯	己巳	庚寅	庚辰	庚午	辛卯	辛巳	壬寅	壬辰	壬午	癸卯	癸巳	.
子	丁丑	丁卯	丁巳	己丑	己卯	己巳	庚寅	庚辰	辛丑	辛卯	辛巳	壬寅	壬辰
丑	丙子	丙寅	丁丑	丁卯	丁巳	己丑	己卯	己巳	庚子	庚寅	辛丑	辛卯	辛巳

※ 단지 미월(未月)의 무일(戊日)과 오일(午日)은 쓸 수 없다.

③ 오합일(五合日)

오합일에 혼인하면 대길하고 영화를 누린다. 만약 음양부장길일 및 오합일에 동시에 해당하면 길흉성과 무관하게 더욱 길하다. 오합의 종류와 그 작용은 <표 5-4>와 같다. 다섯 가지의 합은 인일(寅日)과 묘일(卯日)이라는 것을 알 수 있다. 일월합은 해와 달 곧 남녀가 화합하는 날, 음양합은 음과 양 곧 남녀가 화합하는 날, 인민합은 나와 상대가 화합하는 날, 금석합은 쇠와 돌처럼 변함없는 굳은 사귐을 뜻하는 금석지교(金石之交)와 같은 굳은 화합, 강하합은 강과 하천의 화합이라는 뜻으로서 변함없는 화합을 뜻한다.

<표 5-4> 오합일

일월합(日月合)	해와 달이 화합하는 날	甲寅일과 乙卯일
음양합(陰陽合)	음과 양이 화합하는 날	丙寅일과 丁卯일
인민합(人民合)	사람과 사람이 화합하는 날	戊寅일과 己卯일
금석합(金石合)	쇠와 돌이 화합하는 날	庚寅일과 辛卯일
강하합(江河合)	강하(江河)가 화합하는 날	壬寅일과 癸卯일

④ 가취주당(嫁娶周堂)에서의 길일과 흉일

○ 주(廚:길) 8, 16, 24 8, 16, 24 ☴ 손궁	X 부(夫:흉) ☞1, 9, 17, 25 7, 15, 23 ☲ 리궁	△ 고(姑:보통) 2, 10, 18, 26 6, 14, 22 ☷ 곤궁
X 부(婦:흉) 7, 15, 23 ☝1, 9, 17, 25 ☳ 진궁		○ 당(堂:길) 3, 11, 19, 27 5, 13, 21, 29 ☱ 태궁
○ 조(竈:길) 6, 14, 22, 30 2, 10, 18, 26 ☶ 간궁	○ 제(第:길) 5, 13, 21, 29 3, 11, 19, 27 ☵ 감궁	△ 옹(翁:보통) 4, 12, 20, 28 4, 12, 20, 28 ☰ 건궁

－－길흉
－－큰달
－－작은달
－－궁명

<그림 5-1> 가취주당도(혼인주당도)

가취주당을 '혼인주당'이라고도 부른다. <그림 5-1>에서 큰달에는 초1일에 부(夫)에서 고(姑)를 향해 순으로 세고, 작은달에는 초1일에 부(婦)에서 조(竈)를 향해 역으로 세어서, 제·당·조·주(第·堂·竈·廚)에 닿으면 길일이다. 만약 옹(翁)과 고(姑)를 만나더라도 시아버지와 시어머니가 안 계시면 쓸 수 있다.[89]

만약 큰달에 혼례를 치를 경우 4일·12일·20일·28일에는 남가

(男家)의 아버지가 자리를 피해야 하고, 2일·10일·18일·26일에는 남가의 어머니가 자리를 피해야 한다. 만약 작은달에 혼례를 치를 경우 4일·12일·20일·28일에는 여가(女家)의 아버지가 자리를 피해야 하고, 6일·14일·22일에는 여가의 어머니가 자리를 피해야 한다. 만약 혼례에 참석할 경우 혼인주당을 맞게 된다. 그러나 부(夫)와 부(婦)는 모두 흉일이므로 무조건 피해야 한다.

　　<그림 5-1>에서의 감궁의 제(第)는 주택, 간궁의 조(第)는 부뚜막, 진궁의 주(廚)는 음식을 요리하는 부엌, 태궁의 당(堂)은 대청을 뜻한다. 그리고 건궁의 옹(翁)은 시아버지, 곤궁의 고(姑)는 시어머니, 리궁의 부(夫)는 남편, 진궁의 부(婦)는 아내를 뜻한다. 가옥의 내부를 뜻하는 당·제·조·주에 해당하는 날 혼례를 치르면 길하다. 그러나 사람을 뜻하는 옹·고·부(夫)·부(婦)에 해당하는 날 혼례를 치르면 해당하는 사람이 주당살을 맞으므로 흉일이다.

<표 5-5> 가취주당도에서의 길흉일(기준: 음력)

대·소월	길흉	날짜	비고
큰달	길일	3, 5, 6, 8, 11, 13, 14, 16, 19, 21, 22, 24, 27, 29.	
	흉일	1, 7, 9, 15, 17, 23, 25.	
	보통	4, 12, 20, 28.	옹(翁)
	보통	2, 10, 18, 26.	고(姑)
작은달	길일	2, 3, 5, 8, 10, 11, 13, 16, 18, 19, 21, 24, 26, 27, 29.	
	흉일	1, 7, 9, 15, 17, 23, 25.	
	보통	4, 12, 20, 28.	옹
	보통	6, 14, 22.	고
※ 옹(翁)은 시아버지가 생존해 계시면 시아버지가 자리를 잠시 피해야 하고, 고(姑)는 시어머니가 생존해 계시면 시어머니가 자리를 잠시 피해야 한다.			

---

89) 『選擇紀要』 上篇 嫁娶類 <嫁娶周堂圖>, "大月初一日, 從夫向姑順數, 小月初一日, 從婦向竈逆數, 値堂第竈廚 日用之如 遇翁姑而無翁姑者亦可用."

<표 5-5> 속의 아라비아 숫자는 음력 날짜로서 큰달과 작은달로 구분해서 길일, 흉일, 보통인 날을 한눈에 파악할 수 있도록 하였다. 큰달은 30일까지 있는 달이고 작은달은 29일까지 있는 달이다. 큰달은 '대월' 그리고 작은달은 '소월'이라고도 하며, 이를 달력이나 만세력에서 확인할 수 있다.

가령 양력 2015년 12월 20일에 혼례를 치른다면 이 날은 음력으로 11월 20일이고 11월은 30일까지 있으므로 큰달이 된다. 큰달의 20일은 보통으로 되어 있고 그 옆의 비고에는 옹(翁)이 적혀 있다. 만약 신랑의 아버지가 생존해 있다면 혼례에서 잠시 자리를 피해야 한다.

※ 보충설명 : 주당(主堂)

주당을 '주당살'이라고도 한다. 주당살은 주당에 의한 살기(殺氣)로서 곧 주당에 의한 해이다. 주당에는 혼인주당(가취주당), 신행주당, 이사주당, 파빈주당, 상문주당, 안장주당이 있다. 주당살을 맞으면 질병이 생겨서 크게 고생하거나 심하면 사망하는 경우도 있다. 특히 상가에서 음식을 먹고 와서 사망하는 경우가 있는데 이 주당은 상문주당이다. 주당살을 맞았을 때에는 주당을 풀 수 있는 법사(法師)의 도움을 받아 하루빨리 주당살을 풀어야 한다. 위에서의 신행주당은 혼인 후 남가(男家)로 행차할 때에 맞는 주당, 파빈주당은 발인 직전에 빈소를 열 때에 맞는 주당, 상문주당은 상가(喪家)에서 맞는 주당, 안장주당은 장지에서 맞는 주당이다.

---

(2) 꺼리는 날

꺼리는 날에는 남녀의 화해일, 남녀의 절명일, 남녀의 본명일, 남녀의 본명일의 대충일, 월파일, 월기일, 월염일, 염대일, 해일(亥日), 항일, 회일(그믐날), 피마일, 건제12성의 건일·폐일·평일·수일, 월형일, 월해일, 월건 기준의 삼살일이 있다. 민속에서 꺼리는 날은 사월초팔일, 삼복일(초복·중복·말복), 홍사일, 수사일이 있다.

① 화해일(禍害日), 절명일(絶命日)

화해와 절명은 생기복덕으로 알려져 있는 남녀본명생기법에서의 흉살이다. 생기복덕에는 생기, 천의, 절체, 유혼, 화해, 복덕, 절명, 귀혼 등 여덟가지가 있다. 이중에서 화해와 절명은 혼례를 비롯한 거의 모든 택일에서 흉살이다.

<표 5-6> 남녀본명생기법(생기복덕)

남녀	생기복덕 / 길흉일진 / 한국나이											생기 길	천의 길	절체 평	유혼 평	화해 흉	복덕 길	절명 흉	귀혼 평
남	9	17	25	33	41	49	57	65	73	81	89	丑寅	辰巳	戌亥	午	卯	酉	子	未申
여	4	11	19	27	35	43	51	59	67	75	83								
남	1	8	16	24	32	40	48	56	64	72	80	卯	酉	子	未申	丑寅	辰巳	戌亥	午
여	5	12	20	28	36	44	52	60	68	76	84								
남	7	15	23	31	39	47	55	63	71	79	87	子	未申	卯	酉	戌亥	午	丑寅	辰巳
여	6	13	21	29	37	45	53	61	69	77	85								
남	6	14	22	30	38	46	54	62	70	78	86	午	戌亥	辰巳	丑寅	未申	子	酉	卯
여	7	14	22	30	38	46	54	62	70	78	86								
남	5	13	21	29	37	45	53	61	69	77	85	未申	子	酉	卯	午	戌亥	辰巳	丑寅
여	15	23	31	39	47	55	63	71	79	87	.								
남	4	12	20	28	36	44	52	60	68	76	84	辰巳	丑寅	午	戌亥	酉	卯	未申	子
여	1	8	16	24	32	40	48	56	64	72	80								
남	3	11	19	27	35	43	51	59	67	75	83	酉	卯	未申	子	辰巳	丑寅	午	戌亥
여	2	9	17	25	33	41	49	57	65	73	81								
남	2	10	18	26	34	42	50	58	66	74	82	戌亥	午	丑寅	辰巳	子	未申	卯	酉
여	3	10	18	26	34	42	50	58	66	74	82								

화해에서의 화(禍)는 '재앙'이고 해(害)가 '해침'을 뜻하므로 이

는 곧 재앙을 당하고 해(害)를 당한다는 흉살이며, 절명에서의 절(絶)은 끊어진다는 뜻이고 명(命)이 목숨이니 곧 목숨을 잃는다는 뜻이다. 만약 25세 남자와 24세 여자가 혼인한다고 가정한다. 남자의 화해일인 卯일과 절명일인 子일 그리고 여자의 화해일인 酉일과 절명일인 未일과 申일은 반드시 피해야 한다.

② 본명일(本命日), 본명일의 대충일(對沖日)

본명일은 태어난 해의 간지(干支)이고 본명일대충일은 본명일과 천간과 지지가 모두 충이 되는 간지를 말한다. 가령 1986년 출생자이면 출생한 해의 간지가 丙寅이므로, 丙寅일은 본명일이고 병인과의 간지 충이 되는 壬申은 본명일의 대충일이 된다.

③ 월파일(月破日)

월건과의 충이 되는 날이다. '월파'라고 부르는 것은 월건과의 충이 되면 그 기운이 깨지기 때문에 월충이라 하지 않고 월파라고 하였다. 인월의 월파는 申, 묘월의 월파는 酉, 진월의 월파는 戌, 사월의 월파는 亥, 오월의 월파는 子, 미월의 월파는 丑, 신월의 월파는 寅, 유월의 월파는 卯, 술월의 월파는 辰, 해월의 월파는 巳, 자월의 월파는 午, 축월의 월파는 未이다.

④ 월기일(月忌日)

음력으로 매월의 5일(초닷새), 14일(열나흘), 23일(스물 사흘)이다. 월기는 혼인, 이사, 여행, 잔치를 방해하는 흉살이다. 하지만 월기일이 寅·卯일에 해당하면 흉이 사라진다.

<표 5-7> 월파, 월염, 염대, 피마, 월기

월건 신살	寅	卯	辰	巳	午	未	申	酉	戌	亥	子	丑
월파 (月破)	申	酉	戌	亥	子	丑	寅	卯	辰	巳	午	未
월염 (月厭)	戌	酉	申	未	午	巳	辰	卯	寅	丑	子	亥

염대 (厭對)	辰	卯	寅	丑	子	亥	戌	酉	申	未	午	巳
피마 (披麻)	子	酉	午	卯	子	酉	午	卯	子	酉	午	卯
월기 (月忌)	매월 음력 5·14·23일											

⑤ 월염일(月厭日), 염대일(厭對日)

혼례에서 월염과 염대를 가장 꺼린다. 월염은 인월(寅月) 戌에 서 일으켜서 12지를 역행한다. 따라서 인월에 戌, 묘월에 酉, 진 월에 申, 사월에 未, 오월에 午, 미월에 巳, 신월에 辰, 유월에 卯, 술월에 寅, 해월에 丑, 자월에 子, 축월에 亥이다. 그리고 염 대는 월염과의 대궁에 있는 12지이다. 따라서 인월에 辰, 묘월에 卯, 진월에 寅, 사월에 丑, 오월에 子, 미월에 亥, 신월에 戌, 유 월에 酉, 술월에 申, 해월에 未, 자월에 午, 축월에 巳이다.

월염에 대해 『천보력』에서 말하기를 "음(陰)이 서는 날이며, 다스리는 방위로는 재앙을 물리치는 일, 기복, 질병을 피하는 일, 신을 구하는 일에 좋다. 그러나 원행, 귀가, 이사, 혼인에서는 꺼 린다."고 하였다. 『역례』에 따르면 "월염은 정월에 戌에 머물고 이후에는 12지를 역행한다. 그러므로 卯월에는 酉, 辰월에는 申, 巳월에는 未, 午월에는 午, 未월에는 巳, 申월에는 辰, 酉월에는 卯, 戌월에는 寅, 亥월에는 丑, 子월에는 子, 丑월에는 亥가 된 다."고 하였다. 그리고 월염은 12개월의 주기로 순환한다. 조진규 의 주석에 의하면 "월염은 싫어하고 홀리는 신이며, 그 성정이 암매와 샷됨 그리고 부정을 좋아한다."[90]고 하였다. <표 5-7> 에서와 같이 월염의 대궁(對宮)이 염대이다.

⑥ 해일(亥日)

60일진에서의 해일(亥日) 곧 돼지날이다. 해일(亥日)은 60일

---

[90] 이창익, 「조선후기 역서의 우주론적 복합성에 대한 연구」, 2005, 서울 대학교 박사학위논문 214쪽 참조.

진 중에서 을해(乙亥)·정해(丁亥)·기해(己亥)·신해(辛亥)·계해(癸亥)이고 모두 다섯 번 있다. 다섯 번 있는 이유는 음의 지지인 亥가 5개의 음의 천간과 짝을 짓기 때문이다.

⑦ 항일(抗日)

항일은 동양천문학에서 말하는 28수에서의 항(亢)이 닿는 날이다. 이를 확인하는 방법에는 두 가지가 있다.

㉠ 인터넷 홈페이지로 확인하는 방법

일반 만세력에는 기록되어 있지 않다. 다만 매년 한 번씩 간행되는 민력이나 혹은 이러한 정보를 무료로 제공하는 인터넷 홈페이지에서 확인할 수 있다.

(http://afnmp3.homeip.net:81/~kohyc/calendar/index.cgi)

㉡ 표를 활용하는 방법

<표 5-8> 28수 도출

일지＼요일	목	화	토	금	수	일	월
亥卯未	정(井)	미(尾)	여(女)	항(亢)	벽(壁)	묘(昴)	장(張)
寅午戌	각(角)	실(室)	위(胃)	우(牛)	삼(參)	성(星)	심(心)
巳酉丑	두(斗)	자(觜)	류(柳)	루(婁)	진(軫)	방(房)	위(危)
申子辰	규(奎)	익(翼)	저(氐)	귀(鬼)	기(箕)	허(虛)	필(畢)

가령 2014년 3월 1일(토요일)의 일진은 辛未이다. 일진 辛未에서의 未는 표의 맨 위의 좌측에서 횡으로 우측으로 가고 금요일에서 종으로 내려오면 항(亢)을 만난다.

28수에는 오행이 배속되어 있고 고유한 작용을 한다. 28수의 작용을 동방7수, 북방7수, 서방7수, 남방7수의 순으로 알아본다.

<표 5-9> 28수의 작용

28수	작용
각(角,목)	가옥건축과 혼인에 길하다. 매장과 묘지수리에는 불리한데 특히 삭일 곧 초하루에는 대흉하다.
항(亢,금)	집을 지으면 장자가 사망하고, 혼인하면 독수공방을 면하지 못한다. 조장(造葬)을 하면 거듭해서 상을 당하는데 망일 곧 음력 보름에는 더욱 흉하다.
저(氐,토)	집을 지을 때와 혼인에는 길하다. 매장과 묘지 수리에는 불길하다.
방(房,일)	오직 매장에는 불리하다. 다른 모든 일에는 형통하다.
심(心,월)	모든 일에서 흉하다.
미(尾,화)	건축에서의 기조(起造), 매장(埋葬), 문을 달거나 혼인, 물을 막는 방수(防水)에 길하고 이롭다.
기(箕,수)	건축에서의 기조, 매장, 묘지 수리, 개문(開門), 방수에 길하다.
두(斗,목)	기조와 매장 등 모든 일에서 길하다.
우(牛,금)	살신이다. 모든 일에서 불길하다.

여(女,토)	조장(造葬), 개문(開門), 방수(防水)에 흉하다.
허(虛,일)	만사에 길하다. 다만 장사에는 흉하다.
위(危,월)	조장, 개문, 방수에 모두 길하다.
실(室,화)	조장, 개문, 방수에 모두 흉하다.
벽(壁,수)	조장, 조작(造作, 가옥 건축과 수리), 개문, 방수에 모두 길하다.
규(奎,목)	매장, 개문, 방수에 모두 흉하다. 오직 조작에는 길하다.
루(婁,금)	조장, 혼인, 개문, 방수에 모두 길하지만 오직 그믐날의 루는 흉하다.
위(胃,토)	조장과 혼인에 길하다.
묘(昴,일)	매장, 혼인, 개문, 방수에 길하다. 오직 조작에는 길하다.
필(畢,월)	집을 짓거나 매장, 개문, 방수, 혼인에는 길하다.
자(紫,화)	모든 일에서 흉하다. 오직 매장에는 길하다.
삼(參,목)	매장, 혼인, 개문, 방수에 흉하다. 오직 조작에는 길하다.
정(井,목)	기조(起造), 개문, 방수에 길하다. 오직 매장에는 흉하다.
귀(鬼,금)	매장에 길하다. 기조, 혼인, 개문, 방수에 흉하다.
류(柳,토)	조장(造葬), 개문, 방수에 흉하다.
성(星,일)	신방을 꾸미는 일에 길하다. 다만 흉성(凶星)을 만나면 생이별 또는 사별한다.
장(張,월)	조장, 혼인, 출행, 상관의 부임, 병사 이동에는 길하다.
익(翼,화)	매장에 길하다. 조작, 개문, 방수에는 불길하다.
진(軫,수)	조장, 출행, 옷을 만드는 일에 길하다. 선박 건조에는 최길하다.[91]

⑧ 회일(晦日)

회일은 매월 음력 그믐날이다. 큰달에는 30일이 회일이고 작은 달에는 29일이 회일이다. 음력 초하루에 초생달이 생긴 뒤에, 7일 경에 상현달이 되고, 15일경에 보름달이 된다. 보름달 이후에

---

91) 임소주 원저 성여춘 개편, 『신증천기대요』, 대지문화사, 2004, 177쪽~ 179쪽 참조.

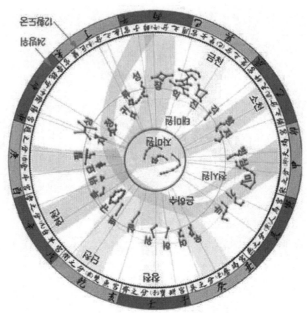

<그림 5-2> 동양천문도에서의 28수

하현달이 되며, 음력 29일이나 30일이 되면 달이 그 형태를 감추게 된다. 따라서 그믐날은 흉하다고 할 수 있다. 또한 그믐날에는 칠흑같이 어두우므로 혼례 또한 어두울 것으로 생각해 볼 수 있다. 민속에서는 이날 혼례를 올리면 배우자를 잃고 독수공방을 면하지 못한다고 한다.

⑨ 피마일(披麻日)

피마에서의 피(披)에는 입거나 걸친다는 뜻이고 마(麻)는 상복을 뜻하므로 곧 상복을 입는다는 흉살이다.

⑩ 건제12성길흉정국의 건·평·수·폐(建·平·收·閉)

<표 5-10> (건제12성의) 건·폐·평·수(建·閉·平·收)

월건 12성	寅	卯	辰	巳	午	未	申	酉	戌	亥	子	丑
건(建)	寅	卯	辰	巳	午	未	申	酉	戌	亥	子	丑
평(平)	巳	午	未	申	酉	戌	亥	子	丑	寅	卯	辰

수(收)	亥	子	丑	寅	卯	辰	巳	午	未	申	酉	戌
폐(閉)	丑	寅	卯	辰	巳	午	未	申	酉	戌	亥	子

건제12성은 12개의 건·제·만·평·정·집·파·위·성·수·개·폐가 12일진에 배속된 것이다. 이중에서 건·평·수·폐를 꺼린다.

⑪ 월형일(月刑日)

월형에서의 월은 달(月)이고 형(刑)에는 형벌과 사고의 뜻이 있다. 따라서 월형일에 혼례를 올리면 이러한 일을 당한다는 흉살이다. 월형에는 월건지와의 일자형, 이자형, 삼자형이 되는 날이다. 辰월에는 辰, 午월에는 午, 酉월에는 酉, 亥월에는 亥가 일자형이다. 卯월에는 子, 子월에는 卯가 이자형이다. 寅월에는 巳, 巳월에는 申, 申월에는 寅이 삼자형이다. 그리고 未월에는 丑, 戌월에는 未, 丑월에는 戌이 삼자형이다.

⑫ 월해일(月害日)

월해에서의 월은 달(月)이고 해(害)에는 해치거나, 시기하거나, 훼방을 놓거나, 재앙을 입힌다는 뜻이 있다. 따라서 월해일에 혼례를 올리면 한 달의 해악(害惡)을 맡은 신으로부터 여러 가지 종류의 해코지를 당한다. 寅월의 해는 巳, 卯월의 해는 辰, 辰월의 해는 卯, 巳월의 해는 寅, 午월의 해는 丑, 未월의 해는 子, 申월의 해는 亥, 酉월의 해는 戌, 戌월의 해는 酉, 亥월의 해는 申, 子월의 해는 未, 丑월의 해는 午이다.

<표 5-11> 월형, 월해

월건 신살	寅	卯	辰	巳	午	未	申	酉	戌	亥	子	丑
월형(月刑)	巳	子	辰	申	午	丑	寅	酉	未	亥	卯	戌
월해(月害)	巳	辰	卯	寅	丑	子	亥	戌	酉	申	未	午

제5장. 혼례와 택일

⑬ 삼살일(三殺日)

삼살은 겁살·재살·세살을 가리킨다. 가령 <표 5-12>에서와 같이 巳·酉·丑의 삼살은 寅·卯·辰이다. 이 寅·卯·辰에서 寅은 겁살, 卯는 재살, 辰은 세살이다. 삼살을 적용하는 기준은 택일의 종류에 따라 달라진다. 혼례 택일에서는 반드시 월건을 기준으로 삼살일을 선택해야 한다.

<표 5-12> 삼살일(기준: 월건)

월건\신살	삼살	월건\신살	삼살
申子辰	巳午未	寅午戌	亥子丑
亥卯未	申酉戌	巳酉丑	寅卯辰

⑭ 민속에서 꺼리는 날에는 사월초파일(四月初八日), 삼복일(三伏日), 홍사(紅紗), 수사일(受死日)이 있다.

㉮ 4월초파일

이는 음력 사월초파일이다. 이날 민간에서 큰 행사를 하는 날이므로 혼례를 하지 않는 날로 자연스럽게 정착된 것 같다.

㉯ 삼복

초복일·중복일·말복일은 화기(火氣)가 충천하는 날이므로 꺼린다. 첫 번째 복날을 초복(初伏), 두 번째 복날을 중복(中伏), 세 번째 복날을 말복(末伏)이라 한다. 초복은 하지로부터 세 번째 경일(庚日), 중복은 네 번째 경일, 말복은 입추로부터 첫 번째 경일이다.

<표 5-13> 홍사, 수사

흉살\월건	寅	卯	辰	巳	午	未	申	酉	戌	亥	子	丑
홍사(紅紗)	酉	巳	丑	酉	巳	丑	酉	巳	丑	酉	巳	丑
수사(受死)	戌	辰	亥	巳	子	午	丑	未	寅	申	卯	酉

⒟ 홍사일(紅紗日)

홍사(紅紗)에서의 홍(紅)은 적색을 뜻하고 사(紗)는 비단을 뜻한다. 홍사는 신혼부부의 행복을 시기하는 흉살이다.

⒣ 수사일(受死日)

수사(受死)에서의 수(受)는 받는다는 뜻이고 사(死)는 사망을 뜻한다. 따라서 혼례에서의 흉살이다.

2) 예제

[문제] 서기 2015년(乙未) 5월(월건 巳)에 1984년(甲子)에 출생한 총각과 1986년(丙寅)에 출생한 처녀가 혼례를 올리기 위해 혼례 날짜를 잡으려고 한다. 길일은? 참고로 음력 3월과 4월은 모두 작은 달이다.

《해설》 30일은 최길일이고 24일은 두 번째 길일이다.

㉮ 마땅한 날 : 사월(巳月)의 음양부장길일은 5월 9일과 10일, 육덕 중 세덕인 庚은 24일, 세덕합인 乙은 9일, 사월의 천덕인 辛은 해당하는 날이 없고, 천덕합인 丙은 10일, 월덕인 庚은 24일, 월덕합인 乙은 9일이다.

[예제] 혼례 택일 - 마땅한 날

| 양력 | 음력 | 요일 | 일진 | 음양부장길일 | 육덕 | | | | | | 천원 | 월은 | 황도 | 오합 | 모창 | 가취주당길일 | 해당수 |
					세덕	세덕합	천덕	천덕합	월덕	월덕합							
5/9	3/21	토	乙酉	√		√				√						√	4
10	22	일	丙戌	√				√					√				3
16	28	토	壬辰										√				1
17	29	일	癸巳													√	·
23	4/6	토	己亥									√	√				2
24	7	일	庚子		√				√								2

| 30 | 13 | 토 | 丙午 | | | | √ | | | | √ | | √ | 3 |
| 31 | 14 | 일 | 丁未 | | | | | | | | √ | | | 1 |

그리고 사월의 천원인 丙申은 없고, 월은인 己는 23일, 사월의 황도인 午·未·丑·戌·辰·亥에 해당하는 날은 10일·16일·23일·30일·31일이다. 오합과 모창에 해당하는 날은 없으며, 가취주당에서의 길일에 해당하는 날은 음력 3월 21일과 29일, 4월 13일이다.

㉯ 꺼리는 날 : 총각의 본명은 甲子이고 그 대충은 庚午, 처녀의 본명은 丙寅이고 그 대충일은 壬申이지만 모두 보이지 않는다. 2015년 현재 1984년에 출생한 남자는 32세이고 1986년에 출생한 처녀는 30세이다. 32세 총각의 화해일은 丑과 寅이고 절명일은 戌과 亥이므로 10일(戌)과 23일(亥)이 절명일이다.

[예제] 혼례 택일: 꺼리는 날 −1

양력	음력	요일	일진	본명일		본명일 대충일		화해일		절명일		월파	월기	월염	염대
				남	여	남	여	남	여	남	여				
5/9	3/21	토	乙酉								√				
10	22	일	丙戌							√					
16	28	토	壬辰												
17	29	일	癸巳												
23	4/6	토	己亥							√		√			
24	7	일	庚子												
30	13	토	丙午												
31	14	일	丁未					√					√	√	

그리고 30세 처녀의 화해일은 未와 申이고 절명일은 酉이므로

31일(未)은 화해일이고, 9일(酉)은 절명일이다. 월파인 亥는 23일이고, 월기는 음력 5일·14일·23일인데 31일(음력 4월 14일), 월염인 未는 31일이고 염대인 丑은 표에 없다.

월건인 巳의 피마인 卯와 월형인 申과 월해인 寅은 없고, 사월(巳月)의 삼살은 寅·卯·辰인데 辰은 16일이다. 돼지날은 23일, 그믐날은 17일(음력 29일), 항일은 없다. 건제12성의 건인 巳는 17일이고 폐인 辰은 16일이며 평인 申과 수인 寅은 없다. 민속에서 꺼리는 날들인 사월초파일과 삼복은 없고, 홍사인 酉는 9일, 수사인 巳는 17일이다. 흉일 1과 2를 종합해서 보니 17일·23일·31일은 흉살이 3개, 9일·16일은 2개, 10일은 1개, 24일과 30일은 해당하는 흉살이 없다.

[예제] 혼례 택일: 꺼리는 날 −2

양력	음력	요일	일진	피마	월형	월해	삼살	亥日	회일	항일	건·폐·평·수	사월초8일	삼복일	홍사	수사	해당수
5/9	3/21	토	乙酉											✓		2
10	22	일	丙戌													1
16	28	토	壬辰				✓				✓					2
17	29	일	癸巳						✓		✓				✓	3
23	4/6	토	己亥					✓								3
24	7	일	庚子													0
30	13	토	丙午													0
31	14	일	丁未													3

길신과 흉살을 종합해서 살펴본 결과, 30일은 흉살이 없고 길신이 3개이므로 최길일이다. 그리고 24일은 흉살이 없고 길신이 2개이므로 그 다음으로 길일이다. 최흉한 날은 17일과 23

일 그리고 31일이다. 17일은 흉살이 3개이지만 길신이 전혀 없고, 23일은 흉살이 3개이며 길신은 2개이고, 31일은 흉살이 3개이고 길신이 겨우 1개이기 때문이다. 특히 31일은 처녀의 화해일이므로 더욱 더 꺼린다. 『선택기요』에서는 화해일과 절명일은 반드시 피하라고 되어 있다.

4. 혼례 택시

혼례 길시를 선택하는 이론에는 황흑도길흉정국의 황도시를 선택하는 이론과 육임신장살몰귀등천문에서의 길시를 선택하는 이론이 있다. 길월을 선택한 뒤에 길일을 선택하고, 길일을 선택한 뒤에 길시를 선택하면 된다.

1) 택시(擇時)

(1) 황도(黃道) 시(時)

황도시는 <제4주> 관례 택일에 수록되어 있는 <표 4-6> 황흑도길흉정국을 참조하면 된다. 가령 午일 곧 말날에 혼례를 올리는 것으로 확정되었다고 가정한다. <표 4-6>에서와 같이 황도시는 申·酉·卯·子·午·丑이다. 따라서 이중에서 하객이 참석하기 좋은 오시(午時)를 선택하거나 혹은 오후의 신시(時)나 유시(酉時)를 선택하면 된다.

(2) 육임신장·살몰·귀등천문(六壬神藏殺沒貴登天門) 시(時)

① 육임신장살몰귀등천문은 <표 5-15>와 같다.[92] 가장 길한 시간인 '최길시'는 甲·戊·庚 세 날에 있고, 두 번째로 길한 시간인 '중길시'는 나머지 일곱 날에 있다. 가령 대서~처서에서는 戊일과 庚일의 辰時와 戌時가 최길시이다.

② 설명

---

92) 『選擇紀要』 用事類 <貴人登天門時圖>, <표 5-15>로 재편집.

육임신장살몰귀등천문을 통상 '신장살몰법'이라고 불린다. 여기에는 '신장법'과 '살몰법'과 '귀등천문법'이 있다. 이 세 가지에 해당하는 최길시는 甲·戊·庚 세 날에만 있고, 나머지 일곱 날에는 신장법과 귀등천문법에 해당되든지 혹은 신장법과 살몰법에만 해당된다. 살몰법에만 해당하는 소길은 표에 싣지 않았다. 신장(神藏)에 해당하는 시간에는 흉살이 숨고, 살몰(殺沒)에 해당하는 시간에는 흉살이 죽고, 귀등천문(貴登天門)에 해당하는 시간에는 흉살이 하늘로 올라가고 없으므로 흉살이 혼례를 비롯한 인사(人事)를 방해하지 않는다.

<표 5-15>는 육임신장살몰귀등천문 시간이다. 우수에서 춘분 사이에 길시를 고를 경우, 갑일·무일·경일에는 묘시(05:30~07:30)와 유시(17:30~19:30)가 최길한 시간이다. 을일에는 술시(19:30~21:30), 병일에는 해시(21:30~23:30), 정일에는 축시(01:30~03:30), 기일에는 인시(03:30~05:30), 신일에는 신시(15:30~17:30), 임일에는 미시(13:30~15:30), 계일에는 사시(09:30~11:30)가 중길한 시간이다.

<표 5-14> 월장이 바뀌는 날(12중기, 양력 기준)

월장	12기	양력	월장	12기	양력
亥	우수(雨水)	2월 18일~20일	巳	처서(處暑)	8월 22일~23일
戌	춘분(春分)	3월 20일~22일	辰	추분(秋分)	9월 22일~24일
酉	곡우(穀雨)	4월 20일~21일	卯	상강(霜降)	10월 23일~24일
申	소만(小滿)	5월 20일~21일	寅	소설(小雪)	11월 22일~23일
未	하지(夏至)	6월 21일~23일	丑	동지(冬至)	12월 22일~23일
午	대서(大暑)	7월 22일~23일	子	대한(大寒)	1월 20일~21일

월장이 바뀌는 12중기는 <표 5-14>와 같다. 월장 亥는 우수인 2월 18일경, 월장 戌은 춘분인 3월 20일경, 월장 酉는 곡우

인 4월 20일경, 월장 申은 소만인 5월 20일경, 월장 未는 하지인 6월 21일경, 월장 午는 대서인 7월 22일경, 월장 巳는 처서인 8월 22일경, 월장 辰은 추분인 9월 22일경, 월장 卯는 상강인 10월 23일경, 월장 寅은 소설인 11월 22일경, 월장 丑은 동지인 12월 22일경에 시작되어 1개월이다.

<표 5-15> 육임신장·살몰·귀등천문 시

십간 \ 월장		亥 우수~춘분	戌 춘분~곡우	酉 곡우~소만	申 소만~하지	未 하지~대서	午 대서~처서	巳 처서~추분	辰 추분~상강	卯 상강~소설	寅 소설~동지	丑 동지~대한	子 대한~우수
甲 최길	낮	卯	·	·	·	·	·	酉	申	未	午	巳	辰
	밤	酉	·	·	·	·	·	·	寅	丑	子	亥	戌
乙 중길	낮	·	·	·	·	戌	酉	申	未	午	巳	辰	卯
	밤	戌	酉	·	·	·	·	·	卯	寅	丑	子	亥
丙 중길	낮	·	·	·	戌	酉	申	未	午	巳	辰	·	·
	밤	亥	戌	·	·	·	·	·	·	卯	寅	丑	子
丁 중길	낮	·	·	酉	申	未	午	巳	辰	卯	·	·	·
	밤	丑	子	亥	·	·	·	·	·	·	·	卯	寅
戊 최길	낮	酉	申	未	午	巳	辰	卯	·	·	·	·	·
	밤	卯	寅	丑	子	亥	戌	酉	·	·	·	·	·
己 중길	낮	·	酉	申	未	午	巳	辰	卯	·	·	·	·
	밤	寅	丑	子	亥	戌	·	·	·	·	·	·	·
庚 최길	낮	酉	申	未	午	巳	辰	卯	·	·	·	·	·
	밤	卯	寅	丑	子	亥	戌	酉	·	·	·	·	·
辛 중길	낮	申	未	午	巳	辰	卯	·	·	·	·	·	·
	밤	·	卯	寅	丑	子	亥	戌	酉	·	·	·	·
壬 중길	낮	未	午	巳	辰	卯	寅	·	·	·	·	·	申
	밤	·	·	·	寅	丑	子	亥	戌	酉	·	·	·
癸 중길	낮	巳	辰	卯	寅	·	·	·	·	酉	申	未	午
	밤	·	·	·	·	·	寅	丑	子	亥	戌	酉	申

2) 예제

[문제] 택일 편에서 2015년(乙未) 5월 24일과 30일을 선택했다. 길시는?

《해설》 30일(丙午)은 최길일이고 24일(庚子)은 차길일이다.

㉮ 30일 : 30일인 丙午일의 황도시는 申·酉·卯·子·午·丑이지만 혼례가 가능한 시간은 午시와 申시이다. 그리고 육임신장살몰법으로는 丙午일인 30일의 월장이 申이므로 길시는 戌시이지만 밤 시간이므로 선택할 수 없다. 따라서 30일은 午시와 申시 중에서 하나를 선택해서 혼례를 올리면 된다.

㉯ 24일 : 24일인 庚子일의 황도시는 申·酉·卯·子·午·丑이지만 혼례가 가능한 시간은 午시와 申시이다. 그리고 육임신장살몰법으로는 庚子일인 24일의 월장이 申이므로 길시는 午시와 子시이다. 이와 같으므로 24일의 午시가 두 가지에 해당하므로 최길시이다.

1. 사성(四星) 서식

1) 사성(四星)

<서식 5-1> 사성

癸卯
甲寅
戊戌
壬戌

양가 사이에서 혼인이 결정된 뒤에 신랑 집에서 신부 집으로 신랑의 사주를 적어서 보내는 종이를 '사성' 또는 '사주단자'라고도 하며, 이때 신랑이 출생한 연월일시를 60갑자로 적는다. <서식 5-1>은 1963년 음력 2월 1일 술시(저녁 7시 30분~9시 29분)에 출생한 사람이 출생한 연월일시를 간지로 환산해서 적은 것이다.

만세력에서 해당 연도의 월과 일을 보고 간지를 확인한 뒤에 적으면 되고, 시간은 만세력에 소개되어 있는 방법을 따라 적으면 된다.[93]가급적 붓으로 남자의 사성을 간지(干支)로 적는다. 예

---

93) 인터넷 홈페이지나 스마트폰 앱에 있는 만세력에서도 이를 확인할 수

전에는 사주를 써서 중매인 혹은 자제가 갔다. 경술년(1910년) 이후로는 사주를 보낼 때에 보자기에 싸서 보낸다. 사성 곧 사주 단자는 길이 40cm, 너비 28cm 정도의 한자 혹은 길이 30cm, 너비 20cm 정도의 한지를 다섯 칸으로 접어서, 그 한 가운데에 남자가 출생한 연월일시를 간지(干支)로 기록한다.

2) 사성 봉투

<서식 5-2> 사성 봉투

謹 封 四 柱 單 子	洪 吉 童 先 生 入 納
사성봉투 후면	사성봉투 전면

사성을 흰 봉투에 넣고 풀로 봉하지 않은 채로 뚜껑을 덮는다. 사주 봉투는 청실홍실의 둥근 타래실로 매듭짓지 않게 옭아 묶는다. 이것을 사주보에 싼 뒤에 한자로 '謹封'이라고 적는다. 사성 봉투를 청홍(靑紅)의 겹보로 싸는데 홍색이 밖으로 나오게 싸고, 중간부분을 청홍색 실로 나비매듭을 해서 묶는다.

있다. 앱에서 무료로 만세력을 제공하고 있는 곳은 '원광만세력'과 '대한민국 대표만세력'이다.

2. 연길(涓吉) 서식

신랑의 사성(四星)을 받은 여자 집에서는 여자의 생리일을 피하고 택일 이론으로 길일과 길시를 잡은 뒤에, 선택한 일시를 적은 연길을 연길 송서와 함께 신랑 집으로 보낸다. <서식 5-3> 안의 가운데 칸의 전안(奠雁)을 '목안(木雁)'이라고도 한다. 전안은 전안지례(奠雁之禮)에서 사용하는 기러기를 가리키며, '奠雁'은 곧 혼례를 의미한다. 연길 봉투는 사성 봉투에 준해서 적으면 된다.

<서식 5-3> 연길(혼례 택일)

| | | 서기 2000년 4월 30일 12시 | 奠雁 庚辰 庚辰 戊午 戊午 | | 涓吉 | |

1. 신랑신부가 서는 위치

<그림 5-3>에서와 같이 동남서녀(東男西女)' 곧 남자는 동방에 서고 여자는 서방에 서야 한다. 동양의 음양설에서 남자는 양에 해당하니 양의 방위인 동쪽에 서야 하고, 여자는 음에 해당하니 음의 방위인 서쪽에 서는 것이 음양의 이치에 부합한다.

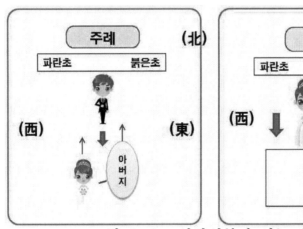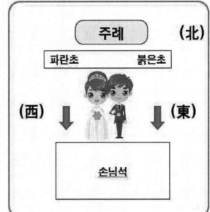

<그림 5-3> 신랑신부가 서는 위치

동남서녀를 해야 하는 것은 신부 입장에서도 마찬가지이다. 하객을 바라보고 서 있는 주례 선생을 기준으로 신부의 아버지는 동방(주례 선생의 왼팔쪽)에 서고 신부는 서방(주례 선생의 오른팔쪽)에 서서 입장해야 한다. 먼저 입장 해서 대기하고 있던 신랑이 마중을 나와서 신부의 아버지 위치로 가서 신부를 인도하여 주례 선생 앞에 서야 한다.

2. 폐백실에서 부모 및 신랑신부 위치

신랑신부가 자리하는 것은 대례(가례)가 끝난 뒤에 갖게 되는 폐백에서도 마찬가지여야 한다. 예서에서의 현구고례(見舅姑禮) 곧 폐백은 <그림 5-4>에서와 같이 병풍을 뒤로 하고 앉아서, 아버지는 양의 자리인 동쪽에 앉아야 하고, 어머니는 음의 자리인 서쪽에 앉아야 한다.

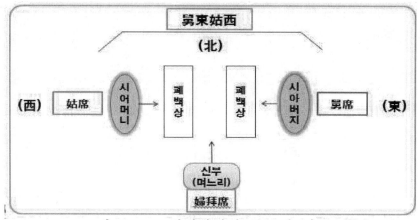

<그림 5-4> 폐백실에서 부모가 앉는 위치

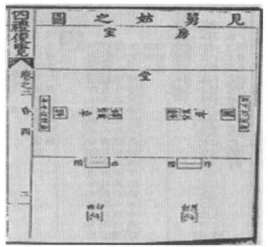

<그림 5-5> 현구고지도(見舅姑之圖)[94]

<그림 5-5>는 이재의 『사례편람』에 수록되어 있는 시아버지와 시어머니가 앉는 위치를 그림으로 나타낸 것이다. 양의 위치인 동쪽은 시아버지 [舅] 자리이고, 음의 위치인 서쪽은 시어머니 [姑] 자리이다. 하지만 현재 대부분 예식장의 폐백에서는 이와는 반대로

---

94) 자료: 이재 저, 우봉이씨대종회 편찬, 『사례편람』, 명문당, 2003, 287쪽.

앉고 있다. 또한 폐백에서 신랑신부의 위치도 위와 마찬가지여야 한다. 부모님을 기준으로 남자는 부모의 동쪽(좌측)에 자리해야 하고 여자는 서쪽(우측)에 자리해야 한다.

제5절. 신행(新行)과 신행주당

신행을 '우귀(于歸)'라고도 한다. 우귀에는 향해서 간다는 뜻의 '우(于)'에 돌아간다는 뜻의 '귀(歸)'를 쓰니, 곧 신부가 시댁으로 돌아간다는 뜻이 있다. 다시 말하면 신부가 혼례식을 마치고 신방(新房)을 치른 뒤에 신랑집으로 가는 예가 신행이다. 혼례를 올리면 신랑이 신방을 치른 뒤 신부를 처가에 두고 혼자 집에 간다. 그 뒤 몇 차례의 걸음을 한 뒤에 신행을 한다.

<그림 5-6> 신행(新行)[95]

---

95) 자료: 조선말기 화가 김준근.

제5장. 혼례와 택일

혼례식을 올린 뒤 달을 묵혀 신행을 하면 '달묵이'라 하고, 해를 묵혀 신행을 하면 '해묵이'라 한다. 해묵이를 하게 되면 자녀와 함께 시가(媤家)에 가는 경우도 있다. 신행을 하는 날은 따로 길일(吉日)을 택하는데, 신랑집에서 택일하여 신부집에 보낸다.[96] 현대에서는 혼례를 마친 뒤에 신혼여행을 다녀온 뒤에 시댁 어른께 신행을 간다. 음력으로 30일까지 있는 큰달(대월)에는 조(竈)에서 출발하여 시계바늘방향으로 순행시키고, 29일까지 있는 작은달(소월)에는 주(廚)에서 출발하여 시계바늘반대방향으로 역행시켜서, 사·수·조에 닿는 날에 신행하면 된다.[97]

× 당(堂:흉) 2, 10, 18, 26 7, 15, 23 ≡≡손궁	× 상(牀:흉) 3, 11, 19, 27 6, 14, 22 ≡≡리궁	○ 사(死:길) 4, 12, 20, 28 5, 13, 21, 29 ≡≡곤궁
○ 조(竈:길) 1, 9, 17, 25 8, 16, 24 ≡≡진궁		○ 수(睡:길) 5, 13, 21, 29 4, 12, 20, 28 ≡≡태궁
× 주(廚:흉) 8, 16, 24 1, 9, 17, 25 ≡≡간궁	× 로(路:흉) 7, 15, 23 2, 10, 18, 26 ≡≡감궁	× 문(門:흉) 6, 14, 22, 30 3, 11, 19, 27 ≡≡건궁

－－길흉
－－큰달
－－작은달
－－궁명

<그림 5-7> 신행주당도

<그림 5-7>을 표로 채출한 <표 5-16> 속의 아라비아 숫자는 음력 날짜로서, 큰달과 작은달로 구분해서 한눈에 파악할 수 있도록 하였다. 큰달과 작은달은 달력이나 만세력에서 확인해서 적용해야 한다. 가령 양력 2016년 5월 1일(음력 3월 25일)에 혼례를 마치고, 신혼여행을 다녀 온 뒤에, 5월 5일(음력 3월 29

---

96) 한국민족문화대백과(한국학중앙연구원 편) <우귀> 참조.
97) 임소주 원저 성여춘 개편, 『신증천기대요』, 대지문화사, 2004, 257쪽 참조.

일)에 시어른께 인사를 가면 된다. 음력 3월은 큰달이므로 <표 5-16>에서와 같이 29일이 길일이기 때문이다.

<표 5-16> 신행주당도에서의 길흉일(기준: 음력)

대·소월	길흉	음력 날짜
큰달(30)	길일	1, 4, 5, 9, 12, 13, 17, 20, 21, 25, 28, 29
작은달(29)	길일	4, 5, 8, 12, 13, 16, 20, 21, 24, 28, 29
※ 흉일은 표에 싣지 않았다.		

제6절. 전통혼례의 비평과 현대화 과제

여말에 중국으로부터 받아들인 유교식 관혼상제는 조선 개국 이래, 국가정책과 장려로 인해 일반 국민에게 보급되어 현대로 이어졌다. 그러나 일제강점기와 개화기, 그리고 해방 후의 산업화를 거치면서 유교식 관혼상제가 다소 훼손되었으므로 이를 현대에서 재조명해 봐야 한다. 특히 전통혼례에 담겨 있는 사상인 조상을 섬기고 부모를 존중하는 유교의 '효(孝)' 사상은 현대에서도 여전히 의미가 있는 사상이기 때문이다. 전통혼례에는 부부만의 가치창조나 행복추구가 아닌 부모와 친인척간의 결합을 중시한다. 이러한 장점은 오늘날의 핵가족에 따른 개인주의를 버리고 사회를 통합시켜 우리 모두의 행복추구에 기여할 것이다. 다만 다음의 몇 가지를 고려하면 좋을 것이다.

첫째, 남존여비의 인상을 지워야 한다. 이 점이 결혼 적령기에 있는 남녀 특히 여자에게 결혼의 부담감을 덜어주는 요소로 작용할 수 있다.

둘째, 동양사상에 바탕을 둔 혼례와 혼례복이 요구된다. 가장 한국적인 혼례복과 혼례절차는 가족구성원이자 국가구성원으로서의 자부심을 느끼게 해 줄 것이기 때문이다.

셋째, 이성간의 결합이 곧 가족구성원이며 사회구성원이라는 공동체의식의 확산이 요구된다. 이 장점이 유교적인 공동체의식이 이에 기여할 수 있을 것이다.

넷째, 남아선호사상의 탈피가 요구된다. 남아선호사상에 의해 남녀의 성비가 무너지고 이로 인해 '배우자 선택'이라는 사회적인 문제를 유발할 수 있고 또한 여성에게 무리한 득남을 요구하는 것이 결혼을 꺼리는 요소로 작용할 수 있기 때문이다. 이와 같은 남아선호 관념을 벗어버리기 위해서는 조상의 제사를 남가와 여가에서 고루 지내고, 또한 살아계신 양가의 부모를 부부가 함께 봉양한다면 남아를 선호하는 사상은 점차 사라질 것이다.

※ **보충설명** : 정혼(定昏) 이후에 상대방이 부모상을 당한 경우 어떻게 처신해야 되는지에 대해, 증자(曾子, B.C.505~B.C.436)가 그의 스승인 공자(孔子, B.C.551~B.C.479)와 주고받은 대화가 『예기』에 수록되어 있다. 증자가 묻기를, "혼례에 있어서 이미 납폐하고 혼례날짜가 정해진 때에 여자의 부모가 죽으면 어떻게 해야 합니까." 공자가 말하기를, "사위의 집에서 사람을 보내어 조문해야 한다. 만약 사위의 부모가 죽으면 여자의 집에서 또한 사람을 보내어 조문해야 한다.

저쪽이 아버지의 상이면 이쪽은 아버지의 이름으로 조문하고 저쪽이 어머니의 상이면 이편에서도 어머니의 이름으로 조문한다." …… "여자의 집에서 사정을 허락하여 감히 다른 곳으로 시집보내지 않는 것이 예이다. 사위가 상을 모두 마친 뒤에 여자의 부모가 사람을 보내어 혼인하기를 청한다. 사위가 거부하면 그런 뒤에 비로소 다른 곳으로 시집보내는 것이 예이다. 여자의 부모가 죽은 경우에는 사위의 집에서 또한 이와 같이 한다."[98]

---

98) 『禮記』<曾子問第七>, "曾子問曰, 昏禮旣納幣, 有吉日, 女之父母死, 則如之何, 孔子曰, 壻使人弔, 如壻之父母死, 則女之家亦使人弔, 父喪稱父,

제6장
상례(喪禮) 택일

> 가족을 떠나보내는 예, 상례(喪禮)

> 공자가 말씀하시기를
> 효자가 어버이를 섬김에 있어서
> 평상시에는 공경을 다하고
> 봉양함에는 즐거움을 다하며
> 병이 들면 근심을 다하고
> 상(喪)을 당하면 슬픔을 다하며
> 제사는 엄숙하게 지낸다.[99]
> – 공자 –

　위의 구절은 인류의 4대 성인으로 추앙받는 공자의 말씀이다. 부모상을 당했을 때의 마음가짐 외에도 평상시 부모님을 공경으로 모셔야 한다는 금언이다. 한 가정의 구성원으로 함께 살아가다가 한 사람이 사망하면 그 슬픔은 크다. 특히 내 생명을 있게 해 주신 부모님이 사망했다면 그 슬픔은 말로 형용할 수 없을 만큼 클 것이다.

　상례는 부모를 비롯한 친족이 사망한 이후에 유족이 행해야 할 예이다. 이러한 상례가 전통 농업사회에서 현대 산업사회로 접어

母喪稱母. …… 女氏許諾而弗敢嫁禮也. 壻免喪, 女之父母使人請, 壻弗取而后嫁之禮也. 女之父母死, 壻亦如之."
99) 『明心寶鑑』<孝行錄>, "孔子曰, 孝子之事親也. 居則致其敬, 養則致其樂, 病則致其憂, 喪則致其哀, 祭則致其嚴."

들면서 대폭 간소해졌다. 비록 전통시대 상례의 모든 절차를 계승하지는 못할지라도 상례의 정신은 계승되어야 할 것이다. 친족이 사망한 이후에 육체와 혼백(魂魄)이 분리된다고 믿고 있다. 분리된 혼백 중 백은 양지바른 명당에 묻어 드리고 혼을 위해 제사를 지내며 위로하게 된다.

상례의 목적은 친족이 사망한 이후에 예를 지속하기 위한 것에 있고, 살아생전에 예를 다하듯이 사망한 이후에도 상례를 통해 효(孝) 정신과 문화를 사회에 전파시키는 것이라고도 할 수 있다. 주자 『가례』에서의 상례는 유족이 사망한 이후 초종(初終)∼길제(吉祭)까지이다. 최근 장례식장에서 행하고 있는 업무가 상례이기 때문에 '상례식장'으로 고쳐 부르는 것이 옳다.

제1절. 상례택일

---

1. 상례 절차
1) 유교식 상례 절차

<그림 6-1>은 유교식 상례의 전 과정이다. 초종에서 길제까지의 상례를 두 가지 단계로 나눌 수 있다. 첫째는 초종에서 발인까지의 절차이고, 둘째는 급묘에서 길제까지의 절차이다. 앞의 절차를 제1장에서 기술하고, 뒤의 절차를 제2장에서 기술한다.

①초종 ☞	②습 ☞	③소렴 ☞	④대렴 ☞	⑤성복 ☞	⑥조(弔)☞
⑫반곡 ☞	⑪급묘 ☞	⑩발인 ☞	⑨천구 ☞	⑧치장 ☞	⑦문상 ☞
⑬우제 ☞	⑭졸곡☞	⑮부제☞	⑯소상☞	⑰대상☞	⑱담제☞	⑲길제

매장 이전의 주요 상례는 다음과 같다.

① 초종(初終): 임종에 대한 준비, 초혼(招魂), 시신거두기[收 屍], 상례 동안의 소임 분담, 관(棺) 준비 등에 관한 예이다.

② 습(襲): 망자의 머리를 빗기고, 목욕을 시킨 뒤에 수의를 입 히는 예이다.

③ 소렴(小殮): 망자에게 수의를 입히고 시신을 묶는 예이다.

④ 대렴(大殮): 시신을 입관하는 예이다.

⑤ 성복(成服): 유족이 상복으로 갈아입는 예이다.

⑥ 조(弔): 문상객이 유족에게 조문하는 예이다.

⑦ 문상(問喪): 상주가 먼 곳에 있다가 상사를 들었을 때에 행하 는 예이다.

⑧ 치장(治葬): 묘지를 만드는 예이다.

⑨ 천구(遷柩): 발인 하루 전날 영구(靈柩)를 받들어 사당에 가 서 조상들께 고인의 관을 대청으로 옮긴다고 고한 뒤에 대청으 로 모시는 예이다.

⑩ 발인(發靷): 장지로 떠나는 날 아침에 행하는 예이다.

2) 현대식 상례 절차

현대식 상례 절차는 <표 6-1>과 같이 대폭 간소화 되었다.

<표 6-1> 현대식 상례 절차

절차	내용
임종과 운명	임종, 유언, 운명
첫째 날	수시(收屍), 발상, 전(奠), 상제, 호상, 장의사
둘째 날	치장, 염습, 수의, 입관, 영좌, 성복, 조문
셋째 날	발인 및 영결식, 운구, 하관 및 성분(成墳), 성분제 및 우제(虞祭)
장례 후	삼우제, 49재, 탈상(脫喪)

현재 우리나라에서 행해지고 있는 상례는 상례식장에서 3일장

을 지내고 있다. 주요 절차를 기술하면 다음과 같다.

① 첫째 날
　⋯▶ 상례식장 영안실에 망자를 안치한다.
　⋯▶ 영좌에 고인의 영정 또는 사진을 안치하거나 위패를 안치한다.

② 둘째 날
　⋯▶ 염을 한다.
　⋯▶ 입관을 한다.

③ 셋째 날
　⋯▶ 아침에 발인제를 올린 뒤에 장지 혹은 화장터로 운구한다. 가능한 도중에 노제를 올린다.
　⋯▶ 미리 준비해 둔 장지에서 시신을 하관한다.
　⋯▶ 봉분을 완성한 뒤에 성분제를 올린다.
　⋯▶ 귀가하여 영좌를 설치한 뒤에 신주와 혼백을 모시고 초우제를 올린다.

④ 넷째 날 혹은 다섯째 날
　재우제를 유일(乙·丁·己·辛·癸)에 올린다. 만약 넷째 날이 강일(甲·丙·戊·庚·壬)이면 다섯째 날에 재우제를 올려야 한다. 유일과 강일은 달력이나 만세력으로 알 수 있다.

⑤ 다섯째 날 혹은 여섯째 날
　⋯▶ 산소 앞에 제물을 차리고 삼우제를 올린다.
　⋯▶ 산소 옆에 땅을 파고 매혼(埋魂)을 한 뒤에 고인이 입었던 옷들과 소지품을 태운다.

위에서 현대에서 행해지고 있는 상례를 살펴보았다. 현재 매장하는 날 탈상을 하는 경우가 많은데, 최소한의 예라고 할 수 있는 초우제, 재우제, 삼우제를 상례에 근거해서 지내는 것이 옳을 것이다. 그리고 사망한지 49일째 올리는 49구재를 『주자가례』를 비롯한 조선의 예서에는 경계하고 있다.

　49재는 사망 49일째 되는 날 치르는 불교식 제례이다. 혹은 7일마다 불경을 외우고 재(齋)를 올리기를 일곱 번 하기도 한다. 그래서 '칠칠재(七七齋)'라고도 한다. 이와 같이 7일 혹은 49일째 되는 날 제를 지내는 이유는 소승불교에서는 사람이 죽으면 우주 공간에 머물고 있는 기간이 7일에서 최장 49일이기 때문이라고 한다.
　이와 같이 7일마다 혹은 49일째 되는 날 제를 올림으로써 죽은 이가 몸을 받고 다시 이 세상에 태어나기를 바라는 '내생(來生)'의 의미가 담겨져 있다. 우리나라에서 이 불교식 49재가 언제부터 시작되었는지는 정확하지 않다. 다만 불교가 수입되는 삼국시대로 추정할 뿐이다. 참고로 『주자가례』에서는 불교식 제례를 경계하고 있다.

2. 상례 택일

1) 영좌(靈座) 설치를 꺼리는 방위

　영좌는 망자의 혼백이나 신주를 놓는 상을 말한다. 현대에서는 유족이 사망하면 고인의 시신을 상례식장에 모시고 있으므로 영좌 설치의 의미가 약화되었다. 영좌 설치를 꺼리는 방위는 상문방과 조객방인데 이 이론은 『천기대요』 상장문에 수록되어 있다. 가령 쥐띠 해인 자년(子年)에는 인방(寅方, 동남방)이 상문방이고 술방(戌方, 서북방)이 조객방이므로 이 두 방위로 영좌를 설치해서는 안 된다.

<표 6-2> 상문방, 조객방

태세 신살	子	丑	寅	卯	辰	巳	午	未	申	酉	戌	亥
상문방 (喪門方)	寅	卯	辰	巳	午	未	申	酉	戌	亥	子	丑
	태세지의 전3위지											
조객방 (弔客方)	戌	亥	子	丑	寅	卯	辰	巳	午	未	申	酉
	태세지의 후3위지											

[문제] 2015년(乙未)에 유족이 사망하였다. 영좌 설치를 꺼리는 방위는?

《해설》 乙未년의 상문방은 酉이고 조객방은 巳이다. 따라서 酉가 뜻하는 정서방과 巳가 뜻하는 남동방이 나쁘다.

2) 소렴(小殮) 택일

소렴은 시신에 옷을 입히고 이불을 덮는 예(禮)이다. 시신을 닦고 수의를 입힌 뒤에 묶는 절차로서 "염습(殮襲)" 또는 "습염(襲殮)"이라고도 한다. 소렴 택일은 염(殮)을 하는 택일이다. 고대 중국의 예서인 『예기』에는 사망한지 사흘째 되는 날 염(殮)을 하는데 3일째에 하는 이유는 망자가 3일 안에 다시 깨어날 수 있기 때문이라고 하였다.

3) 대렴(大殮) 택일

염을 마친 뒤에 시신을 입관(入棺)하는 택일이다. 소렴이 끝나면 시신을 관에 모시고 뚜껑을 덮은 뒤에 병풍으로 가린다. 대개 입관 1시간(60분) 전에 염을 시작해서 입관한다. 대렴택일 이론은 『천기대요』의 상장문에 수록되어 있다.

(1) 택일
① 마땅한 날

60일진에서의 길일, 명폐일, 명폐대충일이 있다.

㉠ 60일진에서의 길일은 <표 6-3>과 같다.

<표 6-3> 대렴 길일

육순	길일	육순	길일
갑자순	甲子, 己巳	갑술순	.
갑신순	乙酉, 庚寅, 癸巳	갑오순	丁酉
갑진순	丙午, 辛亥, 癸丑	갑인순	戊午, 庚申

가령 염을 하는 날이 2016년 12월 8일(음력 11월 10일)이면 이 날의 일진이 갑자이고 60일진에서의 길일의 하나이므로 길일이다.

ⓒ 명폐일(鳴吠日), 명폐일의 대충일

명폐일에서의 명폐에는 금계가 울고 옥녀가 짖는다는 뜻의 금계명(金鷄鳴)과 옥녀폐(玉女吠)의 길신이다.

<표 6-4> 명폐일, 명폐일대충일(『천기대요』)

육순	길일		육순	길일	
갑자순	庚午, 壬申, 癸酉	명폐일	갑술순	壬午	명폐일
	甲子, 丙寅, 丁卯	대충일		丙子	대충일
갑신순	甲申, 乙酉, 庚寅	명폐일	갑오순	丙申, 丁酉, 壬寅	명폐일
	庚寅, 辛卯, 甲申	대충일		壬寅, 癸卯, 丙申	대충일
갑진순	丙午, 己酉	명폐일	갑인순	庚申, 辛酉	명폐일
	壬子, 乙卯	대충일		甲寅, 乙卯	대충일

가령 염을 하는 날이 2016년 12월 16일(음력 11월 18일)이면 이 날의 일진이 임신일이고 명폐일의 하나이므로 길일이다.

② 꺼리는 날

중상일(重喪日), 복일(復日), 음착일(陰錯日), 양착일(陽錯日), 건제12성의 건일(建日)과 파일(破日)이 있다.

<표 6-5> 중상일, 복일, 음착일, 양착일

월건 신살	寅	卯	辰	巳	午	未	申	酉	戌	亥	子	丑
중상일	甲	乙	己	丙	丁	己	庚	辛	己	壬	癸	己
복일	甲庚	乙辛	戊己	丙壬	丁癸	戊己	甲庚	乙辛	戊己	丙壬	丁癸	戊己
음착일	庚戌	辛亥	庚申	丁未	丙午	丁巳	甲辰	己卯	甲寅	癸丑	壬子	癸亥

양착일	甲寅	乙卯	甲辰	丁巳	丙午	丁未	庚申	辛酉	庚戌	癸亥	壬子	癸丑

<표 6-6> (건제12성의) 건·파

12성 ＼ 월지	寅	卯	辰	巳	午	未	申	酉	戌	亥	子	丑
건(建)	寅	卯	辰	巳	午	未	申	酉	戌	亥	子	丑
파(破)	申	酉	戌	亥	子	丑	寅	卯	辰	巳	午	未

가령 염을 하는 날이 2016년 12월 16일(음력 11월 18일)이면 이 날의 일진이 임신일이고 중상일, 복일, 음착일, 양착일, 건제 12성의 건일(建日)과 파일(破日)에 해당하지 않으므로 무방하다.

(2) 택시

길시는 <표 6-7>을 참조하면 된다. 가령 입관하는 날이 갑자(甲子)이라면 오시(午時)와 술시(戌時)가 길시이다.

<표 6-7> 입관(入棺) 길시

일진	甲子	乙丑	丙寅	丁卯	戊辰	己巳	庚午	辛未	壬申	癸酉
길시	午戌	巳酉	巳未	寅午	寅巳	午亥	未亥	卯未	辰卯	巳戌
일진	甲戌	乙亥	丙子	丁丑	戊寅	己卯	庚辰	辛巳	壬午	癸未
길시	午申	巳酉	寅午	巳亥	卯亥	寅申	申亥	寅未	卯未	卯酉
일진	甲申	乙酉	丙戌	丁亥	戊子	己丑	庚寅	辛卯	壬辰	癸巳
길시	酉戌	午亥	寅辰	巳亥	寅申	未亥	未酉	辰申	辰未	卯申
일진	甲午	乙未	丙申	丁酉	戊戌	己亥	庚子	辛丑	壬寅	癸卯
길시	卯酉	巳酉	巳午	寅未	申戌	未亥	辰申	卯未	卯巳	辰戌

일진	甲辰	乙巳	丙午	丁未	戊申	己酉	庚戌	辛亥	壬子	癸丑
길시	卯戌	辰酉	巳酉	巳亥	寅亥	卯申	辰午	卯未	辰戌	卯酉
일진	甲寅	乙卯	丙辰	丁巳	戊午	己未	庚申	辛酉	壬戌	癸亥
길시	酉亥	午戌	午酉	巳戌	巳亥	未亥	未申	辰酉	寅戌	卯酉

(3) 예제

[문제] 2016년 12월 15일(신미일, 음력 11월 17일)일에 상을 당했다. 입관 길시는?

《해설》 현대에서는 대개 3일장을 치른다. 입관은 상을 당한 다음 날 하게 되니 임신일에 입관한다. <표 6-7>에 의하면 임신일의 묘시(卯時, 05:30～07:30)와 진시(辰時, 07:30～09:30)가 길시이다.

4) 파빈(破殯) 택일

입관을 마친 관(棺)은 망자의 시신을 모시는 곳인 빈소에 모신다. 발인을 하기 위해 빈소를 여는 것이 '파빈'인데 이를 '계빈(啓殯)'이라고도 부른다. "계빈은 상례의 한 절차이다. 발인할 준비로서 관을 꺼내기 위해 빈전(殯殿)에 나아가서 빈소를 여는 것"[100]이다. 관(棺)은 제사를 지내는 몸체 방인 정침[안방]에 있어서는 안 되지만, 다만 파빈주당에서 길하게 나오면 무방하다.[101] 꺼리고 마땅한 날은 참파토와 동일하다.[102]

(1) 택일
① 마땅한 날

---

100) 한국고전용어사전 참조.
101) 『選擇紀要』 造葬類下 <破殯>, "殯棺不在正寢, 周堂專不拘忌."
102) 『選擇紀要』 造葬類下 <破殯>, "宜忌與斬破土同."

명폐일(鳴吠日), 명폐일의 대충일, 대공망일, 황도길일이 있다.

만약 황도길일에 해당하는 날이 월파일에 해당이 되더라도 무방하다. 그리고 파빈택일에서의 명폐일과 명폐일의 대충일은 앞의 대렴택일에 수록되어 있는 <표 6-4> 명폐일과 명폐일대충일과는 상이하다. 명폐일과 명폐일의 대충일은 <표 6-8>, 황도길일은 관례편에 수록되어 있는 <표 4-6>, 파빈주당(破殯主堂)에서의 길일은 <그림 6-2>와 <표 6-11>을 참조하면 된다.

<표 6-8> 명폐일, 명폐일대충일103)(『선택기요』)

	명폐일, 명폐대충일	
甲·乙	甲子, 甲午, 甲寅, 甲申	乙卯, 乙酉, 乙巳
丙·丁	丙子, 丙午, 丙寅, 丙申	丁卯, 丁酉, 丁巳
庚·辛	庚子, 庚午, 庚寅, 庚申	辛卯, 辛酉, 辛巳
壬·癸	壬子, 壬午, 壬寅, 壬申	癸卯, 癸酉, 癸巳

가령 파빈하는 날이 2016년 12월 17일(음력 11월 19일)이면 이 날의 일진이 계유이다. 비록 대공망에 해당하지는 않지만 명폐일에 해당하므로 길일이다.

<표 6-9> 대공망일

길일 각순	길일	길일 각순	길일
갑자순	乙丑	갑술순	甲戌 乙亥 癸未
갑신순	甲申 乙酉 壬辰 癸巳	갑오순	甲午 壬寅 癸卯
갑진순	壬子	갑인순	·

---

103) <표 6-4>는 『천기대요』, <표 6-8>은 『선택기요』에 수록되어 있다. 신살명은 같지만 내용은 다르다.

② 꺼리는 날

중일(重日), 복일(復日), 장자(長子)의 본명일, 장자 본명일의 대충일104)이 있다. <표 6-10>의 중일(重日)과 복일(復日)에는 흉사가 중복된다는 뜻이 있다.

<표 6-10> 중일(重日), 복일(復日)

월건\신살	寅	卯	辰	巳	午	未	申	酉	戌	亥	子	丑
중일 (重日)	巳亥	巳亥	巳亥	巳亥	巳亥	巳亥	巳亥	巳亥	巳亥	巳亥	巳亥	巳亥
복일 (復日)	甲庚	乙辛	戊己	丙壬	丁癸	戊己	甲庚	乙辛	戊己	丙壬	丁癸	戊己

파빈주당을 파악하는 방법은 다음과 같다. "대월에는 초1일에 부(父)를 쫓아서 남방을 향하여 순으로 세고 소월에는 초1일에 모(母)를 쫓아서 여(女)를 향하여 역으로 세어서, 망인(亡人)에 닿으면 길하고 객(客)에 닿으면 출빈(出殯)할 때 잠시 피해야 한다."105) 이때 자리를 피해야 하는 사람은 다음과 같다. 첫째, 정충(正冲)에 해당하는 사람 곧 파빈하는 날의 일진과 천간은 같고 지지가 충이 되는 띠는 하관하는 것을 보아서는 안 된다. 둘째, 동순충(同旬冲)에 해당하는 사람 곧 파빈하는 날의 일진과 천간과 지지가 모두 충이 되는 사람은 잠시 피해야 한다.

104) 『選擇紀要』 造葬類下 <斬破土>, "宜: 鳴吠日鳴吠對日, 大空亡日, 黃道吉日(月破日無妨). 忌: 重日, 復日, 主事本命日對衝日,"

105) 『選擇紀要』 造葬類下 <破殯主堂圖>, "大月初一日從父向南順數, 小月初一日從母向女逆數值亡人則吉. 可用值客則出殯時少避."

망인(亡人) - 길(○) 4, 12, 20, 28(大) 3, 11, 19, 27(小) (손궁) ☴	여(女) 5, 13, 21, 29(大) 2, 10, 18, 26(小) (리궁) ☲	☞ 모(母) 6, 14, 22, 30(大) 1, 9, 17, 25(小) (곤궁) ☷
손(孫) 3, 11, 19, 27(大) 4, 12, 20, 28(小) (진궁) ☳		부(婦) 7, 15, 23(大) 8, 16, 24(小) (태궁) ☱
남(男) 2, 10, 18, 26(大) 5, 13, 21, 29(小) (간궁) ☶	☞ 부(父):大月 1, 9, 17, 25(大) 6, 14, 22(小) (감궁) ☵	객(客) - 주당살 8, 16, 24(大) 7, 15, 23(小) (건궁) ☰
※ 건궁에 해당하는 날은 흉하다. 주당살이 있는 날은 큰달은 8일·16일· 24 일이다. 작은달은 7일·15일·23일이다.[106]		

<그림 6-1> 파빈주당도

<표 6-11> 파빈주당도의 흉일(기준: 음력)

대소월	길흉	음력 날짜
큰달(30)	흉일	8, 16, 24
	길일	4, 12, 20, 28
작은달(29)	흉일	7, 15, 23
	길일	3, 11, 19, 27

(2) 예제

[문제] 2015년 7월(癸未) 26일에 상을 당했다. 파빈 길일과 길
시는? 참고로 장자의 본명은 丁酉이고 그 대충일은 癸卯이다.
그리고 음력 6월은 29일까지 있는 작은달(소월)이다.

---

106) 『選擇紀要』造葬類下 <破殯主堂圖>를 참조해서 재편집.

[예제] 파빈 택일 - 마땅한 날

날짜				길일				
양력	음력	요일	일진	명폐일, 명폐일의 대충일	대공망일	황도일	파빈주당 길일	숫자
28	13	화	乙巳	√		√		2
29	14	수	丙午	√				1

[예제] 파빈 택일 - 꺼리는 날

날짜				흉일					
양력	음력	요일	일진	중일	복일	본명일	본명일의 대충일	파빈주당 흉일	숫자
28	13	화	乙巳	√					1
29	14	수	丙午						0

《해설》 ㉮ 길일

<표 6-8>에 의하면 28일과 29일 모두 명폐일대충일과 명폐일이다. 그러나 두 날 모두 대공망일에는 해당하지 않는다. 그리고 파빈을 하는 28일과 29일은 월건 未에 해당하고 이 월건의 황도일이 戌·亥·巳·寅·申·卯이므로 28일(巳)이 황도일에 해당한다. 그리고 <표 6-10>에 의하면 28일은 중일이다. 따라서 29일(丙午)은 길신이 비록 1개이지만 흉살이 없으므로 가장 좋고, 28일(乙巳)은 비록 길신이 2개이지만 흉살이 1개이므로 차길하다. 이와 같이 택일에서는 흉살을 피하는 것이 우선이다.

㉯ 길시

황도시를 적용하면 된다. <표 4-6> 황흑도길흉정국에 의하면 오일(午日)의 황도시는 申·酉·卯·子·午·丑이다. 따라서 이 시진(時辰) 중에서 하나를 선택해서 파빈하면 된다. 대개 파빈을 한 뒤에 발인제를 지내고 장지나 화장지로 향하므로 병오일의 묘시나 오시에 파빈하는 것이 무난하다. 참고로 현대식 장례는 대개 3일장이고 파빈은 대개 장지로 떠나는 날 오전에 하게 된다. 따라서 3일째 되는 날(일진)의 황도시를 고르면 된다.

> ※ **주당살** : 주당(主堂)에는 혼인주당, 신행주당, 이사주당, 파빈주
> 당, 상문주당, 안장주당이 있다. 주당살은 죽은 혼령의 살기를 받은
> 것이다. 주당살을 맞으면 질병이 생겨서 크게 고생하거나 심하면 사
> 망하는 경우도 있다. 특히 상가(喪家)에서 음식을 먹고 와서 사망하
> 는 경우가 있는데, 이 주당이 상문주당이다. 주당을 맞은 경우에는
> 주당을 푸는 법사(法師)의 도움을 받아 하루빨리 주당을 풀어야 한
> 다. 우리 주변에서 혼례날짜가 잡힌 경우에는 상가나 혼례에 가지
> 않는 경우를 보게 되는데, 이는 상가주당과 혼인주당을 맞지 않기
> 위한 조상들의 슬기이다. 그리고 상가를 다녀온 사람은 본인의 가족
> 및 타인의 혼례에 가지 않는 것이 성스러운 혼례를 위한 예라고 할
> 수 있다.

5) 발인 택일
(1) 택일

고인을 장지로 떠나보내기 전에 행하는 마지막 예가 발인제이
다. 발인제에서 제주가 엎드려서는 안 되는 방위는 일(日) 기준
의 삼살방이다.[107] 이때 반드시 일 기준으로 삼살 방위를 피해
야 한다.

<표 6-12> 삼살방(기준: 일)

방위 일(日)	삼살방	방위 일(日)	삼살방
申子辰	巳午未 남방	寅午戌	亥子丑 북방
亥卯未	申酉戌 서방	巳酉丑	寅卯辰 동방

(2) 예제

---

107) 『選擇紀要』造葬類下 <祭主不伏方>, "以葬日定三煞方避之, 如丑日忌
寅卯辰地類"

[문제] 2015년(乙未) 7월 30일(丁未)에 발인제를 지낸다. 제주가 엎드려서는 안 되는 방위는?

《해설》 7월 30일의 일진이 丁未이다. <표 6-12>에서 미일(未日)의 삼살방이 申·酉·戌 서방이므로 서방을 향해서 발인제를 올려서는 안 된다.

제2절. 장례택일

　예전의 상례는 엄숙한 분위기였다. 그러나 현대의 장례는 산업
화와 도시화의 영향 때문인지 예전의 이러한 모습을 찾아 보기
가 쉽지 않다. 나를 있게 한 부모님께 감사해야 하는 마음은 세
월이 가도 영원히 변하지 말아야 할 인륜이다. 본 절에서는 파토
에서 길제까지의 주요 택일을 기술한다.

1. 파토(破土)

　상을 당하면 시신을 매장하기 위해 미리 봐둔 산이나 밭에 풀
을 베고 땅을 파서 광중(壙中)을 조성해야 하는데, 이때 풀을 베
고 땅을 파는 일을 '파토'라고 한다. 참고로 광중은 시신이 들어
갈 혈(穴)을 가리킨다.

1) 택일

(1) 마땅한 날

　명폐일, 명폐일의 대충일, 대공망일, 황도일이 있다. 만약 황도
일시에 파토를 하면 월파일에 해당하더라도 해가 없다.

(2) 꺼리는 날

　중복일, 본명일, 본명일의 대충일이 있다.[108) 파토하는 시간은
마땅한 날의 황도시를 선택하면 된다.

<표 6-13> 명폐일, 명폐일의 대충일

	명폐일, 명폐대충일	
甲·乙	甲子, 甲午, 甲寅, 甲申	乙卯, 乙酉, 乙巳
丙·丁	丙子, 丙午, 丙寅, 丙申	丁卯, 丁酉, 丁巳

---

108)『選擇紀要』造葬類下 <斬破土> "宜 : 鳴吠日, 鳴吠對日, 大空亡日, 黃
　道吉日時(月破日無妨), 忌 : 重複日, 主事本命日, 大衝日."

庚·辛	庚子, 庚午, 庚寅, 庚申	辛卯, 辛酉, 辛巳
壬·癸	壬子, 壬午, 壬寅, 壬申	癸卯, 癸酉, 癸巳

<표 6-14> 대공망일

각순＼길일	길일	각순＼길일	길일
갑자순	乙丑	갑술순	甲戌 乙亥 癸未
갑신순	甲申 乙酉 壬辰 癸巳	갑오순	甲午 壬寅 癸卯
갑진순	壬子	갑인순	·

<표 6-15> 중일(重日)과 복일(復日)

월건＼신살	寅	卯	辰	巳	午	未	申	酉	戌	亥	子	丑
중일	巳亥	巳亥	巳亥	巳亥	巳亥	巳亥	巳亥	巳亥	巳亥	巳亥	巳亥	巳亥
복일	甲庚	乙辛	戊己	丙壬	丁癸	戊己	甲庚	乙辛	戊己	丙壬	丁癸	戊己

<표 6-16> 황흑도길흉정국(황도일시, 흑도일시)

월＼황흑도일	청룡황도	명당황도	옥당황도	금궤황도	사명황도	천덕황도	백호흑도	천형흑도	천뢰흑도	주작흑도	현무흑도	구진흑도
寅월/寅일	子	丑	未	辰	戌	巳	午	寅	申	卯	酉	亥
卯월/卯일	寅	卯	酉	午	子	未	申	辰	戌	巳	亥	丑
辰월/辰일	辰	巳	亥	申	寅	酉	戌	午	子	未	丑	卯
巳월/巳일	午	未	丑	戌	辰	亥	子	申	寅	酉	卯	巳
午월/午일	申	酉	卯	子	午	丑	寅	戌	辰	亥	巳	未
未월/未일	戌	亥	巳	寅	申	卯	辰	子	午	丑	未	酉

申월	申일	子	丑	未	辰	戌	巳	午	寅	申	卯	酉	亥
酉월	酉일	寅	卯	酉	午	子	未	申	辰	戌	巳	亥	丑
戌월	戌일	辰	巳	亥	申	寅	酉	戌	午	子	未	丑	卯
亥월	亥일	午	未	丑	戌	辰	亥	子	申	寅	酉	卯	巳
子월	子일	申	酉	卯	子	午	丑	寅	戌	辰	亥	巳	未
丑월	丑일	戌	亥	巳	寅	申	卯	辰	子	午	丑	未	酉

※ 활용 방법 : 가령 인월(寅月)에는 子·丑·未·辰·戌·巳가 길일이다. 이 중에서 자일(子日)을 선택했다고 가정하면 申·酉·卯·子·午·丑이 길시이다.

가령 맏상주가 정유년에 출생하였고 파빈을 하는 날이 2016년 12월 17일(음력 11월 19일)이면 이 날의 일진이 계유이다. 비록 대공망에 해당하지는 않지만 명폐일에 해당하므로 길일이다. 또한 이 날은 중일과 복일 그리고 본명일과 그 대충일에도 해당하지 않으므로 길일이다.

2. 개금정(開金井)

1) 택일

시신을 매장을 하기 위해서는 우물 '井' 글자 모양의 나무틀을 놓고 구덩이[穴]를 파는데 이것이 개금정이다. 매월의 음력 6일(초엿새)과 申日(원숭이날)을 꺼린다.[109]

2) 예제

[문제] 2015년(乙未년) 8월(癸未월) 7일(乙卯)에 부친상을 당했다. 파토를 하고 개금정을 해서 광중을 만드는 일에 가장 좋은 일시는? 참고로 3일장이고, 맏상주가 출생한 연도는 1958

---

109) 『選擇紀要』 造葬類下 <開金正> "忌 : 每月六日, 申日."

년(戊戌)이다.

《해설》 사망한 날은 8월 7일(癸未월 乙卯일)이고 그 이튿날은 8월 8일(甲申월 丙辰일), 사흘째 되는 날은 8월 9일(甲申월 丁巳일)이다.

① 파토에 마땅한 날 : 명폐에 해당하는 날은 8월 7일과 9일, 황도일은 8월 7일과 9일이다. 대공망에는 해당하는 날이 없다.

[예제] 파토·개금정 택일

날짜				길일				흉일			
양력	음력	요일	일진	명폐일, 대충일	대공 망일	황도 일	숫자	중일 ·복일	본명 일	본명일 대충일	숫자
8/7	6/23	금	乙卯	√		√	2				0
8	24	토	丙辰				0				0
9	25	일	丁巳	√		√	2	√			1

② 파토를 꺼리는 날 : 중복일, 본명일, 본명일의 대충일이 있다.

♣ 중일은 8월 9일이고 복일에 해당하는 날은 없다. 본명일인 戊戌이 없고, 그 대충인 甲辰도 없다.

③ 개금정을 꺼리는 날 : 해당하는 날이 없다.

④ 결론 : 8월 9일이 흉일의 하나인 중일에 해당하므로 이 날은 파토할 수 없다. 8월 7일은 최길하고 8일은 차길하다. 만약 8월 7일에 한다면 이 날의 일진이 乙卯이므로 寅·卯·酉·午·子·未 중에서 새벽인 인시와 저녁인 유시와 밤인 자시를 제외한 묘시와 오시와 미시 중에서 하나를 선택해서 파토와 개금정을 하면 된다. 그리고 만약 8월 8일에 한다면 이 날의 일진이 丙辰이므로 辰·巳·亥·申·寅·酉 중에서 밤과 저녁인 해시와 유시를 제외한 시간 중에서 하나를 선택해서 파토와 개금정을 하면 된다.

3. 행상을 꺼리는 방위(行喪忌方)

1) 택일

예전의 상례는 망인의 집에서 행해졌다. 그러나 현대의 상례는 상례식장에서 대부분 행해지고 있다. 상례식장에서 발인제를 마친 뒤에 망자의 관(棺)을 운구차로 옮겨서 장지나 화장터로 가는데 행상을 꺼리는 방위는 연과 월을 기준으로 정한다. 寅·午·戌 연·월에는 甲, 亥·卯·未 연·월에는 壬, 申·子·辰 연·월에는 庚, 巳·酉·丑 연·월에는 丙이다.110)

<그림 6-2> 행상 나가는 모습111)

<표 6-17> 행상(行喪)을 꺼리는 방위

연·월	寅午戌	亥卯未	申子辰	巳酉丑
흉한 방위	甲	壬	庚	丙

---

110) 『選擇紀要』造葬類下 <行喪忌方> : "年月凶方, 寅午戌-甲, 亥卯未-壬, 申子辰-庚, 巳酉丑-丙."
111) 자료: 한국민속대백과사전.

2) 예제

[문제] 2015년(乙未) 8월 중순(申月)에 부친상을 당했다. 발인제를 마친 뒤에 장지로 가야 한다. 행상 곧 운구차 운행을 꺼리는 방위는?

《해설》 미년(未年)이므로 임방(壬方)을 꺼리고 신월(申月)이므로 경방(庚方)을 꺼린다. 임방은 정북에 가깝고 경방은 정서에 가깝다.

4. 장지에서 상여를 놓아서는 안 되는 방위(停喪忌方)

1) 택일

상여나 관(棺)이 도착하기 이전에 상막(喪幕)을 설치하고, 상여나 관(棺)이 도착하면 상막의 아래에 상여나 관을 놓게 된다. 이때 시신을 묻을 광중(壙中, 묘지)을 기준으로 상여나 관을 놓지 말아야 할 방위가 있다. 따라서 상막을 설치할 때에는 미리 꺼리는 방위를 피해서 상막을 설치해야 한다. 이 방위는 매장하는 연과 일을 기준으로 정한다. 寅·午·戌 연·일에는 건방, 亥·卯·未 연·일에는 곤방, 申·子·辰 연·일에는 간방, 巳·酉·丑 연·일에는 손방이다.[112]

<표 6-18> 정상(停喪)을 꺼리는 방위

연·일	寅午戌	卯未亥	申子辰	巳酉丑
흉한 방위	건방 (乾方)	곤방 (坤方)	간방 (艮方)	손방 (巽方)

2) 예제

[문제] 2015년(乙未) 8월 9일(丁巳)에 상여와 관(棺)이 묘지에 도착했다. 상여와 관을 놓아서는 안 되는 방위는?

---

112) 『選擇紀要』 造葬類下 <停喪忌方> : "年日凶方, 寅午戌-乾方, 亥卯未-坤方, 申子辰-巽方, 巳酉丑-艮方."

《해설》 未년이므로 곤방(坤方)과 巳일이므로 손방(巽方)을 꺼린다. 24방위는 나경의 4층을 기준으로 정한다.

※ 보충설명 : 나경의 방위

나경의 4층(지반)에는 맨 아래의 중앙에서 우선하면서 임자계, 축간인, 갑묘을, 진손사, 병오정, 미곤신, 경유신, 술건해가 차례로 기록되어 있다. 사방(四方)에서 정북은 子, 정동은 卯, 정남은 午, 정서는 酉이다. 위에서의 곤방은 남방과 서방의 한 가운데에 해당하는 방위, 손방은 정동과 정남의 한 가운데에 해당하는 방위. 건방은 정서와 정북의 한 가운데에 해당하는 방위, 간방은 정북과 정동의 한 가운데에 해당하는 방위이다.

<그림 6-3> 나경의 24방위(제4층 지반)

※ **보충설명** : 합장(合葬) 및 제사에서의 남녀 위치

　"합장은 하나의 봉분 속에 한 구 이상의 시신을 묘혈(墓穴)에 같이 매장하는 형태이다. 대개의 경우 부부를 대상으로 하며, 그림과 같이 묘혈의 앞에서 묘혈을 바라보았을 때에 남자는 왼쪽에 매장하고 여자는 오른쪽에 매장한다."113) 이 원칙은 '생자이동위상, 사자이서위상(生者以東爲上, 死者以西爲上)' 즉 '산 사람은 동쪽이 상(上)이고 죽은이는 서쪽이 상'이라는 원칙 때문이다. 그리고 여러 형제의 봉분을 횡으로 조성할 때에, 가령 서쪽부터 백형(맏이), 중형(둘째), 숙형(셋째), 계형(넷째) 순으로 조성하면 된다. 이와 같은 원칙에는 음(陰)과 죽음을 뜻하는 서쪽으로 백형이 가장 먼저 갔기 때문에 가장 서쪽에 위치하고, 그 다음으로 중형, 숙형, 계형 순으로 매장하는 것이다.

　'사자이서위상' 원칙은 제사에서 신주(神主)를 모시거나 신주를 대체한 지방(紙榜)을 모실 때에도 동일하게 적용된다. 가령 서쪽부터 4대조, 3대조, 2대조, 부모 순으로 신주를 모시거나 지방을 설치하면 된다. 이때 부부의 경우에는 남자는 서쪽에 그리고 여자는 동쪽에 신주를 모시거나 지방을 써서 모셔야 한다. 가령 아버지(考)는 서쪽에 그리고 어머니(妣)는 동쪽에 모셔야 한다.

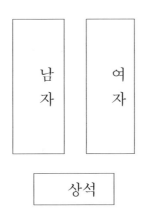

<그림 6-4> 합장에서의 남녀 위치

---

113) 한국고전용어사전 참조.

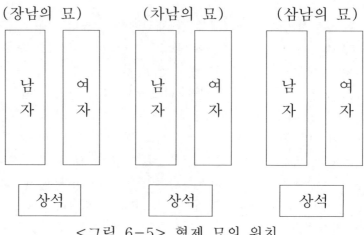

(장남의 묘)		(차남의 묘)		(삼남의 묘)	
남자	여자	남자	여자	남자	여자
상석		상석		상석	

<그림 6-5> 형제 묘의 위치

※ 보충설명 : 혼례·수연례에서의 남녀 위치

　혼례와 수연례 등에서는 생자이동위상(生者以東爲上) 곧 '산 사람은 동쪽이 상(上)' 원칙이 적용된다. 따라서 동쪽이 상석이고 서쪽이 하석이다. 혼례에서의 폐백이나 수연례에서 병풍을 등지고 동쪽에는 아버지 그리고 서쪽에는 어머니가 자리해야 한다. 즉 병풍의 위치와는 무관하게 병풍이 북방에 있는 것으로 본다.

　따라서 병풍을 등을 지고 남자는 병풍의 왼쪽 곧 동쪽에 앉고 여자는 병풍의 오른쪽 곧 서쪽에 앉는다. 예식장에서의 남녀 위치도 '생자이동위상' 원칙이 적용된다. 예식장 위치와는 무관하게 주례 선생님이 항상 북방을 등지고 서 있다고 본다. 신랑은 주례 선생님의 왼쪽 팔 쪽 곧 동쪽에 서고, 여자는 주례 선생님의 오른팔 쪽 곧 서쪽에 서야 한다. 하객의 위치도 동일한 원칙이 적용되어 신랑 하객은 동쪽, 신부 하객은 서쪽에 자리해야 한다.

---

5. 제주불복방(祭主不伏方)

1) 흉한 방위 피하기

　상여가 도착하면 영정이나 신주를 모시는 영좌(靈座)를 상막(喪幕)의 아래에 안치한 뒤에 이 영좌를 향해 제를 올리게 된다.

제주가 영좌를 향해 엎드려서는 안 되는 방위는 장일(葬日) 기준의 삼살방이다. 장사지내는 날을 기준으로 삼살방을 피해야 한다. 가령 축일(丑日)에는 寅·卯·辰 12지를 꺼린다.114) 이를 다시 해석하면 巳·酉·丑일에는 寅·卯·辰 동방, 申·子·辰일에는 巳·午·未 남방, 寅·午·戌일에는 亥·子·丑 북방, 亥·卯·未일에는 申·酉·戌 서방을 꺼린다. 이러한 방위는 패철이라고 불리는 나경을 이용하여 알 수 있다.

<표 6-19> 제주불복방

장일(葬日)	꺼리는 방위	장일(葬日)	꺼리는 방위
巳·酉·丑	寅卯辰	申·子·辰	巳午未
寅·午·戌	亥子丑	亥·卯·未	申酉戌

2) 예제

[문제] 2015년 8월 9일(丁巳)에 장지에서 유족이 절을 해서는 안 되는 방위는?

《해설》 매장일이 사일(巳日)이므로 동방을 향해서 절을 해서는 안 된다.

6. 매장 택일

1) 택일

(1) 마땅한 날

산(山) 곧 좌(坐)가 불리하더라도 사망한 날로부터 10일 안에 명폐대길일에 매장하면 해가 없다. 이때 방위와 연운(年運)을 불문하고 오로지 명폐일과 명폐대충일을 골라서 장사지내면 길하다.115) 이 날은 또한 명폐일의 대충일도 사용하는데 안장(安葬),

---

114) 『選擇紀要』造葬類下 <祭主不伏方>: "以葬日定三煞方避之. 如丑日忌寅卯辰地類."

제6장. 상례와 택일

빈소를 여는 계찬(啓欑), 매장지와 이장지에 묘소를 만들기 위해 풀을 베고 땅을 파는 파토(破土), 무덤에 잔디를 입히고 다듬는 사초(莎草)에서도 길일이다.116) '명폐대길일' 혹은 금계명·옥견폐(金鷄鳴·玉犬吠)라고도 부르는 명폐일은 甲·丙·庚·壬 천간은 子·午·寅·申 12지이고, 乙·丁·辛·癸 천간은 卯·酉와 巳·卯이다.117)

(2) 꺼리는 날

중일(重日)과 복일(復日)이 있다.118) 중일과 복일에는 거듭해서 상을 당한다는 뜻이 있다.

<표 6-20> 명폐일, 명폐대충일

甲	명폐일, 명폐대충일	乙	명폐일, 명폐대충일
甲	甲子, 甲午, 甲寅, 甲申	乙	乙卯, 乙酉, 乙巳, 乙未
丙	丙子, 丙午, 丙寅, 丙申	丁	丁卯, 丁酉, 丁巳, 丁未
庚	庚子, 庚午, 庚寅, 庚申	辛	辛卯, 辛酉, 辛巳, 辛卯
壬	壬子, 壬午, 壬寅, 壬申	癸	癸卯, 癸酉, 癸巳, 癸卯

<표 6-21> 중일, 복일

월건\신살	寅	卯	辰	巳	午	未	申	酉	戌	亥	子	丑
중일	巳亥	巳亥	巳亥	巳亥	巳亥	巳亥	巳亥	巳亥	巳亥	巳亥	巳亥	巳亥
복일	甲庚	乙辛	戊己	丙壬	丁癸	戊己	甲庚	乙辛	戊己	丙壬	丁癸	戊己

---

116) 『選擇紀要』造葬類下 <旬葬法>, "山値不利旬內葬之亦不爲害, 不問方向年運, 只擇鳴吠日葬之吉也."
116) 『選擇紀要』造葬類下 <鳴吠日>, "屛對日, 宜安葬, 啓欑, 破土, 莎草等事."
117) 『選擇紀要』造葬類下 <鳴吠日>, "甲丙庚壬干-子午寅申支, 乙丁己辛癸干-卯酉亦巳卯."
118) 『選擇紀要』造葬類下 <安葬造命定課>, "安葬·啓殯等事最忌重日復日."

2) 예제

[문제] 2015년(乙未年) 8월(甲申月)에 부친상을 당했다. 고인의 시신을 사망한 날로부터 10일 안에 안장하려고 한다. 마땅한 날은?

《해설》 8월 8일은 안장에서의 흉살이 없고 길신인 명폐일이므로 이날이 좋다.

[예제] 매장 택일

날짜				길신			흉살		
양력	음력	요일	일진	명폐일	명폐일 대충일	해당수	중일	복일	해당수
8/7	6/23	금	乙卯	√		1			0
8/8	6/24	토	丙辰			0			0

┌───┐
※ **보충설명** : 매장택일의 필요성

우리나라 속담에 "묘지 쓰고 3년 나기 어렵다."는 말이 있다. 이 말은 매장이나 이장을 잘못하거나 매장 및 이장 택일이 잘못되면 3년 안에 흉한 재액을 당하기 쉽다는 말이다. 이와 같았으므로 예로부터 길일을 가려서 상례를 해왔던 것이다. 현재 우리나라에서 일반적으로 행해지고 있는 상례 기간은 3일이지만 더러는 4일장을 하기도 한다. 상례 기간이 짧을수록 빨리 일상으로 돌아갈 수 있는 이점이 있기는 하지만 이보다 더욱 중시돼야 할 것은 길일에 매장하는 것이다. 대개 이장에 비해 매장은 별 탈이 없는 것으로 알려져 있다. 위에서 살펴본 바와 같이 명폐길일에만 매장하면 무난할 것이다. 만약 상을 당한지 3일째 되는 날이 매장 길일에 해당하지 않으면 4일장 혹은 5일장을 고려해 봐야 할 것이다.
└───┘

7. 하관(下官)

　하관은 시신을 광중(壙中) 곧 미리 파 두었던 땅속에 놓는 것
이다. 이때 하관하는 것을 보아서는 안 되는 사람이 있는데, 만
약 이를 어기면 액을 당한다고 한다. '상문살'을 맞는다는 것이
바로 이것인데 몸이 아프거나 헛것이 보이기도 하며 심할 경우
생명이 위험할 수도 있는데, 상주는 물론이고 문상객도 포함된
다.

1) 하관할 때 잠시 피해야 되는 사람

　정충과 동순충에 해당하는 사람은 파빈(破殯) 및 입관(入棺)과
하관(下棺) 하는 것을 보아서는 안 된다. 가령 ①갑자일에 하관
하면 ㉮갑오년과 ㉯경오년에 출생한 사람, ②계축일에 하관하면
기미년과 정미년에 출생한 사람, ③임자일에 하관하면 ㉮임오년
과 ㉯병오년에 출생한 사람이다.119)

　여기에서 ①의 ㉮는 일간은 동일하고 일지는 충을 하는 띠이고
㉯는 일간과 일지가 모두 충을 하고, ②는 일간과 일지가 모두
충을 하며, ③의 ㉮는 일간은 동일하고 일지는 충을 하고 ㉯는
일간과 일지가 모두 충을 하는 것이다. 이것을 다시 정리하면 다
음과 같다.

---

119) 『選擇紀要』 造葬類下 <所忌生>, "下官時少避, 如甲子日忌甲午庚午, 癸
　　丑日忌己未生·丁未生, 壬子日忌壬午·丙午生之類."

(1) 정충(正沖)에 해당하는 사람

① 장사를 치르는 날의 일진과 천간은 같고 지지가 충이 되는 띠는 하관하는 것을 보아서는 안 된다.

② 예제

[예제 1] 甲子일에 장사: 甲子에서의 천간인 甲은 그대로 쓰고 지지인 子와 충이 되는 甲午년에 출생한 띠는 안 된다.

[예제 2] 癸丑일에 장사: 癸未년에 출생한 사람은 안 된다.

[예제 3] 壬子일에 장사: 壬午년에 출생한 사람은 안 된다.

(2) 동순충(同旬沖)에 해당하는 사람

① 장사를 치르는 날의 일진과 천간과 지지가 모두 충이 되는 띠는 안 된다.

② 예제

[예제 1] 甲子일에 장사: 甲과의 천간 충은 庚이고 지지 충은 午이다.

[예제 2] 癸丑일에 장사: 癸丑과의 천간 충은 己이고 지지 충은 未이다.

[예제 3] 壬子일에 장사: 壬子와의 천간 충은 丙이고 지지 충은 午이다.

2) 예제

[문제] 2015년 8월 9일(丁巳日)에 하관한다. 하관 때 하관하는 것을 보아서는 안 되는 사람은?

《해설》 丁亥년과 癸亥년에 출생한 사람은 안 된다.

① 정충(正沖)에 해당하는 사람

장사를 치르는 날의 일진과 천간은 같고 지지가 충이 되는 띠는 하관하는 것을 보아서는 안 된다. 따라서 丁亥년에 출생한 사람은 안 된다.

② 동순충(同旬沖)에 해당하는 사람

장사를 치르는 날의 일진과 천간과 지지가 모두 충이 되는 띠
는 안 된다. 따라서 癸亥년에 출생한 사람은 안 된다.

※ 보충설명 : 10간과 12지의 충(冲)

10간과 12지는 충을 한다. 10간에서는 갑과 경, 을과 신, 병과 임, 정과 계, 무와 갑, 기와 을이 서로 충을 한다. 12지에서는 자와 오, 축과 미, 인과 신, 묘와 유, 진과 술, 사와 해가 서로 충을 한다.

<표 6-22> 간지의 충

10간의 충	甲	乙	丙	丁	戊	己
	庚	辛	壬	癸	甲	乙
12지의 충	子	丑	寅	卯	辰	巳
	午	未	申	酉	戌	亥

※ 보충설명 : 열 두 띠와 12지

한국인은 모두 열두 띠 중의 어느 하나에 해당하고 한자로는 <표 6-23>에서와 같이 표기한다. 가령 쥐띠이면 '子', 돼지띠이면 '亥'이다.

<표 6-23> 12생초(十二生肖)

12지	子	丑	寅	卯	辰	巳	午	未	申	酉	戌	亥
12생초	쥐	소	범	토끼	용	뱀	말	양	원숭이	닭	개	돼지

※ 보충설명 : 출생연도와 그에 따른 간지

<표 6-24>는 출생한 연도의 간지이다. 가령 1947년에 출생한 사람의 간지는 丁亥이고 2016년에는 70세이다.

\<표 6-24\> 출생한 연도의 간지와 나이
(2016년 2월 4일~1917년 2월 3일)

연도	띠	나이	연도	띠	나이
2016	丙申	1	1991	辛未	26
2015	乙未	2	1990	庚午	27
2014	甲午	3	1989	己巳	28
2013	癸巳	4	1988	戊辰	29
2012	壬辰	5	1987	丁卯	30
2011	辛卯	6	1986	丙寅	31
2010	庚寅	7	1985	乙丑	32
2009	己丑	8	1984	甲子	33
2008	戊子	9	1983	癸亥	34
2007	丁亥	10	1982	壬戌	35
2006	丙戌	11	1981	辛酉	36
2005	乙酉	12	1980	庚申	37
2004	甲申	13	1979	己未	38
2003	癸未	14	1978	戊午	39
2002	壬午	15	1977	丁巳	40
2001	辛巳	16	1976	丙辰	41
2000	庚辰	17	1975	乙卯	42
1999	己卯	18	1974	甲寅	43
1998	戊寅	19	1973	癸丑	44
1997	丁丑	20	1972	壬子	45
1996	丙子	21	1971	辛亥	46
1995	乙亥	22	1970	庚戌	47
1994	甲戌	23	1969	己酉	48

제6장. 상례와 택일

연도	띠	나이	연도	띠	나이
1993	癸酉	24	1968	戊申	49
1992	壬申	25	1967	丁未	50

연도	띠	나이	연도	띠	나이
1966	丙午	51	1941	辛巳	76
1965	乙巳	52	1940	庚辰	77
1964	甲辰	53	1939	己卯	78
1963	癸卯	54	1938	戊寅	79
1962	壬寅	55	1937	丁丑	80
1961	辛丑	56	1936	丙子	81
1960	庚子	57	1935	乙亥	82
1959	己亥	57	1934	甲戌	83
1958	戊戌	59	1933	癸酉	84
1957	丁酉	60	1932	壬申	85
1956	丙申	61	1931	辛未	86
1955	乙未	62	1930	庚午	87
1954	甲午	63	1929	己巳	88
1953	癸巳	64	1928	戊辰	89
1952	壬辰	65	1927	丁卯	90
1951	辛卯	66	1926	丙寅	91
1950	庚寅	67	1925	乙丑	92
1949	己丑	68	1924	甲子	93
1948	戊子	69	1923	癸亥	94
1947	丁亥	70	1922	壬戌	95
1946	丙戌	71	1921	辛酉	96
1945	乙酉	72	1920	庚申	97

1944	甲申	73	1919	己未	98
1943	癸未	74	1918	戊午	99
1942	壬午	75	1917	丁巳	100

3) 하관 길시

하관은 길시에 해야 한다. 길시를 선택하는 방법에는 육임신장살몰시간과 황도시가 있다. 두 가지에 해당하면 하관에 더욱 길하다.

4) 하관 뒤의 취토 길방

취토는 하관 한 뒤에 맏상주의 상복에 생지에 있는 흙을 받아서 맏상주가 광중의 시신 두부에 한번, 복부에 한번, 하부에 한번 놓는 것이다. 대개의 경우 상주가 생지에 있는 흙을 삽으로 세 번 떠서 세 부위에 차례로 놓는다. 하관한 뒤에 생지(生地) 방위에 있는 흙을 취해서 시신을 덮어야 한다. 생지에 있는 흙을 취하는 길한 방위는 월건을 기준한다. 정월에는 丙壬, 이월에는 甲庚, 진월에는 丙壬, 사월에는 甲庚, 오월에는 丙壬, 미월에는 甲庚, 신월에는 丙壬, 유월에는 甲庚, 술월에는 丙壬, 해월에는 甲庚, 자월에는 丙壬, 축월에는 甲庚이다.[120]

<표 6-25> 생지(生地) 취토 방위

월건	寅·辰·午·申·戌·子	卯·巳·未·酉·亥·丑
길방	丙·壬 (정남과 정북에 가까운 방위)	甲·庚 (정동과 정서에 가까운 방위)

---

120) 『選擇紀要』造葬類下 <取土吉方>, "月家凶神, 正丙壬, 二甲庚, 辰丙壬, 巳甲庚, 午丙壬, 未甲庚, 申丙壬, 酉甲庚, 戌丙壬, 亥甲庚, 子丙壬, 丑甲庚."

<표 6-25>에서 병은 정남에 가깝고 임은 정북에 가깝다. 그리고 갑은 정동에 가깝고 경은 정서에 가깝다.

[문제] 2015년(乙未) 8월(甲申)에 하관한 뒤에 생지 방위에 있는 흙을 취해서 시신을 덮고자 한다. 어느 방위에 있는 흙이 생지인가?

《해설》 월건이 申이므로 丙과 壬 방위에 있는 흙을 취해서 시신의 위, 중간, 아래에 보자기를 펼치듯이 덮으면 된다.

8. 장사(葬事) 이후의 제례와 제례택일

장사를 지낸 후 송나라 사람 주희의 『주자가례』와 조선후기의 학자 이재의 『사례편람』에 수록되어 있는 제사의 종류와 순서는 다음과 같다. "초우제는 매장 당일에 지내고, (초우제 이후의 첫) 유일(柔日,子卯午酉)에 재우제를 지내며, (재우제의 이튿날) 강일(剛日,寅巳申亥)에 삼우제를 지내고, 삼우제 이후의 강일에 졸곡제를 지내고, 졸곡의 이튿날 부제를 지내고, (사망한지) 한 돌이 되면 소상제를 지내고, 두 돌이 되면 대상제를 지내고, 대상 후 중월에 담제를 지낸다.121) 길제는 담제의 다음 날에 날을 정한다. 다음 달 세 순에서 각기 하루를 택하되 정일(丁日)이나 해일(亥日)을 택한다."122)

이상에서 살펴본 바와 같이, 예전에 우리 조상들이 해 오던 상례는 장사를 마쳤다고 해서 모든 것이 끝난 것이 아니었다. 망자의 혼을 달래고 그를 추모하는 예(禮) 정신이 약 3년간 지속되었던 것이 바로 우리 조상들이 해 왔던 상례였던 것이다. 위 글에서의 '우제'는 망자의 혼령을 위로하기 위해서 지내는 제사로서 우제에서의 '우(虞)'는 편안하다는 뜻이다. 주인 곧 맏상주 이

---

121) 朱子, 『家禮』 <喪禮>, "虞祭, 葬之日, 日中. 遇柔日, 再虞. 遇剛日, 三虞. 三虞後, 遇剛日, 卒哭. 卒哭明日而祔. 期而小祥, 再期而大祥, 大祥之後, 仲月而禫."

122) 도암 이재 원저, 국역 『사례편람』, 명문당, 2003, 180쪽.

하 모두 목욕한 뒤에 우제를 지내는데 만약 날이 저물어서 씻을 겨를이 없으면 간단하게 씻어도 된다.

1) 장사 이후의 제례택일
우제에서 길제까지의 제례와 택일은 아래와 같다.

① 우제(虞祭)

 ㉮ 초우제(初虞祭) : 장사를 치르는 날에 지내는 제사

 ㉯ 재우제(再虞祭) : 장사를 치른 뒤 첫 유일(乙·丁·己·辛·癸)에 지내는 제사

 ㉰ 삼우제(三虞祭) : 재우제를 치른 뒤 첫 강일(甲·丙·戊·庚·壬)에 지내는 제사

② 졸곡(卒哭) : 삼우제를 올린 뒤의 첫 강일에 지내는 제사

 예전에는 3개월 만에 장사를 치렀으므로 장사 3개월 뒤의 강일에 지냈다.

③ 부제(祔祭) : 졸곡을 한 그 다음 날에 지내는 제사

 망인의 신주를 조상의 신주 곁에 모시는 제사로서 부제(祔祭)에서의 '부(祔)'는 합사(合祀)한다는 뜻이다.

④ 소상(小祥) : 사망한 지 첫 돌에 지내는 제사

⑤ 대상(大祥) : 사망한 지 두 돌에 지내는 제사

⑥ 담제(禫祭) : 대상 후 중월(仲月: 子·午·卯·酉월)에 지내는 제사

 한 달을 사이하는 데 초상부터 이때까지 윤달은 계산에 넣지 않고 모두 27개월이다. 한 달 전의 하순에 날을 정하는데, 다음 달 삼순의 각각 하루를 혹은 정일(丁日)이나 해일(亥日)로 택한다. 담제에서의 '담(禫)'은 담담하고 평안하다는 뜻이다.

⑦ 길제(吉祭) : 담제 후 다음 달의 정일(丁日)이나 해일(亥日)에 지내는 제사 '길복(吉服)'이라 해서 평상시의 옷을 준비하여 입는데, 길제가 지나면 부인과 동침할 수 있다. 『사례편람』에서는 담제의 다음 달 세 순에서 하루를 택하되 정일(丁日)이나 해일(亥日)을 택한다. 담제가 중월에 있었으면 그 달 안에 날을 정한다고 하였다.

그 순서는 우제 → 졸곡 → 부제 → 소상 → 대상 → 담제 → 길제이다. 우제에서 길제까지의 기간이 약 3년이다. 우리 조상들이 해오던 이 '3년 상'은 바로 우제에서 길제까지의 추모 기간을 뜻한다. 길제가 끝나야 상기를 마친 것이며 이때서야 비로소 평상인으로 돌아가서 일상의 업무를 보았다. 현대에서는 이 제례가 대폭 간소화되었다.

 2) 예제

[문제] 2015년(乙未) 8월 9일(丁巳)에 장사를 치렀다. 초우제, 재우제, 삼우제, 졸곡을 지내려고 한다. 각각의 날짜는?

《해설》 ① 초우제 : 8월 9일(丁巳)

　 장사를 치르는 날에 지낸다.

② 재우제 : 8월 11일(己未)

　 장사를 치른 뒤 첫 유일(乙·丁·己·辛·癸)에 지낸다.

③ 삼우제 : 8월 12일(庚申)

　 재우제를 치른 뒤 첫 강일(甲·丙·戊·庚·壬)에 지낸다.

④ 졸곡제 : 8월 14일(壬戌)

　 삼우제를 올린 뒤의 첫 강일에 지낸다.

[문제] 2015년(乙未) 음력 6월 23일(양력 8월 7일)에 아버지께서 사망했다. 매장 후에 소상, 대상, 담제, 길제를 지내려고 한다. 각각의 날짜는?

《해설》 ① 소상 : 2016년 음력 6월 23일(7월 26일).

　 사망한 지 첫 돌에 지낸다.

② 대상 : 2017년 음력 6월 23일(8월 14일).

　 사망한 지 두 돌에 지낸다.

③ 담제 : 2017년 음력 10월 26일(壬子월 12월 14일, 乙亥일) 혹은 10월 28일(12월 16일, 丁酉) 중에서 하루를 선택하면 된다.

사망한지 27개월째가 되는 중월은 자월(子月)이 된다. 자월의 해일은 음력 10월 26일이고, 정일은 10월 28일이다.

④ 길제 : 2018년 음력 11월 19일(양력 1월 5일, 丁酉) 혹은 음력 11월 21일(양력 1월 7일, 己亥).

담제를 2017년 음력 10월 26일(壬子월, 12월 14일, 乙亥일)에 지냈다고 가정한다. 길제는 담제 후 다음 달의 정일(丁日)이나 해일(亥日)에 지내는 제사이다. 따라서 2018년 음력 11월 19일(양력 1월 5일), 丁酉) 혹은 음력 11월 21일(양력 1월 7일, 己亥) 중에서 하루를 선택해서 지내면 된다.

※ 보충설명 : 장례식장? 상례식장?

전국 어느 지역에나 '장례식장'이 산재해 있다. 그런데 '장례식장'이 바른 표현일까? 아니면 '상례식장'이 바른 표현일까? 장례와 상례의 정의에 대해 국어사전을 통해 알아본다. 장례를 포털 싸이트인 네이버와 다음의 국어사전에서는 '장사를 지내는 일 또는 그런 예식'으로 정의하고 있다. 네이버의 국어사전에서는 장례식장을 '장례 의식을 치르는 장소'로 정의하고 있다.

상례에 대해 다음에서는 '상중에 행하는 모든 예절'로 정의하고 있다. 장례는 '매장에 관한 예'이고 상례는 '상을 당한 이후의 모든 예'이다. 송나라 주희의 『가례』와 조선후기 실학자인 이재의 『사례편람』에서는 상례의 범위를 상을 당한 이후로부터 소상과 대상은 물론이고 길제까지로 정의하고 있다. 장례식장에서 하는 일은 매장에 관한 업무만이 아니라 대렴과 파빈 그리고 발인에서 매장까지 업무를 보고 있으므로 '상례식장'으로 고치는 것이 적절하다고 할 수 있다.

□ 『조선왕조실록』에서의 상례택일 기록

1890년 『고종실록』에 산릉조성 절차를 택일한 것을 고종 황제에게 아뢰는 기사에 발인하는 시간, 행상을 꺼리는 방위, 정상을 꺼리는 방위, 하관할 때 잠시 피해야 되는 띠, 묘소에서 제주가 엎드려서는(절을 해서는) 안 되는 방위, 매장 후에 취토해야 되는 방위에 관한 기록이 보인다.123) 이러한 예(禮)에서의 택일은 『선택기요』의 이론과 동일하다. 아래에서 구체적으로 설명한다.

"외재궁(外梓宮)을 배진(陪進)하는 것은 같은 달(8월) 19일 병진(丙辰) 손시이다. 외재궁을 내리는 것은 같은 달(8월) 20일 정사(丁巳) 진시(辰時)이다. 찬궁(欑宮)을 여는 것은 같은 달(8월) 같은 날(20일, 丁巳) 미시(未時)로 먼저 동방(東方)을 열고 주당(周堂)을 비운다."

① "발인(發引)은 같은 달(8월) 28일 을축(乙丑)이다. 【인시(寅時) 또는 묘시(卯時)이다.】 "

【해설】『선택기요』에서 발인은 황도시를 적용한다. 乙丑일의 황도시는 戌·亥·巳·寅·申·卯이다. 이중에서 인시(寅時)와 묘시(卯)에 발인한다.

② "행상(行喪)을 꺼리는 방위는 갑방(甲方)이다."

【해설】『선택기요』에서 경인년(庚寅年)에 행상을 꺼리는 방위는 갑방(甲方)이다. 그리고 음력 8월 28일은 양력으로 10월 11일(乙卯)이고 월건은 임술월(壬戌月)인데 술월에 행상을 꺼리는 방위 또한 갑방이다.

③ "성빈(成殯)하고 대여(大轝)가 능소(陵所)에 도착한 후, 때맞춰 정상(停喪)할 때에 꺼리는 방향은 건방(乾方)이다."

【해설】『선택기요』에서 庚寅년에 정상을 꺼리는 방위는 건방(乾方)이다.

"능소(陵所)에서 찬궁(欑宮)124)을 여는 것은 같은 달 같은 날 해시(亥時)로, 먼저 방을 연다. 진발(進發)하여 찬궁을 연 후, 때맞춰 따라. 현궁(玄宮)을 내리는 것은 같은 달 29일 병인일(丙寅日) 묘시(卯時)이다. 적호살(的呼煞)은 병오생(1846)이다."

---

123) 『고종실록』권27, 1890년(庚寅) 5월 1일(己巳) 5번째 기사.
124) 찬궁(欑宮) : 널(관)을 담아두는 가옥 모양의 구조물.

④ "정충살(正冲煞)은 병신생(1836), 동순충살(同旬冲煞)은 임신생(1872)이다.【이상은 현궁(玄宮) 때에 잠시 피한다.】"

【해설】 현궁은 광중(壙中) 곧 시신이 들어가는 구덩이이다. 『선택기요』에서의 하관은 하관하는 날의 일진을 기준으로 정충살과 동순충살을 논하고 있다. 광중에 시신을 놓은 날의 일진이 병인(丙寅)이라고 했으므로 丙寅의 정충살은 병신년(丙申年)에 출생한 사람이고 동순충살은 임신년(壬申年)에 출생한 사람이다.

⑤ "제주(祭主)가 불복(不服)하는 방위는 해방(亥方)·자방(子方)·축방(丑方)이다."

【해설】 『선택기요』에서 제주가 절을 하면 안 되는 방위는 하관을 하는 날의 일진을 기준으로 논하고 있다. 매장일이 丙寅일이므로 제주불복방은 해·자·축(亥·子·丑) 북방이다.

⑥ "취토(取土)할 길방(吉方)은 병방(丙方)·임방(壬方)이다."

【해설】 『선택기요』에서 취토 길방은 양월(자·인·진·오·신·술)과 음월(축·묘·사·미·유·해)로 나눠서 설명하고 있다. 양년에 매장하므로 병(丙)과 임(壬) 방위에서 취토하면 된다. 병과 임이 각각 정남과 정북에 가까우므로 이 방위에서 취하면 된다.

□ 고 김영삼 대통령의 장례와 택일

김영삼 전 대통령이 2015년 11월 20일(을미년 정해월 경자일) 새벽에 서거했다. 장례는 국장으로 치르며 장례 기간은 22일(壬寅)에서 26일(丙午)까지의 5일장이다. 11월 26일 오전에 빈소가 있는 서울대병원에서 발인을 마친 뒤에 오후 1시 25분경에 출발 → 오후 2시에 국회의사당에 도착, 발인제 → 상도동 사저에 들렀다가 → 서울시 동작구 국립서울현충원 장군제3묘역 우측능선에 안장된다. 『선택기요』 <상례>에 수록되어 있는 이론으로 상례에서의 주요 택일을 하면 다음과 같다.

<그림 6-6> 김영삼 대통령의 영정

1. 파빈 시간

파빈은 빈소를 여는 것이다. 파빈 시간은 황도시가 좋다. 이 날의 일진이 병오이므로 황도시는 신시, 유시, 묘시, 자시, 오시, 축시이다. 이중에서 낮 시간인 묘시(卯時: 05:19~07:19)와 오시(午時, 11:19~13:19)가 좋다. 아마도 파빈을 오시(午時)에 했을 것이다. 이때 파빈하는 것을 보아서는 안 되는 사람은 이날의 일진인 丙午와의 천간은 같고 지지가 충이 되는 丙子년에 출생한 사람과, 丙午와의 천간과 지지가 모두 충이 되는 壬子년에 출생한 사람이다.

2. 발인제에서 유족이 절을 해서는 안 되는 방위

제주를 비롯한 유족이 절을 해서는 안 되는 방위는 일지 기준의 삼살방이다. 일지가 丙午이므로 午의 삼살인 북쪽을 향해 절을 해서는 안 된다. 따라서 관(棺) 즉 널을 유족을 기준으로 북방에 두어서는 안 된다.

3. 하관(下官)하는 날짜는 길일이다.

하관은 관을 광중 곧 혈(穴)에 놓는 것인데 곧 매장일에 한다. 하관은 <표 6-20>에서와 같이, 하관을 하는 병오일이 명폐일과 명폐일의 대충일에 해당하기 때문에 길일이다.

4. 하관에서 피해야 할 사람, 취토(取土) 방위

하관은 황도시와 육임신장살몰시간을 쓴다. 병오일의 황도시는 신시·유시·묘시·자시·오시·축시이고, 육임신장살몰시간은 진시와 인시이다. 하관을 오후 5

시 19분에 했으므로 미시(未時, 13:19~15:19)에 한 것이고 따라서 길시인 황도시와 육임신장살몰시간에 한 것은 아니다. 하관하는 것을 보아서는 안 되는 사람은 파빈에서와 같다. 즉 이날의 일진인 丙午와 천간은 같고 지지가 충이 되는 丙子년(1936)에 출생한 사람 및 丙午와 천간지지가 모두 충이 되는 壬子년(1972년)에 출생한 사람은 안 된다.

5. 취토(取土) 방위

취토는 하관을 한 뒤에 생지에 있는 흙을 삽으로 떠서 첫 삽은 머리, 둘째 삽은 가슴, 셋째 삽은 하체에 복토(覆土, 復土)한다. 매장하는 날이 음(陰)의 월건인 정해(丁亥)이므로 나경의 24방위 중 갑(甲)과 경(庚) 방위에 있는 흙을 취해서 덮으면 되는데, 이 이론은 <표 6-25>를 참조하면 된다. 이후에 봉분을 조성하면 된다.

6. 우제(虞祭)

우제에는 초우제, 재우제, 삼우제가 있다. 초우제는 장사를 치르는 날에 지내는 제사, 재우제는 장사를 치른 뒤 첫 유일(乙·丁·己·辛·癸)에 지내는 제사, 삼우제는 재우제를 치른 뒤 첫 강일(甲·丙·戊·庚·壬)에 지내는 제사이다. 따라서 초우제는 26일(丙午), 제우제는 27일(丁未), 삼우제(戊申)는 28일에 지내면 된다.

♣ **매장과 이장에서의 주의사항**

첫째. 후손의 발복을 위한 매장과 이장을 해서는 안 된다. 효의 정신에 어긋나기 때문이다. 매장과 이장은 오로지 망자를 위한 예(禮)이어야 한다.

[답변] 망인의 안위(安位)를 위하는 것이 당연하지만, 굳이 후손 발복을 외면할 필요는 없다. 조상님을 잘 모시는 것은 '장자승생기야(葬者乘生氣也.)' 즉 장사는 생기에 의지해야 한다는 범주를 벗어날 수가 없는 것이 풍수설의 근간으로 이해하기 때문이다.

따라서 한계를 나눌 필요는 없다.

둘째. 시신을 묻기 위해 광중(壙中, 穴)을 조성할 때 포클레인으로 땅을 파지 말고 삽과 괭이를 이용해서 조심스럽게 파야 한다. 만약 중장비로 땅을 파면 지기가 날아가고 또한 고인의 체백이 영면하지 못하기 때문이다.

[답변] 원론적인 면에서 백번 옳다. 그러나 작업의 능률을 고려하지 않을 수 없기에 장비와 수 작업을 병행해서 효과적으로 진행하는 것이 편리하다. 지관은 이 부분을 잘 이용하는 지략이 필요하다.

셋째. 비가 광중으로 들어가는 것을 방지하기 위해 봉분의 크기는 적당해야 한다.

[답변] 일반적으로 봉분의 크기는 9자는 적고, 12자 ~14자 정도이면 적당하다. 호남지방에서는 보통 9자 봉분을 조성하는데 좀 적은 편이다. 본인은 쌍봉이라면 10자 봉분, 합장이라면 12자~14자 봉분을 조성하였다.

넷째. 봉분을 조성하기 위해 묘소 주변의 땅을 파헤쳐서는 안 된다. 그 이유는 땅이 놀라고 지기가 흩어지기 때문이다.

[답변] 최근 포클레인 기사들의 십중팔구는 천광(穿壙) 주변의 땅을 파서 사용하고 또한 주변 흙을 당겨서 메우곤 한다. 지기가 파쇄되는 아주 흉한 작업 방법이므로 절대로 그렇게 해서는 안 된다.125)

---

125) [답변]은 전라도 지역에서 활동하고 계신 이재남 선생님의 글이다.

제7장
제례 및 묘지수리 택일

<그림 7-1> 사당(해풍부원군 윤택영)126)
※ 좌측에 보이는 건물이 사당. 평지보다 조금 높은 본채의
동쪽에 위치

고대 유가 5대 경전의 하나인 『예기』에서, "효자가 어버이를
섬기는 세 가지 도리가 있으니 어버이가 살아계실 때에는 봉양
하고, 돌아가시면 상례를 행하며, 상(喪)이 끝나면 제사를 지내
야 한다. 봉양할 때에는 그 도에 따르는 것을 보고, 상례 때에는

---

126) 자료: 남산골 한옥마을.

그 슬픔을 보고, 제사지낼 때에는 공경함과 그 때에 맞추어 정성을 다하는가를 보나니, 이 세 가지 도리를 다하는 것이 효자의 행실"[127]이라고 하였다.

조선시대에는 기제사를 모시는 대상이 법으로 정해졌다. 조선 전기의 법전 『경국대전』 규정에 의하면 3품 이상의 관직자는 4대 조상인 고조부모님께 제사지내고, 6품 이상의 관직자는 3대 조상인 증조부모님께 제사지내며, 선비(士)는 2대인 조부모님께 제사지내고, 일반 서민은 1대인 부모님께만 제사지낸다. 제사는 효 정신을 계승한 것이다. 예전의 우리 조상들은 집안의 사당에 모셔져 있는 조상님께 이른 아침에 문안을 올리고, 출행을 할 때마다 이를 고하며, 사시사철 새로운 곡식을 수확하면 수확물을 바치면서 감사의 예를 올렸다. 이와 같은 제례의 가장 큰 의미는 효(孝) 정신의 계승에 있다고 할 수 있다.

기제사는 자기 근본에 대해 은혜를 갚는 예 곧 '보본지례(報本之禮)'이다. 이 세상의 모든 사람은 조상과 부모로부터 태어났기 때문에 기제사는 자기근본에 대해 은혜를 갚는 예이자 또한 조상님과 부모님에 대한 효행이라고 할 수 있다. 이와 같으므로 기제사야말로 그 뜻을 깊이 새겨서 거행해야 할 것이다. 그리고 조상과 부모님을 위한 제사를 지낼 때에는 살아 계실 때와 같이 해야 한다. 제사에서의 마음가짐에 대해 공자(B.C.551~B.C.479)는 "조상께 제를 올릴 때에는 앞에 계시는 듯이 하고, 신에게 제를 올릴 때에는 마치 신령이 앞에 있는 것과 같이 한다.[128]고 하였다.

그리고 맹자(B.C.372~B.C.289)는 "죽은 이 섬기기를 살아있는 듯 섬기며, 없는 이 섬기기를 있는 이 섬기 듯 하는 것이 효의

---

127) 朱彬 撰, ≪禮記訓纂≫ <祭統第二十五>, "是故孝子之事親也, 有三道焉, 生則養, 沒則喪, 喪畢則祭. 養則觀其順也, 喪則觀其哀也, 祭則觀其敬而時也. 盡此三道者, 孝子之行也." 1996年 北京 中華書局, 饒欽農 點校 排印本.
128) 『論語』 八佾第三, "祭如在 祭神如神在."

지극함"129)이라고 하였다. 최근 기제사를 사찰에 맡겨서 제사를 지내는가 하면, 설·추석에 외국 여행지에서 명절제사를 지내는 경우가 부쩍 늘어났다. 불가피한 사정이 있을 경우에는 어쩔 수 없겠지만 부모님과 조상에 대한 은혜를 생각할 때 기제사는 반드시 본가에서 정성을 다해 모셔야 할 것이다. 다소의 불편이 있더라도 옳은 것은 계승해야 할 것이다.

송나라 유학자 주희(1130~1200)가 저술한 『주자가례』 권5 제례편에는 네 계절에 제사 지내는 사시제(四時祭), 시조에게 제사 지내는 초조(初祖), 선조에게 제사 지내는 선조(先祖), 아버지에게 제사 지내는 녜(禰), 기일에 제사 지내는 기일(忌日), 묘소에서 제사 지내는 묘제(墓祭) 순으로 기술되어 있다. 그리고 조선후기 이재가 편찬한 『사례편람』 권8 제례에는 사당, 시제, 이제, 기일, 묘제 순으로 기술되어 있다.

<표 7-1> 『주자가례』·『사례편람』에서의 제례의 종류

『주자가례』	초조	선조	사시제	묘제	기일	녜
『사례편람』	사당	·	시제	묘제	기일	녜제

<표 7-1>에서와 같이 『사례편람』에는 『주자가례』에 수록되어 있던 초조와 선조가 빠져 있음을 알 수 있다. 이들 제례 중 본 장에서는 현대에서 널리 행하고 있는 기제사의 예 택일을 중심으로 살펴본다.

1. 예서(禮書)에서의 제례의 종류

『주자가례』 권5 제례편에는 여러 가지 종류의 제례가 수록되어 있다. 여기에는 시조에게 제사 지내는 초조(初祖)를 비롯하

---

129) 『中庸』 第十九章, "事死如事生, 事亡如事存, 孝之至也."

여, 네 계절에 제사 지내는 사시제(四時祭), 선조에게 제사 지내는 선조(先祖), 부모님께 제사 지내는 이제(禰祭), 묘소에서 제사 지내는 묘제(墓祭) 등이 수록되어 있다 여기에서는 제사 대상에 따른 제사를 지내는 장소와 날짜를 간략하게 기술하되 초조와 선조는 『주자가례』, 그리고 사시제·묘제·이제는 『사례편람』에 기록되어 있는 이론을 기술한다.

'초조' 제사 대상은 시조인데, 시조를 잇는 종자(宗子)가 동짓날 사당에서 제례를 행한다. '선조' 제사 대상은 초조 이하 고조 이상이고, 고조(高祖)를 잇는 종자가 입춘날 사당에서 제례를 행한다. '사시제' 제사 대상은 4대 이내의 조상이고, 사당에서 제례를 행한다. '묘제' 제사 대상은 5대 이상이고 제례를 행하는 장소는 묘지이다. '이제' 제사 대상은 부모이고, 제례를 행하는 장소는 사당이다. '사당제' 제사 대상은 4대조 이내의 조상이고, 제례를 행하는 장소는 사당이며, 매일의 새벽에 행한다.

<표 7-2> 제례를 행하는 날짜

종류 \ 시기	택일하는 시기	제사지내는 시기	장소	관행	대상
사시제	인월·사월·신월·해월(寅月·巳月·申月·亥月)	묘월·오월·유월·자월(卯月·午月·酉月·子月)의 정일(丁日) 혹은 해일(亥日)	사당	·	4대 이내
기제사	·	기일(돌아가신 날)	대청 혹 정갈한 방	기일	4대 이내
묘제	3월 상순	3월 상순	산소	10월 초순 ~ 중순	5대 이상
이제	8월 하순	9월	사당	9월	부모
차례	·	설, 추석, 동지, 대보름날, 한식, 단오, 칠석, 중양절 (음력 9월 9일).	대청 혹 정갈한 방	설, 추석	4대 이내
사당제	매일	매일	사당	매일	4대 이내

사시제는 1년에 네 번 지내는 제례로서 제사를 지내는 월일은 중월 곧 묘월·오월·유월·자월(卯月·午月·酉月·子月)의 정일(丁日)이나 해일(亥日)이고 앞 달의 하순에 택일한다. 그리고 기제사는 제사 대상자가 사망한 날에 지낸다. 묘제는 3월 상순에 택일해서 지내게 되어 있지만 실제 관행으로는 음력 10월 초순에서 중순 사이에 주로 지낸다. 이제는 계추 곧 9월에 부모님께 제사를 지내되 한 달 전인 8월 하순에 택일하지만 현대에서는 거의 하지 않고 있는 제사이다. 이외에도 주요 명절에 지내는 제사가 있는데 널리 행하고 있는 제사로는 설과 추석 그리고 음력 9월 9일 중양절에 지내는 제사가 있다.

위의 제사들 중에서 제를 올리는 주인(主人)을 기준으로 4대조 이상의 조상님께 지내는 제사로는 묘제가 있고, 4대조 이내의 조상님께 제사로는 기제사와 사시제가 있으며, 1대 곧 부모님께 지내는 제사로는 이제(禰祭)가 있다. 제례를 행하는 때와 날짜는 <표 7-2>와 같다.

2. 기제사
1) 기제사의 의미

기제사를 '기제' 또는 '기일제'라고도 한다. 현재 우리나라에서 가장 널리 행해지고 있는 제사가 바로 기제사이다. 기제사는 대개 4대조까지의 기일(忌日)에 지내는데, 여기에서의 기일이란 주인(主人) 즉 제주를 기준해서 고조까지의 조상을 포함하는 친속이 사망한 날을 뜻한다. 이 날에는 제사 외의 다른 일하기를 꺼리므로 '기일(忌日)' 혹은 '휘일(諱日)'이라고도 한다.

'기(忌)'는 본래 금한다는 뜻으로서 근심에 싸여 마음이 다른 일에 미치지 않는다는 의미에서 사용하였으며, '휘(諱)'는 본래 피한다는 뜻으로서 기(忌)와 비슷한 뜻을 지니고 있다. 위에서 기일의 뜻을 알아보았듯이 우리나라에서는 '4대봉사'하는 것을 이상으로 여겼다. 비록 기제의 뜻이 이러하지만 4대를 제사지내는 것은 고례에 비추어보면 지나친 예라고도 할 수 있다. 고례에 의하면 천자가 7대, 제후가 5대, 대부가 3대, 사(士)는 1대를 제사지내도록 했기 때문이다.

이 고례의 규정은 송대에 이미 지켜지지 않았다. 어떤 사람이 주자(朱子)에게 사(士)로서 4대봉사가 참례가 아닌가를 물은 적이 있다. 이에 대하여 주자는 "고대에는 조상의 사당을 위(位)마다 따로 두었던 것이나 지금은 한 사당 안에 위패만 모시니 4대를 제사지내도 상관이 없다."고 대답한 적이 있다. 주자를 숭상한 조선시대였으므로 우리나라에서도 그대로 4대봉사 관습으로 정착되었다.

기제사에서의 '기(忌)'에는 평소에 하던 일을 멀리하고 망인을 기리는 마음가짐을 지니라는 의미가 담겨있다. 따라서 이 시기에는 "술을 마시지 않고, 고기를 먹지 않으며, 음악을 듣지 않는다."고 하였다. 고대에는 부모님이 돌아가시면 그 이후부터 평생 죄인처럼 살았다고 한다. 현대에서 1년에 하루쯤 숙연한 마음가짐을 지니는 것은 자식으로서의 바른 자세일 것이다.

2) 기제사에서의 주의사항

기제사를 지냄에 있어서 주의할 사항이 몇 가지 있다.

첫째, 기제사를 전후하여 술을 마시지 않고, 고기를 먹지 않으며, 음악을 듣지 않아야 한다.

둘째, 정확한 기제사 날짜에 지내야 한다.

여러 가지의 편의성을 들어 기제사 하루 전날 초저녁에 제사를 지내서는 안 된다. 돌아가신 날의 자시(子時)에 지내는 것이 옳다. 그러나 『주자가례』와 『사례편람』에는 돌아가신 날의 날이 샐 무렵에 제사용 옷으로 갈아입고 사당으로 가서 신주를 받들고 나와서 정침 곧 제사지내는 몸채 방에 모시고 지낸다고 되어 있다. 따라서 돌아가신 날 새벽에 제사를 지내도 무방하다고 할 수 있다.

셋째, 하나의 신위(神位, 지방)만 설치해야 한다.

『주자가례』와 『사례편람』에서 "한 분의 신위만 모셔야 한다."[130]고 하였고, 『사례편람』에서는 "고비 곧 아버지와 어머니 제사를 함께 지내는 것을 따를 수 없다."고 하였다. 그러나 우리나라 많은 가정의 기제사에서 한 분의 신위나 지방을 모시지 않고 제사 대상자의 배우자의 신위나 지방을 설치하는 경우가 많다. 가령 아버지 제사를 모실 때에, 아버지의 신주 혹은 지방을 써서 제사상에 설치하면서 어머니의 신주 혹은 지방을 써서 설치해서는 안 된다. 이재의 『사례편람』에서는 "한 분의 신위만 설정하는 것이 예의 올바름이므로 다른 신위까지 모실 수 없다. 오로지 제사를 받아야 할 신위에게만 제사하고 짝지어서 제사하지 않는다."[131]고 하였다. 따라서 제사는 제사 대상에게만 해야 한다.

넷째, 제삿날의 자시(子時)에 지내야 한다.

주자의 『가례』에서는 "기일(忌日)의 하루 전에 재계한다. ⋯ 신위를 설치한다. ⋯ 기물을 진설한다. ⋯ 음식을 장만한다. ⋯ 다음 날 새벽에 일어나서 채소, 과일, 술, 음식을 진설한다. ⋯ 날이 샐 무렵에 주인 이하는 옷을 갈아입는다. ⋯ 사당에 나아가 신주를 받들어 나와 정침에 내 놓는다. ⋯ 참신, 강신, 진찬, 초헌을 한다."[132]고 하였다.

그리고 이재의 『사례편람』에서는, "하루 전날 목욕재계하고 신위를 설정한다. ⋯ 제기를 준비하고 음식을 갖춘다. ⋯ 그날 새벽 일찍 일어나 채소와 과일과 술과 음식을 진설한다. ⋯ 날이 밝자 주인 이하 옷을 갈아입는다. ⋯ 사당으로 가서 신주를 정침으로 모셔 온다. 참신, 강신, 진헌, 초헌을 한다. ……."[133]고 하

---

130) 주희 저, 임민혁 옮김, 『주자가례』, 예문서원, 1999, 480쪽 ; 이재 저, 우봉이씨대종회, 『사례편람』, 명문당, 2003, 237~238쪽.
131) 이재 저, 우봉이씨대종회, 『사례편람』, 명문당, 2003, 237~238쪽.
132) 朱熹 지음, 앞의 책, 480쪽~483쪽 참조.
133) 이재 저, 앞의 책, 257~258쪽 참조.

였다.

두 예서에서는 모두 기일의 아침 일출 시간에 제사를 지내라고 하였다. 그러나 현대에서는 기일의 자시(子時)에 제사를 지내는 것을 정설로 알고 있다. 그러나 자녀의 학업, 직장, 개인사 등으로 자시에 지내지 못할 경우에는 기일의 아침에 제사를 지내는 것을 조심스럽게 생각해 봐야 한다. 최근 예(禮)를 연구하는 학자 중에는 많은 자손이 모이는 제사의 경우, 제사를 지내기 편한 한낮이나 새벽 혹은 저녁에 지낼 것을 조심스럽게 주장하고 있기도 한데, 이는 고례를 고수하는 것보다는 제사가 이어지도록 하는 것이 더욱 중요하기 때문일 것이다.

다섯째, 신주(神主)와 제사상 설치

신주가 없으면 지방(紙榜)을 써서 붙이는데, 지방은 가능하면 고례를 따라 한자로 적되 부득이한 경우에는 한글로 적고, 제사상은 정침이나 대청에 가급적 남향으로 설치한다. 이때 남자는 동쪽에서 그리고 여자는 서쪽에서 참례(參禮)한다.[134] 남향해서 제사상을 설치하기 어려운 경우 참례하기 편리한 방향으로 설치해서 참례를 하되 이때 제사상의 동쪽에는 남자가 서고 서쪽에는 여자가 선다. 즉 동남서녀의 원칙을 지켜야 한다.

3) 기제사 날짜 택일

부모나 조부모 등 조상님 기제사에서 유의할 사항이 있다. 날짜를 정확하게 지켜서 제사를 모시는 일이 그것이다. 만약 제삿날을 잘못 알고 지낸다면 헛된 제사를 지내게 될 뿐만 아니라 오히려 지내지 않는 것만 못할 수도 있다. 현대사회의 바쁜 생활이 이해는 되지만 날짜를 바로 알고 제사를 지내야만 정성들여서 차린 음식을 조상님이 흠향하고 가실 것이기 때문이다.

그럼 정확한 기제사 날짜는 언제일까? 친구끼리 장난을 치다가

---

134) 金時晃, 「喪禮 祭禮 現實化 方案 硏究」, 동양예학회, 예학강의 4, 2011년 10월 14일.

우스개로 하는 말에 '오늘이 네 제삿날인줄 알아라!' 라는 말이
있다. 이는 사망한 날이 제삿날이라는 뜻이다. 또한 기제사 축문
의 '휘일부림(諱日復臨)'은 '돌아가신 날이 다시 돌아오니'라는
뜻이다. 이와 같이 기제사 날짜는 돌아가신 날에 지내는 것이 옳
은 것이다.

가령 어느 해의 12월 13일(자시~해시)에 돌아가셨다면, 그
이듬해부터 12월 13일(자시~해시)에 제사를 지내야 한다. 대개
는 밤에 제사를 지내므로 12월 13일 새벽(자시~묘시) 혹은 12
월 13일 저녁(유시~해시)에 지내면 된다. 『주자가례』에서는 12
월 13일의 날이 샐 무렵(質明)에 본 제사를 지낸다고 하였다. 그
러나 만약 12월 12일 저녁(유시·술시·해시)에 제사를 모시게 되
면 제사의 의미가 전혀 없다. 다시 예를 들면, 어느 해 음력 12
월 26일 저녁 8시에 별세하였다면 그 이듬해부터 12월 26일 자
시~해시에 제사를 지내면 된다.

4) 기제사 절차

기제사를 지내는 절차는 지역과 가문에 따라 다소의 차이가 있
다. 조선시대의 여러 예서 중 조선후기에 편찬된 이재(李縡:
1680~1746)의 『사례편람』은 우리나라 실정에 맞게 편찬 되었
다는 점 외에도 현대와 가장 가까운 시대에 편찬 되었다는 장점
이 있으므로, 이 책에 수록되어 있는 기제사 예는 현대인이 표준
으로 삼는 데에 가장 무난한 문헌이라고 할 수 있다. 『사례편람』
에서의 기제사 순서는 다음과 같다.[135]

①진설 → ②출주 → ③참신 → ④강신 → ⑤진찬 → ⑥초헌 →
⑦아헌 → ⑧종헌 → ⑨유식 → ⑩합문 → ⑪계문 → ⑫사신 →
⑬납주 → ⑬철찬

---

135) 이재 저, 우봉이씨대종회, 『사례편람』, 명문당, 2003, 237쪽~240쪽 참
조.

① 진설(陳設)

나물과 과일 등 음식을 제사상에 올린다.

② 출주(出主)

사당의 신주를 제를 올리는 곳으로 모신다. 사당이 거의 없는 현대에서는 출주를 생략하고 지방(紙榜)으로 대체한다.

③ 참신(參神)

주인(主人) 이하 일동은 재배(再拜)한다.

※ 주인은 장남이나 장손이 맡는다.

④ 강신(降神)

주인이 향을 사르고 나서 술을 따라 모사기(茅沙器)에 따른 뒤에 재배한다.

※ 이 절차는 하늘의 혼을 부르기 위해 주인이 읍하고 꿇어앉아 향을 사르는 절차이다. 주인은 부복(俯伏) 곧 고개를 숙이고 엎드려 있다가 일어나서 한 발 뒤로 물러나서 읍하고 재배한다.

※ 주인이 미리 준비되어 있는 술잔과 받침대를 잡고 꿇어앉으면 집사(執事)가 술병을 잡고 술잔에 반이 못되도록 따른 뒤에 준비되어 있던 모사기에 세 번 기울여서 붓고 빈 술잔을 집사가 받아 향탁 위에 놓은 뒤에 주인이 재배한다. 여기서 제사 진행을 돕는 사람을 '집사(執事)' 또는 '집례(執禮)'라고 한다.

⑤ 진찬(進饌)

국과 밥을 올린다.

⑥ 초헌(初獻)

주인이 첫 번째 잔을 올리고 나서 축문을 읽고 재배한다.

※ 초헌은 헌작 → 계개 → 진적 → 독축 → 주인 재배 → 퇴주 → 칠적 순으로 한다.

㉮헌작(獻酌) : 주인이 고위나 비위 앞에 있던 잔반을 내려서 동쪽을 보면서 서면 집사가 서쪽을 보면서 주인의 잔반 위에 술을 가득 따른다. 집사가 잔반을 받아 고위나 비위 앞에 올린

다.

㉯계개(啓盖): 집사가 메 뚜껑을 열어 상 모서리 빈자리에 젖혀 놓는다.

㉰진적(進炙): 준비한 적이 있으면 집사가 적을 올린다.

㉱독축(讀祝) : 주인 이하 모두 꿇어앉고 축관이 주인의 왼편에서 출판을 들고 북향해서 서면 주인 이하 일동은 꿇어앉는다. ⇢ 독축자가 축문을 모두 읽은 뒤에 축판을 소탁 위의 강신 잔반 서쪽에 놓는다. ⇢ 주인과 형제는 묵념한다. ⇢ 모두 일어나되 주인은 맨 나중에 일어난다. ⇢ 주인과 독축자가 재배한 뒤에 독축자는 제자리로 돌아간다. 이때 독축하는 사람은 예절에 밝은 사람이 한다.

㉲주인 재배 : 주인만 재배한다.

㉳퇴주(退酒) : 집사는 술잔을 내려 빈 그릇에 붓고 다시 제자리에 놓는다.

㉴철적(撤炙): 올렸던 적을 내린다.

⑦ 아헌(亞獻)

주부가 두 번째 잔을 올린 후에 사배(四拜)한다. 주부가 하는 것이 원칙이지만 주인의 다음 형제가 해도 된다.

⑧ 종헌(終獻)

형제중의 맏이나 친척 중에 연장자가 세 번째 잔을 올리고 재배한다.

⑨ 유식(侑食)

잔에 술을 더 채우고, 숟가락을 밥에 꽂고 젓가락을 가지런히 놓은 후에 재배한다.

※ 주인이 술잔에 술을 채우고(添酌), 메그릇 중앙에 동향이 되게 수저를 꽂고(立匙), 젓가락을 쥐고 상에 톡톡톡 세 번 간추리는 정저(正箸), 재배(再拜) 순으로 한다.

⑩ 합문(闔門)

문을 닫고 밖으로 나가서 흠향(歆饗) 곧 고인이 음식을 드시

기를 기다린다.

※ 7~8분간[九食頃: 아홉 순가락 먹는 시간] 공손히 서서 기다린다.

⑪ 계문(啓門)

문을 열고 들어가서 국을 내리고 숭늉을 올린다.

⑫ 사신(辭神)

제사가 끝나면 주인 이하 모두 재배한다.

※ 사신은 철갱(撤羹) → 진다(進茶) → 점다(點茶) → 철시(撤匙) → 합개(闔蓋) → 재배 순으로 한다. 철갱(撤羹)은 국그릇을 내리는 절차, 진다(進茶)는 숭늉을 올리는 절차, 점다(點茶)는 순가락으로 메를 조금씩 떠서 숭늉에 마는 절차, 철시(撤匙)는 수저를 거두어서 시첩에 놓는 절차, 합개(闔蓋)는 메뚜껑을 덮는 것이다.

⑬ 납주(納主)

신주를 사당으로 다시 모신다.

⑭ 철찬(撤饌)

제사상 위의 모든 음식을 물린 뒤에 이 음식으로 음복한다.

※ 사당이 거의 없는 현대에서는 출주와 납주가 생략되고 있다.

5) 기제사 축문 서식

조선시대 양반가 기제사에서는 반드시 독축하였지만 현대의 기제사에서는 독축하지 않는 경우도 많다. 기제사가 시작되기 전에 고인을 위한 축문을 작성해 두었다가 독축하면 기제사의 의미가 좀 더 숙연하게 가슴에 와 닿는다. 축문은 주인(主人) 곧 제주가 초헌을 마친 뒤에 집사(執事)가 읽게 된다.

(1) 준비물

① 용지 : 너비 20cm정도의 백색 한지를 쓴다.136)

② 필기구: 먹물과 붓이 필요하다. 최근에는 문방구에서 판매하는 '붓펜'을 사용하기도 한다.

③ 서식 : 위에서 아래로 적어 내려간다. 최근에는 좌에서 우로 적기도 한다.

(2) 축문 서식

아래에 소개한 축문은 어느 가정의 아버지와 어머니의 기제사 축문이다. 축문 서식을 설명하면 다음과 같다.

① 첫 번째 줄은 비운다.

② 유(維)는 발어사로서 '이제' 또는 '생각하니'의 뜻이다.

③ 세차(歲差)는 '이해의 차례'라는 뜻이다. 세차 뒤의 간지는 제사지내는 해의 태세를 적는다. 가령 2014년 2월 4일(입춘)~2015년 2월 3일에 지내면 甲午, 2015년 2월 4일(입춘)~2016년 2월 3일에 지내면 乙未를 적는다.

④ 월의 간지는 기제사를 지내는 음력 초하루의 간지를 적는다. 가령 갑오년 음력 12월에는 초하루의 간지가 丙申이므로 '丙申朔', 을미년 음력 12월에는 초하루의 간지가 辛卯이므로 '辛卯朔'을 적는다.

⑤ 일의 간지는 제사지내는 날의 간지를 적는다.[137] 가령 갑오년 음력 12월 13일에 제사지내면 이 날의 간지가 戊申이므로 '戊申', 을미년 음력 12월 13일에 제사지내면 이 날의 간지가 癸卯이므로 '癸卯'를 적는다.

⑥ 효자, 효손, 효증손(孝子, 孝孫, 孝曾孫)에서의 효는 상속자를 뜻하는 '맏이'이다. 만약 맏이가 아니면 子, 孫 등으로 기재한다. 그리고 고조 이상의 경우에는 ○대 손으로 적는다.

---

136) 불교용품점이나 대형 문구점에 한지를 구입할 수 있다.

137) 이목춘 편저, 『축문집람』, 보경문화사, 2010, 13쪽에서는 "일간지(日干支)는 돌아가신 날의 간지를 기재한다."고 하였다.

<서식 7-1> 부 선망 기제사 축문

父先亡 忌祭 祀

維 ～ 歲次 甲午 十二月 丙申朔 十三日 戊申 (孝)子吉童
敢昭告 于

顯考
歲序遷易　諱日復臨　追遠感時
昊天罔極　　　　謹以
淸酌庶羞　恭伸奠獻　尙 ～
饗

현고
학생부군
세서천역　휘일부림　추원감시
호천망극　　　근이
청작서수　공신전헌　상 ～
향

유 ～ 세차 갑오 십이월 병신삭 13일 무신 (효)자 길동
감 소 고 우

이제 갑오년 12월 병신삭 무신일에 자 길동은 감히 아버님께
고하옵니다. 어느덧 세월이 흘러 아버님께서 돌아가신 날이 다시
돌아와, 추모하여 공경을 다하고자 하옵는데, 아버님의 은혜가 하
늘과 같이 크고 넓어서 끝이 없나이다. 삼가 맑은 술과 여러 음식
으로 공경을 다하여 올리오니, 부디 흠향하시길 바라옵니다.

⑦ 추원감시(追遠感時)는 '먼 옛날의 감회를 생각하니' 또는 '세
월이 흐를수록 더욱 생각난다'는 뜻이다.

⑧ 추원감시 호천망극(追遠感時 昊天罔極)은 망인에 따라 달리
적는다.

㉠ 부모에게는 추원감시 호천망극(追遠感時 昊天罔極), 남편에
게는 추원감시 불승감창(追遠感時 不勝感愴), 처에게는 비한산
고 불자승감(悲悍酸苦 不自勝堪), 형에게는 정하비통(情何悲
痛), 동생에게는 정하가처(情何可處), 자식에게는 심훼비통(心

熰悲痛)을 적는다.

ㄴ 부모의 축문에서만 '호천망극'을 적는다. 이는 '어버이의 은혜가 크고 넓어서 하늘과 같이 끝이 없다'는 뜻이다.

ㄷ 만약 아버지의 기일과 어머니의 기일이 같은 날일 경우에는, 歲序遷易 顯考 諱日復臨(세서천역 현고 휘일부림)을 歲序遷易 諱日並臨(세서천역 휘일병림)으로 고쳐서 적어야 한다.

<서식 7-2> 모 선망 기제사 축문

母先亡 忌祭祀

維 ～歲次 甲午 十二月 丙申朔 二十七日 壬戌 (孝)子吉童

顯妣 孺人東萊鄭氏
歲序遷易 諱日復臨 追遠感時
昊天罔極 謹以
淸酌庶羞 恭伸奠獻 尚 ～

饗

敢昭告于

유 ～ 세차 갑오 십이월 병신삭 이십칠일 임술 (효)자○○
감 소 고 우
현비 유인동래정씨
세서천역 휘일부림 추원감시
호천망극 謹이
청작서수 공신전헌 상 ～

향

이제 갑오년 병신삭 갑술일에 (효)자 ○○은 감히 어머님께 고하옵니다. 어느덧 세월이 흘러 어머님께서 돌아가신 날이 다시 돌아와, 추모하여 공경을 다하고자 하옵는데, 어머님의 은혜가 하늘과 같이 크고 넓어서 끝이 없나이다. 삼가 맑은 술과 여러 음식으로 공경을 다하여 올리오니, 부디 흠향하시길 바라옵니다.

⑨ 현고(顯考)와 현비(顯妣)에서의 '顯'은 높인다는 뜻이다. '考'

는 아버지를 뜻하고 '妣'는 어머니를 뜻한다. 즉 현고와 현비는 부모님을 높여서 부르는 존칭이다.

⑩ 어머니의 성씨는 주인(主人)과의 성씨가 다르다. 따라서 유인(孺人) 뒤에 본관과 성씨를 적어야 한다. 만약 어머니의 본관과 성씨가 전주이씨이라면 '孺人全州李氏', 만약 동래정씨이라면 '孺人東萊鄭氏'를 적는다.

⑪ 축문의 끝자인 '饗 [흠향]'자는 '顯'자와 같은 높이로 쓴다.

⑫ 축문의 끝에 1줄을 백지로 비워둔다.

⑬ 다 쓴 축문은 축판(祝板)에 얹어서 향안의 서쪽 위에 올려놓는다. 상장케이스가 축판 대용으로 쓰이기도 한다.

⑭ 부모 외의 고인에게도 위의 축문을 참고해서 적으면 된다.

※ **보충설명** : 기제사 축문 적는 방법

<서식 7-1>은 갑오년 음력 12월 13일(서기 2015년 2월 1일)에 아버지 기제사를 지낸다고 가정하고 적은 것이다. '甲午 十二月 丙申朔 十三日 戊申'에서 태세가 갑오이므로 '甲午', 제삿날이 음력 12월에 속하므로 12월 초하루의 일진인 '丙申朔', 제사 지내는 날이 음력 13일이므로 '十三日', 그리고 13일의 일진이 무신이므로 '戊申'을 적었다. 그리고 '(孝)子'에서 만약 맏아들이 참석하면 '孝子'로 적되 만약 맏아들이 참석하지 못하면 '子'라고 적으며, 기제사에 참석한 아들 중에서 맏아들이 참석하면 맏아들의 이름을 적고, 만약 맏아들이 참석하지 못하는 경우에는 차남 또는 삼남의 이름을 적으면 된다.

<서식 7-2>는 갑오년 음력 12월 27일(서기 2015년 2월 15일)에 어머니 기제사를 지낸다고 가정하고 적은 것이다. '甲午 十二月 丙申朔 二十七日 壬戌'에서, 태세가 갑오이므로 '甲午', 제삿날이 음력 12월에 속하므로 12월 초하루의 일진인 '丙申朔', 제사 지내는 날이 음력 27일이므로 '二十七日', 그리고 27일의 일진이 임술이므로 '壬戌'을 적었다.

<표 7-3> 매월 초하루의 간지(2017~2019)

음력 12달	2016년 초하루의 간지	2017년 초하루의 간지	2018년 초하루의 간지	2019년 초하루의 간지
정월	庚申	乙卯	己卯	癸酉
2월	庚寅	甲申	戊申	壬寅
3월	己未	甲寅	戊寅	壬申
4월	己丑	癸未	丁未	壬寅
5월	戊午	癸丑	丁丑	辛未
6월	丁亥	壬午	丙午	辛丑
7월	丁巳	辛亥	乙亥	庚午
8월	丙戌	辛巳	乙巳	己亥
9월	丙辰	庚戌	甲戌	己巳
10월	丙戌	庚辰	甲辰	戊戌
11월	乙卯	庚戌	癸酉	丁卯
12월	乙酉	己卯	癸卯	丁酉

6) 지방 서식과 참례자의 바른 위치

(1) 지방(紙榜) 서식

지방은 신주가 없을 때에 임시로 만드는 위패로서 혼이 여기에 깃든 것으로 믿는다. 현대사회에는 사당이 거의 없으므로 신주가 없고 따라서 신주를 대체한 지방을 쓰서 제사를 지낸다. 기제사와 명절제사에서 지방을 쓸 때의 주의사항은 다음과 같다.

먼저 기제사는 한 분에게 지내는 제사이므로 기제사에서는 한 분의 지방만 쓰되 두 분의 지방을 쓰지 않아야 한다. 가령 아버지 제사에서는 아버지의 지방만 쓴다. 그러나 명절제사에서는 두 분 이상의 지방을 쓴다. 제사를 모시는 대표자 곧 주인(主人)이 4대의 장손인 경우에는 고조부모·증조부모·조부모· 부모의 지방을 쓰고, 3대의 장손인 경우에는 증조부모·조부모·부모의 지방을 쓰며, 2대의 장손인 경우에는 조부모·부모의 지방을 쓴다.

지방을 쓸 때 망인에게 벼슬이 없을 경우에는 '學生(학생)'이라고 적는다. 그러나 읍이나 면 이상의 관직이 있으면 학생을 대신해서 관직명을 적는다. 가령 邑長(읍장), 面長(면장), 市長(시장), 知事(지사), 長官(장관), 次官(차관), 國會議員(국회의원), 大統領(대통령) 등을 적는다. 그리고 여자는 남편의 벼슬 이름을 따라 孺人(유인)을 대신해서 읍장부인(邑長夫人), 면장부인(面長夫人), 郡守夫人(군수부인), 지사부인(知事夫人) 등을 적는다. 아래의 <서식 7-3>은 어느 가정의 기제사 서식이다. 서식을 바라보면서 왼편에는 남자, 오른쪽에는 여자의 지방이 적혀 있다.

<표 7-4> 기제사와 명절제사의 차이점

	기제사	명절제사
대상	제사 모시는 대상	제사 대상과 그의 배우자
때	기일(忌日)	주로 설과 추석
시간	기일의 자시(子時)~해시(亥時). 주로 자시에 지낸다.	명절의 자시~해시. 지역에 따라 차이가 있으나 대개는 아침과 오전에 지낸다.

여러 대의 지방을 쓸 때는 한 장의 종이에 모두 적으면 된다. 이때 4대조의 지방은 서쪽에, 다음에 3대조, 2대조, 1대(부모)의 지방을 적는다. 이와 같은 순서는 사당의 감실에서 4대조의 신주를 모셔두는 것과 동일한 예를 적용한다.

『가례』<통례>에서 "대종과 소종을 잇는 소종이면 고조가 서쪽에 있고, 증조, 조부, 아버지 순으로 그 다음에 온다."[138]고 하였다. 그리고 『사례편람』 <제례> 사당에서 "고조(고조부모)는 서쪽에 계셔 첫째 감실이고, 증조(증조부모)는 다음으로 둘째 감실이고, 조고(조부모)는 그 다음으로 셋째 감실이고, 그 다음은 아버지로 넷째 감실"[139]이라고 하였다. 따라서 3대의 지방을 쓸 경우에는 <서식 7-3>과 같이 적으면 된다.

신위(神位) 곧 위패(신주)나 지방이 있는 곳이 북쪽이다. 신위를 기준으로 좌측 곧 동쪽에 남자가 자리하고, 신위의 우측 곧 서쪽에 여자가 자리한다. 그리고 제사상에 가까운 쪽이 상석이다. 제사상에 가까운 제1열이 조부, 제2열이 숙부, 제3열의 중앙에 주인 곧 제주가 중앙에 위치하고, 같은 열에 제주의 형제들이 자리한다. 정 중앙에서 축문을 읽고 무늬가 없는 자리를 깐다.

<서식 7-3> 지방 서식

西(서)					東(동)
顯曾祖考學生府君　神位	顯曾祖妣孺人達成徐氏神位	顯祖考學生府君　神位	顯祖妣孺人羅州丁氏　神位	顯考學生府君　神位	顯妣孺人東萊鄭氏　神位

---

138) 주희 지음, 임민혁 옮김, 『주자가례』, 예문서원, 2013, 48쪽.
139) 이재, 『사례편람』, 명문당, 2003, 207쪽.

(2) 기제사에 참석하는 사람들의 바른 위치

병		풍				
		신위 (지방)				
		제사상				
작은 할머니	큰 할머니			큰 할아버지	작은 할아버지	할아버지
작은 어머니	큰 어머니			큰 아버지	작은 아버지	아버지
셋째며느리	둘째며느리	주부	주인	차남	삼남	형제
작은딸	큰딸			큰아들	작은아들	아들
여자				남자		남녀

<그림 7-2> 참례자의 바른 위치

신위의 우측에 여자들이 자리하되, 배치는 남자의 경우와 같다. 남자 집사는 남자들의 맨 뒷자리에 자리하고, 여자 집사는 여자들의 맨 뒷자리에 자리한다. 주인(主人) 곧 제주는 중앙에 자리하여 그의 정면에는 아무도 설 수 없고, 주인의 아내 곧 주부(主婦)는 주인의 바로 옆에 선다. 고인은 음지에 혼이 먼저 가 있으므로 서쪽이 상(上)이고, 살아있는 사람은 남자가 양이므로 양을 뜻하는 동쪽에 위치하고, 여자는 음이므로 서쪽에 위치한다.[140]

3. 명절제사

1) 명절제사의 의미

명절제사는 기제사와 함께 현재 우리나라에서 가장 널리 지내고 있는 제사이다. 이는 예서에는 없는 제사로서 예서 사당제의

---

140) 박범수·박승열,「教師를 위한 傳統 生活禮節 硏究 -祭禮를 中心으로-」,『한국초등교육』12, 2001, 23쪽 참조.

내용과 습합(習合)된 흔적이 많다. 차례는 지역과 가문에 따라 차이가 나지만 대체로 설날·대보름날·한식·단오·칠석·추석·중양·동지 등에 지내고, 현대에서는 설과 추석에 주로 지내고 있다. 위에서 중양은 9월 9일로서 9는 홀수이고 양인데 양이 두 번 겹쳤으므로 '중양(重陽)'이라 한다. 차례를 지내는 대상은 자기 집에서 기일제를 받드는 모든 조상이다. 그리고 차례를 지내는 장소는 사당을 원칙으로 하지만 사당이 없는 집에서는 마루에 신위를 모실 감실(龕室)을 꾸미거나 또는 방 한 칸을 정갈하게 꾸민 뒤에 신주를 모시고 지내되 신주가 없을 때에는 지방을 모시고 차례를 지낸다.

① 차례 명칭

고례에는 차례라는 말이 없고 민속 명절이면 명절 음식을 올린다고 하였다. 그것을 차례[茶禮]라 말하게 된 유래에 대한 기록은 보이지 않으나, 차 한 잔만을 올리는 것을 '차례'라 말하게 되었고, 따라서 우리가 조상을 가장 간략하게 받드는 것이 명절의 예이므로 '차례'라고 하게 되었다.

② 차례 대상

기제를 받드는 모든 조상에게 차례를 지낸다.

③ 봉사 자손

장자나 장손이 주인이 되고 주인의 아내가 주부가 된다.

④ 차례 일시

고례에는 모든 명절에 차례를 지냈으나 한때는 4대 명절인 설날[元朝]·한식(寒食)·단오(端午)·한가위[秋夕]에만 지냈다. 그러나 최근에는 설날과 한가위에만 지낸다. 지내는 시간은 집안의 사당에서 지낼 때는 아침 해가 뜨는 시간이고, 묘지에서 지낼 때는 그날 중에 지낸다.

⑤ 차례 장소

사당이 있을 때에는 사당에서 지내고, 성묘할 때는 주과포(酒

果脯)만을 묘지 앞에 차리고 성묘한다. 그러나 현대에는 중복행사라 해서 설날에는 집에서만 지내고 한식과 한가위는 반드시 성묘를 해야 하기 때문에 묘지에서 지내는 것을 원칙으로 한다.

2) 명절제사 축문

명절제사 축문은 기제사 축문을 참고해서 쓰면 된다.

• '正朝'(정조)는 설날이라는 뜻이므로 한식에는 '寒食(한식)', 단오에는 '端午(단오)', 한가위에는 '秋夕(추석)'이라 쓴다.

<서식 7-4> 명절제사 축문

```
명절제사 축문

維 ~ 歲次 丙申 一月 庚申朔 庚申 正朝 (孝)子吉童
                               敢昭告于
顯考學生府君神位
顯妣 夫人 東萊鄭氏
歲序遷易    歲律旣更
昊天罔極    謹以
淸酌庶羞    祗薦歲事 尙~
饗

유 ~ 세차 병신 일월 경신삭 경신 정조 자 길동
                               감소고우
현고학생부군신위
현비 부인 동래정씨
세서천역    세율기갱
호천망극    근이
청작서수    지천세사 상~
향

이제 병신년 1월 1일 설날에 자 길동은 아버님과 어머님
부인 동래정씨께 아뢰나이다. 계절이 바뀌어 이미 해가 바뀌
었으므로 삼가 맑은 술과 갖은 음식을 여느 해와 마찬가지로
공경을 다해 받들어 올리오니, 두루 흠향하시옵소서.
```

• '歲律旣更(세율기갱)'은 설날에 쓰는 것이므로 한식에는 '雨露旣濡(우로기유)', 단오에는 '時物暢茂(시물창무)', 한가위에는

'白露旣降(백로기강)'이라 쓴다.

- '昊天罔極(호천망극)'은 부모에게만 쓰고, 조부모 이상에게는 '不勝感慕(불승감모)', 아내에게는 不勝悲念(불승비념)', 아랫사람에게는 '不勝感愴(불승감창)'이라 쓴다. 또한 '祗薦歲事(지천세사)'는 웃어른에게만 쓰고, 아내와 아랫사람에게는 '伸此歲事(신차세사)'라 쓴다. 한글로 적을 경우에는 기제사 축문을 참고해서 격에 맞게 쓴다.

- '계절이 바뀌어 이미 해가 바뀌었으므로'는 설날의 경우이므로, 한식에는 '이미 비와 이슬이 내렸으니', 단오에는 '만물이 자라 울창하니', 한가위에는 '이미 찬 이슬이 내렸으니'라고 쓴다.

- '공경을 다해 받들어 올리오니'는 웃어른에게만 쓰고, 아내와 아랫사람에게는 '마음을 다해 상을 차렸으니' 라고 쓴다.

- '흠향하시옵소서.'는 웃어른에게만 쓰고, 아내에게는 '흠향하소서.', 아랫사람에게는 '흠향하라.'고 쓴다.

※ **보충설명** : 명절제사 축문 적는 방법

<서식 7-4>는 병신년 음력 1월 1일(서기 2016년 2월 8일) 설날에 명절 제사를 지낸다고 가정하고 적은 것이다. '丙申 一月 庚申朔 庚申 正朝 (孝)子吉童'에서, 태세가 병신이므로 '丙申', 설날이 음력 1월이므로 '一月', 1월의 첫날이 경신일이므로 '庚申', 설날이므로 설날을 뜻하는 '正朝'를 적었다. 그리고 '(孝)子'에서 만약 맏아들이 참석하면 '孝子'라 적고 맏손자가 참석하면 '孝孫子'로 적되, 만약 맏아들이나 맏손자가 참석하지 못하면 '子' 또는 '孫子' 또는 '曾孫子'라 적는다. 그리고 기제사에 참석한 사람들 중에서 맏아들이나 맏손자가 참석하면 그의 이름을 적고, 만약 참석하지 못하는 경우에는 순서에 의해 그의 이름을 적으면 된다. 기제사와는 달리 명절제사에서는 여러 대의 신주나 지방을 써서 제사를 모시므로, 孝子, 孝孫子, 曾孝孫子 또는 子, 孫子, 曾孫子를 적는다.

제2절. 자기 근본에 대한 예, **묘지수리 택일**

이미 매장되어 있는 무덤에 가토(加土)를 하거나, 나무를 심거나, 제단을 놓거나, 묘소를 파괴하고 수정하는 것은 한식과 청명 사이가 마땅하므로 좌향과 연월일시를 막론하고 수리하면 된다.[141] 만약 이 날을 놓쳤을 경우에는 아래의 꺼리는 날을 피하고 마땅한 날을 골라 비석을 세우고 사초(莎草)하면 된다고 하였다. 청명과 한식 양일에는 모든 신이 하늘로 올라갔으므로 신구(新舊) 묘지를 만들거나 수리하는 데에 불리한 것이 없다. 만약 청명날에 이 일을 마치지 못했을 경우에는 한식날 이 일을 마치면 된다.[142] 위에서의 가토는 능이나 봉분(封墳)이 허물어지거나 무너진 자리에 흙을 얹는 것을 말한다.

1. 택일
1) 마땅한 날
육덕일, 명폐일, 대공망일, 황도일이 있다.
육덕일에는 태세 기준의 덕과 월건 기준의 덕이 있다.

<표 7-5> 육덕(세덕·세덕합)

육덕 ＼ 세간	甲	乙	丙	丁	戊	己	庚	辛	壬	癸
세덕 (歲德)	甲	庚	丙	壬	戊	甲	庚	丙	壬	戊
세덕합 (歲德合)	己	乙	辛	丁	癸	己	乙	辛	丁	癸

---

141) 『選擇紀要』 造葬類下 <淸明前後修墓法>, "凡已葬墓塋, 或加土, 或種樹, 或砌祭臺, 或破壞修整, 宜於寒食淸明支間, 鳩工手作, 不論山向年月日時."
142) 『選擇紀要』 造葬類下 <淸明前後修墓法>, 淸明寒食兩日, 諸神上天動作, 修營新舊墓, 無所不利, 若淸明日不畢役則, 寒食日畢功亦可.

<표 7-6> 육덕(천덕·천덕합·월덕·월덕합)

월건\육덕	寅	卯	辰	巳	午	未	申	酉	戌	亥	子	丑
천덕(天德)	丁	坤未申	壬	辛	乾戌亥	甲	癸	艮丑寅	丙	乙	巽辰巳	庚
천덕합(天德合)	壬	.	丁	丙	.	己	戊	.	辛	庚	.	乙
월덕(月德)	丙	甲	壬	庚	丙	甲	壬	庚	丙	甲	壬	庚
월덕합(月德合)	辛	己	丁	乙	辛	己	丁	乙	辛	己	丁	乙
	덕은 거의 모든 흉살을 능히 제압할 수 있다. 다만 삼살과 세파는 제압하지 못한다.											

<표 7-7> 황흑도길흉정국(황도·흑도)

월 \ 일	청룡황도	명당황도	옥당황도	금궤황도	사명황도	천덕황도	백호흑도	천형흑도	천뢰흑도	주작흑도	현무흑도	구진흑도
寅월 寅일	子	丑	未	辰	戌	巳	午	寅	申	卯	酉	亥
卯월 卯일	寅	卯	酉	午	子	未	申	辰	戌	巳	亥	丑
辰월 辰일	辰	巳	亥	申	寅	酉	戌	午	子	未	丑	卯
巳월 巳일	午	未	丑	戌	辰	亥	子	申	寅	酉	卯	巳
午월 午일	申	酉	卯	子	午	丑	寅	戌	辰	亥	巳	未
未월 未일	戌	亥	巳	寅	申	卯	辰	子	午	丑	未	酉
申월 申일	子	丑	未	辰	戌	巳	午	寅	申	卯	酉	亥
酉월 酉일	寅	卯	酉	午	子	未	申	辰	戌	巳	亥	丑
戌월 戌일	辰	巳	亥	申	寅	酉	戌	午	子	未	丑	卯
亥월 亥일	午	未	丑	戌	辰	亥	子	申	寅	酉	卯	巳
子월 子일	申	酉	卯	子	午	丑	寅	戌	辰	亥	巳	未

丑 월	丑 일	戌	亥	巳	寅	申	卯	辰	子	午	丑	未	酉

※ 활용 방법 : 가령 인월(寅月)에는 子·丑·未·辰·戌·巳가 길일이다. 이 중에서 자일 (子日)을 선택했다고 가정하면 申·酉·卯·子·午·丑이 길시이다.

<표 7-8> 대공망일

각순 ＼ 길일	길일	각순 ＼ 길일	길일
갑자순	乙丑	갑술순	甲戌 乙亥 癸未
갑신순	甲申 乙酉 壬辰 癸巳	갑오순	甲午 壬寅 癸卯
갑진순	壬子	갑인순	·

<표 7-9> 명폐일, 명폐대충일

	명폐일, 명폐대충일		명폐일, 명폐대충일
甲	甲子, 甲午, 甲寅, 甲申	乙	乙卯, 乙酉, 乙巳, 乙未
丙	丙子, 丙午, 丙寅, 丙申	丁	丁卯, 丁酉, 丁巳, 丁未
庚	庚子, 庚午, 庚寅, 庚申	辛	辛卯, 辛酉, 辛巳, 辛卯
壬	壬子, 壬午, 壬寅, 壬申	癸	癸卯, 癸酉, 癸巳, 癸卯

2) 꺼리는 날

장자(長子)의 본명일, 장자의 본명일의 대충일, 월파일, 월기일, 월삼살일, 세파일(歲破日), 대장군날이 있다.[143]

묘지 수리는 개인사가 아니다. 따라서 수리하려는 집안의 장자의 본명을 기준으로 본명일을 정하고 그 대충일도 파악해서 두 날을 피해야 한다. 꺼리는 날의 하나인 월파일은 월건과 충(沖)이 되는 날이고, 세파일은 태세지와 충(沖)이 되는 날이며, 월기

---

143) 『選擇紀要』 造葬類下 <立石> 莎草同, "宜六德, 鳴吠日, 大空亡日, 黃道日時. 忌 本命日, 大衝日, 月破, 月忌, 三殺, 歲破, 將軍方.

일은 매월 음력 초닷새(5)·열나흘(14)·스물사흘(23)이다.

<표 7-10> 월파, 월기

월건 / 신살	寅	卯	辰	巳	午	未	申	酉	戌	亥	子	丑
월파 (月破)	申	酉	戌	亥	子	丑	寅	卯	辰	巳	午	未
월기 (月忌)	매월 음력 5·14·23일											

대장군에 해당하는 날은 <표 7-13>과 같은데, 가령 태세가 寅(호랑이 해)이나 卯(토끼 해) 또는 辰(용 해)이면 亥일과 子일과 丑일을 모두 피해야 한다.

<표 7-11> 삼살(기준: 월건)

태세 / 삼살	삼살	태세 / 삼살	삼살
申子辰	巳午未	寅午戌	亥子丑
亥卯未	申酉戌	巳酉丑	寅卯辰

<표 7-12> 세파

태세 / 신살	寅	卯	辰	巳	午	未	申	酉	戌	亥	子	丑
세파 (歲破)	申	酉	戌	亥	子	丑	寅	卯	辰	巳	午	未

<표 7-13> 대장군

태세 / 대장군	대장군	태세 / 대장군	대장군
寅卯辰	亥子丑	申酉戌	巳午未
巳午未	寅卯辰	亥子丑	申酉戌

2. 예제

[문제] 1960년(庚子)에 출생한 장자가 2016년(丙申) 10월(戊

戌)에 수묘하려고 한다. 마땅한 날은?

《해설》 ① 마땅한 날

10월 11일(丙寅)은 세덕이고 16일(辛未)은 세덕합이다. 술월(戌月)의 천덕과 월덕이 丙이고 천덕합과 월덕합이 辛이므로 천덕과 월덕은 11일이고 천덕합과 월덕합은 16일이다. 대공망에 해당하는 날은 없다. 술월의 황도일이 辰·巳·亥·申·寅·酉이므로 11일(丙寅)·13일(戊辰)·14일(己巳)이 황도일이다.

[예제] 수묘 택일 – 마땅한 날

양력	음력	요일	일진	세덕	세덕합	천덕	천덕합	월덕	월덕합	대공망	황도일	해당수
10/11	9/11	화	丙寅	√		√		√			√	4
12	12	수	丁卯									·
13	13	목	戊辰								√	1
14	14	금	己巳								√	1
15	15	토	庚午									·
16	16	일	辛未		√		√		√			3

② 꺼리는 날

장자의 본명일인 庚子와 그 대충일인 丙午가 없다. 월파는 13일(戊辰), 월기는 14일(己巳), 태세와의 세파는 11일(丙寅), 대장군은 14일(己巳)·15일(庚午)·16일(辛未)이다.

[예제] 수묘 택일 – 꺼리는 날

양력	음력	요일	일진	본명일	본명일 대충일	월파일	월기일	월삼살일	세파일	대장군	해당수
10/11	9/11	화	丙寅						√		1
12	12	수	丁卯								·
13	13	목	戊辰			√					1
14	14	금	己巳				√			√	2
15	15	토	庚午							√	1

16	16	일	辛未							√	1

③ 결론

최길일은 12일(丁卯)이다. 비록 길신이 1개도 없지만 흉살에 해당하는 것이 전무하기 때문이다. 택일의 1차 목적은 흉살을 피하는 데에 그 목적이 있기 때문에 이 날이 최길일이다. 두 번째 길일은 11일(丙寅)인데, 이 날은 길신이 4개이고 흉살이 1개이기 때문이다. 11일이 비록 세파에 해당하지만 흉살의 작용을 없애는 황도일에 해당하기 때문이다. 최흉일은 14일(己巳)인데 그 이유는 흉살이 2개이고 길신이 1개이기 때문이다.

택일 하편
일용백사 택일

> ♣ 『황제택경』에서의 이사 지침
>
> 첫째, 가운이 계속 번창하면 그 집을 버려서는 안 되고, 가운이 쇠퇴
> 하지 않으면 이사하면 안 된다. 만약 이사하면 재앙을 입는다.
>
> 둘째, 거처하는 집이 넓어야 반드시 좋은 것은 아니다. 식구의 수를
> 세어서 반으로 집을 만들면 반드시 수명이 길다.
>
> 셋째, 전답이 비옥하더라도 김을 매면 풍작이 되듯이, 비록 가옥이
> 좋을지라도 수리하고 이사하면 가운이 번창한다.144)

『황제택경』에서는 이사를 해서는 안 될 경우와 집을 수리해서
가꾸라는 지침을 위와 같이 말하고 있다. 이사 갈 때에는 여러
가지 풍습이 있다. 이사 나가는 집 대문 앞에 소금을 뿌리거나
이사를 와서는 가장 먼저 소금을 가지고 들어가거나, 이사를 나
갈 때에 문구멍을 찢어놓고 가거나, 방문을 열어놓고 가거나, 이
사를 갈 때에는 불씨를 꺼뜨리지 않고 꼭 살려서 가져가기도 한
다. 이사 들어가는 집의 방에다 약쑥을 태우거나, 바가지에 물을
떠서 고추·숯·소금을 넣고 이사를 온 집의 부엌바닥에 두거나, 이
사를 와서 안방에 밥솥을 먼저 들여놓거나, 밥그릇에 쌀을 담고
한가운데에 촛불을 켜 둔다.

새집으로 이사를 들어갈 때에는 어른이 먼저 들어간다. 그 이
유는 가택신에 대한 예의를 차리기 위해서이다. 이사 들어갈 때
는 빈손으로 들어가지 않고 돈이나 곡식, 베 등을 들고 들어간
다. 이사를 들어갈 때에는 절대로 찬밥을 가지고 가지 않고 또한

---

144) 『皇帝宅經』 <總論>, "宅乃漸昌, 勿棄宮堂, 不衰莫移, 故爲受殃. 舍
居就廣, 未必有歡, 計口牛造必得壽考. 又云 : 其田雖良, 薅鋤乃芳, 其宅
雖善, 修移乃昌."

비[빗자루]는 가지고 가지 않는다. 이사할 때 그릇이나 거울 등을 깨뜨리지 않으며, 현재 거주하고 있는 집의 뒤로 이사를 가지도 않는다. 세간살이를 모두 집안으로 들여놓은 뒤에는 가장 먼저 조상을 모신다. 조상은 안방 북쪽에 안치시켜 놓은 후에, 음식을 차려놓고 새집으로 이사 들었음을 알리면서 가족들의 수복을 빌며, 다음으로 가택신에게 집안의 안녕과 번성을 기원한다.

이사한 뒤에도 여러 가지 풍속이 있다. 이사한 뒤에 팥죽을 끓여 집 안의 여러 곳에 뿌리고 떡을 해서 이웃과 나누어 먹는다. 그리고 이사한 뒤에 부적을 붙이거나 혹은 짚으로 만든 인형을 대문에 매달기도 하며, 이사를 간 날 첫날밤에는 머리를 부엌 쪽으로 향해서 잠을 자기도 한다. 이사한 뒤에 집들이를 할 때에 예전에는 성냥이나 양초를 사가지고 갔다. 이것은 불과 관계가 있는 것으로서 불의 정화성과 신성 그리고 재화를 지켜주는 재산신의 의미가 있으며 모든 일이 불꽃처럼 잘 이루어지기를 빌어주는 의미도 있다. 최근에는 모든 일이 술술 잘 풀리라는 의미에서 두루마리 화장지를 선물하기도 한다.

1. 이사 방위

이사 방위는 구기법(九氣法)을 따르면 된다. 가장의 나이에 따라 달라지는 구기법에서, 천록방·식신방·합식방·관인방은 모두 이사에 길한 방위이고 나머지는 흉한 방위들이다. 이사방위 이론은 『천기대요』에 수록되어 있다.

1) 이사에서의 아홉 방위[구기법]

아래에 소개한 아홉 가지 방위 중에서 천록방, 식신방, 합식방, 관인방은 길한 이사방위이다. 그러나 안손방, 징파방, 오귀방, 진귀방, 퇴식방은 흉한 이사방위이다.

① 천록방(天祿方)

천(天)은 하늘이고 록은 식록(食祿)을 뜻한다. 천록에는 하늘의 록(祿)을 받는다는 의미가 있다. 따라서 이 방위로 이사를 가면 공무원에게는 관록이 오르고, 직장인에게는 직장에서 직록이 오르며, 사업가에게는 재운이 좋아진다.

② 안손방(眼損方)

안(眼)은 눈이고 손(損)은 손상을 뜻한다. 따라서 눈을 상하는 방위이다. 비단 눈만이 아니라 건강을 해치는 방위로 해석할 수 있다.

③ 식신방(食神方)

식(食)은 의식이고 신(神)은 인사(人事)를 주재하는 신을 뜻한다. 따라서 이 방위로 이사를 가면 활발하게 활동하여 의식이 풍족해지고 치부하게 된다.

④ 징파방(徵破方)

징(徵)은 부른다는 뜻이고 파(破)는 깨트린다는 뜻이다. 따라서 이 방위로 이사를 가면 파재(破財)를 부르고 도난을 당한다.

<표 8-1> 이사방위(길방위·흉방위)

길방	천록방	관인방	식신방	합식
흉방	안손방	징파방	오귀방	진귀방

⑤ 오귀방(五鬼方)

오(五)는 동·서·남·북·천상을 뜻하고 귀(鬼)는 귀신을 뜻한다. 예로부터 귀(鬼)는 인간에게 재앙을 끼치는 존재로 알려져 왔다. 따라서 이 방위로 이사를 가면 다섯 귀살로 인해 질병, 관재, 사고를 비롯한 갖가지 흉한 액을 당한다.

⑥ 합식방(合食方)

합(合)에는 모은다는 뜻이 있고 식(食)은 식록을 뜻한다. 따라서 이 방위로 이사를 가면 재물을 모은다.

제8장. 이사 택일

⑦ 진귀방(進鬼方)

진(進)에는 취한다는 뜻이 있고 귀(鬼)는 귀신을 뜻한다. 일반적으로 귀(鬼)는 인간에게 재앙을 부르는 존재로 알려져 있다. 따라서 이 방위로 이사를 가면 흉한 재앙을 당한다.

⑧ 관인방(官印方)

관(官)은 벼슬이고 인(印)은 국가 관청의 도장을 뜻한다. 따라서 이 방위로 이사를 가면 시험을 준비하는 학생은 고시에 합격하고 공무원이나 직장인은 승진한다.

⑨ 퇴식방(退食方)

퇴(退)에는 줄어든다는 뜻이 있고 식(食)은 식록을 뜻한다. 따라서 이 방위로 이사를 가면 재산이 준다. 위의 이사방위 중에서 국가고시를 준비하고 있는 가장이나 가족이 있을 때에는 천록방이나 관인방이 최길하고, 자영업자에게는 식신방이나 합식방이 좋다. 나머지 방위는 가장과 건강을 잃거나, 파재를 하거나, 갖가지 재앙을 부르는 흉한 방위이다.

※ **보충설명** : 이사에서의 속설

사주로 이사방위를 정하거나 삼살방·대장군방을 피해야 한다는 속설이 있다. 그러나 이 설이 택일문헌에 기록되어 있지 않으므로 전혀 신빙성이 없다.

---

2) 예제

[문제] 58세 남자 가장이 이사를 가려고 한다. 길한 방위는?

《대답》 현재 거주지를 기준으로 정남방으로 가면 천록 방위이므로 좋고, 서남방으로 가면 식신 방위이므로 좋으며, 제자리에 머물면 합식 방위이므로 좋고, 정서방으로 가면 관인 방위이므로 좋다. 나머지의 방위는 모두 흉하다.

<표 8-2> 이사방위(구기법)

남녀	나이	○천록	X안손	○식신	X징파	X오귀	○합식	X진귀	○관인	X퇴식
남	1 10 19 28 37 46 55 64 73 82	동	동남	중	서북	서	동북	남	북	서남
여	2 11 20 29 38 47 56 65 74 83									
남	2 11 20 29 38 47 56 65 74 83	서남	동	동남	중	서북	서	동북	남	북
여	3 12 21 30 39 48 57 66 75 84									
남	3 12 21 30 39 48 57 66 75 84	북	서남	동	동남	중	서북	서	동북	남
여	4 13 22 31 40 49 58 67 76 85									
남	4 13 22 31 40 49 58 67 76 85	남	북	서남	동	동남	중	서북	서	동북
여	5 14 23 32 41 50 59 68 77 86									
남	5 14 23 32 41 50 59 68 77 86	동북	남	북	서남	동	동남	중	서북	서
여	6 15 24 33 42 51 60 69 78 87									
남	6 15 24 33 42 51 60 69 78 87	서	동북	남	북	서남	동	동남	중	서북
여	7 16 25 34 43 52 61 70 79 88									
남	7 16 25 34 43 52 61 70 79 88	서북	서	동북	남	북	서남	동	동남	중
여	8 17 26 35 44 53 62 71 80 89									
남	8 17 26 35 44 53 62 71 80 89	중	서북	서	동북	남	북	서남	동	동남
여	9 18 27 36 45 54 63 72 81 90									
남	9 18 27 36 45 54 63 72 81 90	동남	중	서북	서	동북	남	북	서남	동
여	10 19 28 37 46 55 64 73 82 91									

※ 표 안의 '중'은 120보안의 거리이다. 그러나 『천기대요』에서는 "가옥 120보 밖의 방소(方所)를 물으면 임의로 이사해도 길하다"고 하였다.[145]

---

145) 『新增參贊秘傳』「天機大要」卷之下 <移徙門>, "住居一百二十步外問方所, 任意移徙吉."

2. 이사[搬移]·입택(入宅)·귀화(歸火) 날짜 택일

입택은 새로 건축한 집으로 들어가는 일, 반이는 이사, 귀화는 신주를 옮겨 모시는 일을 가리킨다. 여기서의 귀화는 큰 집에서 작은 집으로 제사를 옮길 때 혹은 사당을 수리할 때에 임시로 신주를 옮기는 것을 가리키며, 이때 이 이론을 적용하면 된다. 현대에서는 본가에서 아들이 사는 집으로 제사를 옮길 때에 활용하면 된다. 이 택일 이론이 가장 많이 활용되는 것은 이사날짜 택일이다. 가급적 흉일에 해당하지 않고 길일에 많이 해당하는 날 이사하면 된다.

1) 택일
(1) 마땅한 날
이안주당도에서 천(天)·이(利)·안(安)·부(富)·사(師)는 길일이다.146) 육덕일, 천원일, 월은일, 모창일, 황도일이 있다.

(2) 꺼리는 날
가장(가주)의 본명일과 그 대충일, 생기복덕에서의 화해일과 절명일, 월파일, 월기일, 월염일, 수사일, 천화일, 왕망일, 건제 12성의 폐일이 있다.147) 그리고 이안주당도에서 재(災)·살(殺)·해(害)는 흉일이다.

☞ 육덕일은 <표 4-1>과 <표 4-3>, 황도일은 <표 4-6>, 남녀본명생기법(생기복덕)은 <표 5-6>에 수록되어 있다.

---

146) 『選擇紀要』 用事類, 入宅·搬移·歸火, 利安主堂圖, "大月初一日, 從安向利順數, 小月初一日從天向利逆數, 遇天·利·安·富·師字宜用."
147) 『選擇紀要』 用事類, 入宅·搬移·歸火, "宜: 六德, 天原, 月恩, 母創, 黃道日. 忌: 本命日對冲, 禍害, 絕命日, 月破, 月忌, 天火, 往亡, 月厭, 受死, 閉日."

<표 8-3> 천원, 월은

월건 신살	寅	卯	辰	巳	午	未	申	酉	戌	亥	子	丑
천원 (天願)	乙亥	甲戌	乙酉	丙申	丁未	戊午	己巳	庚辰	辛卯	壬寅	癸丑	甲子
월은 (月恩)	丙	丁	庚	己	戊	辛	壬	癸	庚	乙	甲	辛

<표 8-4> 모창

5계 길신	봄	여름	가을	겨울	토왕
모창(母倉)	亥子	寅卯	辰戌丑未	申酉	巳午

<표 8-5> 월파, 월염, 수사, 폐(閉), 천화, 왕망, 월기

월건 신살	寅	卯	辰	巳	午	未	申	酉	戌	亥	子	丑
월파 (月破)	申	酉	戌	亥	子	丑	寅	卯	辰	巳	午	未
월염 (月厭)	戌	酉	申	未	午	巳	辰	卯	寅	丑	子	亥
수사 (受死)	戌	辰	亥	巳	子	午	丑	未	寅	申	卯	酉
폐 (閉)	丑	寅	卯	辰	巳	午	未	申	酉	戌	亥	子
천화 (天火)	子	卯	午	酉	子	卯	午	酉	子	卯	午	酉
왕망 (往亡)	寅	巳	申	亥	卯	午	酉	子	辰	未	戌	丑
월기 (月忌)	매월 음력 5·14·23일											

<표 8-6> 이안주당도에서의 길일

길일	큰달	1, 2, 3, 6, 7, 9, 10, 11, 14, 15, 17, 18, 19, 22, 23, 25, 26, 27, 30
	작은달	1, 2, 3, 5, 6, 9, 10, 11, 13, 14, 17, 18, 19, 21, 22, 25, 26, 27, 29
흉일	큰달	4, 5, 8, 12, 13, 16, 20, 21, 24, 28, 29

	작은달	4, 7, 8, 12, 15, 16, 20, 23, 24, 28

○ 안(安) 큰달 ☞1,9,17,25/ 3,11,19,27 ☰ 손궁	○ 이(利) 2,10,18,26/ 2,10,18,26 ☲ 리궁	○ 천(天) 3,11,19,27/ ☜1,9,17,25 ☷ 곤궁	-길흉 -큰달 -작은달 -궁명
X(주당살) 재(災) 8,16,24/ 4,12,20,28 ☳ 진궁		X(주당살) 해(害) 4,12,20,28/ ☝8,16,24 ☱ 태궁	
○ 사(師) 7,15,23/ 5,13,21,29 ☶ 간궁	○ 부(富) 6,14,22,30/ 6,14,22 ☵ 감궁	X(주당살) 살(殺) 5,13,21,29/ 7,15,23 ☰ 건궁	

<그림 8-1> 이안주당도(이사)

2) 길신과 흉살 설명

① 왕망(往亡) : 왕은 가는 것이고 망은 망하는 것인데 이 날은 출군과 정벌하고 토벌하는 것을 꺼리고,[148) 또한 출행과 이사 그리고 부임 및 출군을 꺼린다.[149)

② 천화(天火) : 천은 하늘이고 화는 불이다. 따라서 천화에는 화재가 난다는 뜻이 있다. 기와나 이엉을 지붕 위에 얹는 일, 부임, 시집가고 장가드는 일 등에서 꺼린다.[150)

③ 건제12성의 폐(閉) : 이사에서 흉하다. 이사 외에도 출행, 환가(還家), 원회(遠廻), 수리와 건축, 동토(動土)에 흉하다. 그러나 제사, 매장, 입권(立券: 계약서 작성), 나무에 접붙이기, 변소 짓는 일에서는 길하다.[151)

148) 『選擇紀要』 下編, 造葬類下, "往者去也. 亡者無也. 其日忌出軍·征討."
149) 『신증천기대요』, 대지문화사, 2004, 287쪽.
150) 『選擇紀要』 下編, 造葬類下, 天火, "忌苫蓋, 赴任, 嫁娶等事."

④ 이안주당 : 큰달(대월)의 초1일에 안(安)에서 출발하여 순행(벽시계의 시분침이 돌아가는 방향)시키고, 작은달(소월)의 초1일에는 천(天)에서 출발하여 역행(벽시계의 시분침이 돌아가는 반대 방향)시켜서, 안(安)·이(利)·천(天)·사(師)·부(富) 글자에 닿으면 쓰도 된다.152) 만약 재(災)·살(殺)·해(害)에 닿는 날에는 이사하면 안 된다. 만약 이날 이사하게 되면 주당살을 맞게 된다.

3) 예제

[문제] 서기 2015년(乙未) 4월(庚辰)에 이사를 하려고 한다. 마땅한 날은?

가장은 1958년에 출생했고 이 해의 간지는 戊戌이다. 따라서 가장의 본명일은 戊戌이고 그 대충일은 甲辰, 58세 남자의 화해일은 子일이고 절명일은 卯일이다. 그리고 4월 20일에서 25일은 음력으로 3월인데 29일까지 있는 달이므로 작은달이다.

《해설》① 마땅한 날

길신이 가장 많은 날은 길신이 3개인 21일과 24일이다. 21일은 천덕합과 월덕합이며 또한 이안주당에서의 길일이다. 24일은 세덕과 월은에 해당하면서 이안주당에서의 길일에 해당한다. 참고로 황도일에 해당하는지는 <표 7-7>을 보면 된다.

② 꺼리는 날

절명일은 21일(丁卯)이다. 월기는 5일(양력 4월 23일), 천화(午)는 24일, 건제12성의 폐(卯)는 21일, 이안주당에서의 흉일은 음력 3월 4일(양력 4/23)과 7일(4/25)이다. 본명일(戊戌)·본명일대충일(甲辰)이 없다. 화해일인 子일과 월파인 戌·월염과 왕망인 申·수사인 亥가 없다. 흉이 없는 날은 4월 20일이다.

---

152) 『選擇紀要』上編 用事類 <移安主堂圖>, "大月初一日, 從安向利順數, 小月初一日, 從天向逆數, 遇天利安富師字宜用."

③ 《결론》 택일은 흉사를 방지하는 것이 첫 번째 목적이고 길사 발생은 그 다음이다.

☞ 길일 : 흉이 없는 4월 20일은 황도 및 이안주당에서의 길일에 해당되므로 최길하다. 참고로 21일은 흉이 2개, 22일·23일·24일·25일은 모두 흉이 1개이므로 흉일이다. 이중에서도 특히 21일은 택일에서 가장 꺼리는 절명일이 끼어 있으므로 최흉하다.

[예제] 이사날짜 택일 - 마땅한 날

양력	요일	음력	일진	세덕	세덕합	천덕	천덕합	월덕	월덕합	천원	월은	모창	황도	이안주당	해당수
4/20	월	3/2	丙寅										√	√	2
21	화	3	丁卯				√		√					√	3
22	수	4	戊辰										√		1
23	목	5	己巳										√	√	2
24	금	6	庚午	√							√			√	3
25	토	7	辛未												0

[예제] 이사날짜 택일 - 꺼리는 날

양력	요일	음력	일진	화해	절명	본명일·대충일	월파	월기	월염	수사	천화	왕망	폐閉	이안주당	해당수
4/20	월	3/2	丙寅												0
21	화	3	丁卯		√								√		2
22	수	4	戊辰											√	1
23	목	5	己巳					√							1
24	금	6	庚午								√				1
25	토	7	辛未											√	1

☞ 길시 : 길일의 황도시에 새집에 들어가면 된다. 가령 20일인 丙寅일에 이사한다면 子·丑·未·辰·戌·巳가 길시이다. 이중

자시, 축시, 술시는 밤이므로 불가능하다. 따라서 낮인 진시, 사시, 미시가 가장 적당한 시간이다.

4) 실예

<실예 1> 가주의 본명: 癸未(부인의 본명: 丁亥)

2014년(갑오년) 7월 30일경에 부산교육대학교 앞의 월드메르디앙 아파트에 살다가 안락동에 있는 뜨란채 아파트로 이사를 갔다. 이 해 8월 초에 병이 나서 부산대학병원 중환자실에 입원해서 치료를 받다가 12월 초순에 퇴원했다.

《해설》 가주인 癸未생은 2014년 현재 72세이다. 월드메르디앙 아파트에서 뜨란채 아파트는 정동이니 퇴식방이고 따라서 흉한 방위이다. 그리고 丁亥년에 출생한 부인은 2014년 현재 68세이니 징파방이고 따라서 파재(破材)하는 흉한 방위이다.

<실예 2> 가주의 본명: 丙申

2015년 3월 8일에 광안리에서 만덕으로 이사를 했다. 보름 뒤에 베란다에 스며든 빗물을 닦는 도중에 허리에서 '빠지직'하는 소리가 났다. 병원에서는 허리뼈가 부서졌다고 했다.

【해설】 丙申생은 2015년 현재 60세이다. 광안리에서 만덕은 서북방이고 퇴식방이다. 따라서 흉한 방위이다.

<표 8-7> 손 없는 날과 방위

날	손 있는 방위	날	손 있는 방위
음력 1·2로 끝나는 날	동방	음력 3·4로 끝나는 날	남방
음력 5·6으로 끝나는 날	서방	음력 7·8로 끝나는 날	북방
음력 9·0으로 끝나는 날	어느 방위에도 없다	·	·

※ **보충설명** : 손 없는 날에 대한 진실

　‘손 없는 날’은 ‘태백살’이라고 불리는데 택일 문헌 이사택일 항목에 기술되어 있지 않다. 따라서 무시해도 좋다. 손 없는 날에서의 ‘손’은 일진에 따라 동서남북 네 방위로 옮겨 다니면서 사람의 활동을 방해하고 해코지한다는 악귀를 뜻한다. 예로부터 손 없는 날은 곧 악귀가 없는 날로서 악귀가 돌아다니지 않아 인간에게 해를 끼치지 않는 날이다. 세속에서 많이 활용하고 있으므로 참고로 기술한다. 가령 음력으로 1과 2로 끝나는 날은 동쪽으로만 이사를 가지 않으면 된다. 만약 9와 0으로 끝나는 날에 이사를 간다면 어느 방위로 이사를 가도 좋다.

※ **보충설명** : 택일에서는 누가 가장이 되는가?

　혼인을 한 성인 남자가 가장이 된다. 만약 남자 가장이 사망하고 없을 때에는 관례 곧 성년례를 행한 남자가 있을 때에는 아들이 가장이 되어 가족이 상을 당했거나 각종 제사 그리고 이사에서도 아들이 가장이 되었지만 현대에서는 가정을 이끌어나갈 수 있는 부인이 가장이 된다. 참고로 가장을 택일 문헌에서는 ‘가주(家主)’로 표시하고 있다.

제9장
개업·계약서·매매 및 제사·기복·구사 택일

1. 개업· 계약서 작성·매매(開市·立券·交易) 택일
　개시(開市)는 개업, 입권(立券)은 각종 계약, 교역(交易)은 교역을 뜻한다. 따라서 무역회사와 공장 그리고 소규모 가게 등에서의 개업, 부동산 매매·전월세 등의 계약, 교역이나 매매에서 활용하면 된다.

1) 택일
(1) 마땅한 날
　육덕일(세덕·세덕합·천덕·천덕합·월덕·월덕합), 천원일, 오부일, 건제12성의 성일·개일이 있다.
(2) 꺼리는 날
　월파일, 월해일, 월기일, 월삼살일, 건제12성의 평일·수일·폐일이 있다.153)

2) 길시
　길일을 고른 뒤에 황도시를 고르면 된다.

3) 예제
[문제] 2015년(乙未) 7월(癸未)에 개업을 하려고 한다. 마땅한 일시는?
《해설》 ① 마땅한 날 : 육덕 중 세덕은 13일, 세덕합은 18일, 천덕은 17일, 천덕합은 12일, 월덕은 17일, 월덕합은 12일에 해당한다. 그리고 천원은 해당하는 날이 없고, 오부는 13일과

---

153) 『選擇紀要』 用事類 <立券, 交易, 開市> 宜 : 六德, 天願, 五富, 成·開日, 忌 : 月破, 月忌, 平·收·閉日, 月三殺, 月害日.

25일, 성일은 26일, 개일은 해당하는 날이 없다. 해당하는 숫자를 살펴보면 12일·13일·17일이 2개이고, 18일·25일·26일은 1개이다. 해당하는 것이 없는 날은 10일·11일·19일·24일이다.

[예제] 개업날짜 택일 – 마땅한 날

양력	요일	음력	일진	육덕						천원	오부	성일	개일	해당수
				세덕	세덕합	천덕	천덕합	월덕	월덕합					
7/10	금	5/25	丁亥											0
11	토	26	戊子											0
12	일	27	己丑				√		√					2
13	월	28	庚寅	√							√			2
17	금	6/2	甲午			√		√						2
18	토	3	乙未		√									1
19	일	4	丙申											0
24	금	9	辛丑											0
25	토	10	壬寅								√			1
26	일	11	癸卯									√		1

[예제] 개업날짜 택일 – 꺼리는 날

양력	요일	음력	일진	월파	월기	월해	월삼살	평일	수일	폐일	해당수
7/10	금	5/25	丁亥								0
11	토	26	戊子			√					1
12	일	27	己丑	√							1
13	월	28	庚寅								0
17	금	6/2	甲午							√	1
18	토	3	乙未								0
19	일	4	丙申				√				1
24	금	9	辛丑	√							1
25	토	10	壬寅								0
26	일	11	癸卯								0

② 꺼리는 날: 월건 未와의 월파(丑)는 12일·24일, 월기는 매월 음력으로 5·14·23일인데 해당하는 날이 없고, 월건 未와의 월해(子)는 11일, 미월의 월삼살(申酉戌)은 19일, 건제12성의 평(戌)·수(辰)는 없고 폐(午)는 17일이다.

③ 《결론》 ☞ 길일 : 12일·13일·17일은 마땅함이 2개이다. 이중에서 13일은 꺼림이 전혀 없으므로 가장 좋은 날이다. 12일과 17일은 꺼림이 1개씩 있으므로 취하지 않는다. 이와 같이 택일은 흉에 가급적 해당하지 않고 길에 해당하는 것이 많은 날을 선택하면 된다.

☞ 길시 : 13일(庚寅)의 황도시는 子·丑·未·辰·戌·巳이다. 이중에서 자시·축시·술시는 불가능한 시간이다. 따라서 진시·사시·미시 중에서 하나를 선택해서 개업식을 하면 된다.

<표 9-1> 육덕(세덕·세덕합)

육덕 \ 세간	甲	乙	丙	丁	戊	己	庚	辛	壬	癸
세덕 (歲德)	甲	庚	丙	壬	戊	甲	庚	丙	壬	戊
세덕합 (歲德合)	己	乙	辛	丁	癸	己	乙	辛	丁	癸

<표 9-2> 육덕(천덕·천덕합·월덕·월덕합)

육덕 \ 월건	寅	卯	辰	巳	午	未	申	酉	戌	亥	子	丑
천덕 (天德)	丁	坤 未申	壬	辛	乾 戌亥	甲	癸	艮 丑寅	丙	乙	巽 辰巳	庚
천덕합 (天德合)	壬	·	丁	丙	·	己	戊	·	辛	庚	·	乙
월덕 (月德)	丙	甲	壬	庚	丙	甲	壬	庚	丙	甲	壬	庚
월덕합 (月德合)	辛	己	丁	乙	辛	己	丁	乙	辛	己	丁	乙
	덕은 거의 모든 흉살을 능히 제압할 수 있다. 다만 삼살과 세파는 제압하지 못한다.											

<표 9-3> 천원, 오부, 월파, 월해, 월은, 익후, 속세, 복생, 월기

신살 \ 월건	寅	卯	辰	巳	午	未	申	酉	戌	亥	子	丑
천원(天願)	乙亥	甲戌	乙酉	丙申	丁未	戊午	己巳	庚辰	辛卯	壬寅	癸丑	甲子
오부(五富)	亥	寅	巳	申	亥	寅	巳	申	亥	寅	巳	申
월파(月破)	申	酉	戌	亥	子	丑	寅	卯	辰	巳	午	未
월해(月害)	巳	辰	卯	寅	丑	子	亥	戌	酉	申	未	午
월은(月恩)	丙	丁	庚	己	戊	辛	壬	癸	庚	乙	甲	辛
익후(益後)	子	午	丑	未	寅	申	卯	酉	辰	戌	巳	亥
속세(續世)	丑	未	寅	申	卯	酉	辰	戌	巳	亥	子	午
복생(福生)	酉	卯	戌	辰	亥	巳	子	午	丑	未	寅	申
월기(月忌)	매월 음력 5·14·23일											

<표 9-4> 삼살일(기준: 월건)

삼살 \ 월건	申子辰	亥卯未	寅午戌	巳酉丑
삼살일	巳午未	申酉戌	亥子丑	寅卯辰

<표 9-5> (건제12성의) 평·수·폐(平·收·閉)

12성 \ 월건	寅	卯	辰	巳	午	未	申	酉	戌	亥	子	丑
성(成)	戌	亥	子	丑	寅	卯	辰	巳	午	未	申	酉
개(開)	子	丑	寅	卯	辰	巳	午	未	申	酉	戌	亥
평(平)	巳	午	未	申	酉	戌	亥	子	丑	寅	卯	辰
수(收)	亥	子	丑	寅	卯	辰	巳	午	未	申	酉	戌
폐(閉)	丑	寅	卯	辰	巳	午	未	申	酉	戌	亥	子

<서식 9-1>은 서기 2016년 2월 18일(병신년 음력 정월 열

하루)에 개업식을 한다고 가정하고 적은 것이다. '辛丑年 辛卯朔 十三日 癸卯日'에서 태세가 辛丑이므로 '辛丑', 이 날은 음력 정월에 속하므로 정월 초하루의 일진인 '辛卯朔', 이 날의 일진이 계묘일이므로 '癸卯日'을 적었다. 축문을 작성할 때에 밑줄 친 연월일, 사업주 이름, 상호만 고쳐서 작성하면 된다.

<서식 9-1> 개업고사 축문154)

개업고사 축문(開業告祀 祝文)

維 ~ 歲次 辛丑年 辛卯朔 十三日 癸卯日 事業主洪吉童 敢
昭告于、 貴址之神今爲 事業場呼稱 大有 吉辰擇日 至誠告祀于
前途 開業爾來 尋訪顧客 精誠盡力 顧客口傳 綿綿雲集 日益繁
昌 富貴榮達 祈願之耳 神其保佑 餠果酒脯 敬伸 址主于神 歆
饗。

유 ~ 세차 신축년 신묘삭 13일 계묘일 사업주 홍길동
감소고우、 귀지지신금위 사업장호칭 대유 길진택일 지성고사
우전도 개업이래 심방고객 정성진력 고객구전 면면운집 일익
번창 부귀영달 기원지이 신기보우 병과주포 경신 지주우신
흠향。

병신년 신묘삭 13일 계묘일에 사업주 홍길동은 터주신께 아뢰
나이다。 귀한 터의 지주신이시여、 이제 사업장 호칭을 대유라
정하고 이 길한 날을 택하여 정성을 다하여 고사를 드리옵나이
다。 앞으로 개업 이래 찾아주시는 고객에게 정성을 다하겠습니
다。고객들이 입소문을 전하여 오래토록 끊이지 않고 구름같이 손
님이 모여 날로 번창하고 부귀영화 있기를 기원하오니、 신께서는
보호하고 도와주소서。삼가 떡과 과일과 술과 포를 차려서 공경
을 다하여 드리오니、 지주신께서는 흠향 하시옵소서。

---

154) 이목춘 편집, 『祝文集覽』, 2010, 보경문화사. 187쪽 참조.

2. 제사·기복·구사(祭祀·祈福·求嗣) 택일

'제사'는 터주신·산신·지신·용왕신 등에게 지내는 제사, '기복'은 복을 빌기 위해서 행하는 불공이나 기도, '구사'는 아들을 얻기 위해 북두칠성·단군·부처·하느님[天神]·토속신앙 대상에 정성을 올리는 기도를 말한다. 대개 이러한 행사를 행할 때에는 길일을 선택해서 하게 되는데, 이때 음식을 진설해서 정해진 법도와 절차에 따라 하게 된다. 참고로 위에서의 '제사'는 기제사와는 다른 성격의 제사이다.

1) 택일
(1) 마땅한 날

육덕일, 천원일, 월은일, 익후일, 속세일, 복생일, 건제12성의 개일, 황도일이 있다.

(2) 꺼리는 날

본명일과 본명일대충일, 생기복덕법에서의 화해일과 절명일, 인일(寅日), 월파일, 월기일이 있다.155)

2) 길시

길일을 고른 뒤에 황도시를 선택하면 된다.

3) 예제

[문제] 1980년(庚申)에 출생한 남자가 2015년(乙未) 7월(癸未)에 사주까페 개업고사를 지내려고 한다. 길한 일시는?
《해설》 ① 마땅한 날 : 육덕 중 세덕은 13일, 세덕합은 18일, 천덕은 17일, 천덕합은 12일, 월덕은 17일, 월덕합은 12일이다. 그리고 월건 未의 월은(辛)은 24일이고 익후(申)는 19일이다. 그러나 속세(酉)와 복생(巳) 그리고 미월의 건제12성의

---

155) 『選擇紀要』 用事類 <祭祀, 祈福, 求嗣> 宜 : 六德, 月恩, 天願, 益後, 俗世, 開日, 福生, 黃道日. 忌 : 本命日, 對沖, 禍害, 絶命日, 寅日, 月破, 月忌日.

개(巳)는 해당하는 날이 없다. 그리고 미월의 황도일은 戌·亥·巳·寅·申·卯인데 10일은 亥·13일은 寅·19일은 申·25일은 寅. 26일은 卯이다. 해당하는 숫자를 살펴보면 12·13·17·19일은 2개, 10·18·24·25·26일은 1개씩이다.

② 꺼리는 날: 1980년의 간지는 庚申이다. 따라서 이 사람의 본명은 庚申이고 그 대충은 甲寅인데 모두 보이지 않는다. 그리고 이 해에 출생한 사람은 2015년도에 36세인데 화해일은 酉이고 절명일은 未와 申이다. 표에서 화해일은 없고 절명일은 18일과 19일이다. 그리고 인일(寅日)은 13일과 25일, 월파일(丑)은 12일이다. 월기는 해당하는 날이 없다. 표를 보니 12일·13일·18일·19일.25일은 흉이 하나씩이고 나머지 날은 해당하는 것이 없다.

③ 《결론》 ☞ 길일 : 17일(甲午)은 마땅이 2개이고 꺼림이 없으므로 최길하고, 10·24·26일은 마땅이 1개이고 꺼림이 없으므로 차길하다. 이와 같이 택일은 흉에 가급적 해당하지 않고 길에 해당하는 것이 많은 날을 선택하면 된다.

☞ 길시 : 17일(甲午)의 황도시는 申·酉·卯·子·午·丑이다. 이중에서 묘시·자시·축시는 불가능한 시간이다. 따라서 신시·유시·오시 중에서 하나를 선택해서 제사와 기복 그리고 구사 기도를 하면 된다.

[예제] 개업고사 택일 - 마땅한 날

양력	요일	음력	일진	세덕	세덕합	천덕	천덕합	월덕	월덕합	월은	익후	속세	복생	개일	황도	해당수
7/10	금	5/25	丁亥												√	1
11	토	26	戊子													0
12	일	27	己丑				√		√							2
13	월	28	庚寅	√											√	2
17	금	6/2	甲午			√		√								2

18	토	3	乙未	√							1
19	일	4	丙申				√			√	2
24	금	9	辛丑			√					1
25	토	10	壬寅							√	1
26	일	11	癸卯							√	1

[예제] 개업고사 택일 – 꺼리는 날

양력	요일	음력	일진	본명일	본명일대충일	화해	절명	寅日	월파	월기	해당수
7/10	금	5/25	丁亥								0
11	토	26	戊子								0
12	일	27	己丑						√		1
13	월	28	庚寅					√			1
17	금	6/2	甲午								0
18	토	3	乙未				√				1
19	일	4	丙申				√				1
24	금	9	辛丑								0
25	토	10	壬寅					√			1
26	일	11	癸卯								0

제10장
가옥건축 및 가옥수리 택일

> 제1절. 안락한 주거 공간 조성을 위한, **가옥건축 택일**

---

1. 좋은 가상, 주거지

1) 『황제택경』에서의 좋은 가상

『황제택경』은 양택풍수 명저이다. 『사고전서』의 풍수지리 문헌 가운데에서 첫 번째에 이 책이 수록되어 있으므로 이 책의 위상을 짐작할 수 있다. 이 문헌에서는 가옥의 5허와 5실을 다음과 같이 설명하고 있다.

♣ 『황제택경』에서의 가옥의 5허와 5실에 관한 지침	
(1) 다섯 가지의 허(虛)	(2) 다섯 가지의 실(實)
첫째, 집이 크고 사람이 적으면 나쁘다.	첫째, 집이 작고 사람이 많으면 좋다.
둘째, 문은 큰데 집안이 작으면 나쁘다.	둘째, 집이 크고 문이 작으면 좋다.
셋째, 집에 담장이 갖추어져있지 않으면 나쁘다.	셋째, 집에 담장이 완전하면 좋다.
넷째, 우물과 부엌이 제자리에 없으면 나쁘다.	넷째, 집이 작고 가축이 많으면 좋다.
다섯째, 주택지가 큰데 집이 작고 정원이 공대(空大)하면 나쁘다.	다섯째, 집의 물이 동남쪽으로 흐르면 좋다.[156]

『황제택경』에서는 또한 가옥과 묘지의 길흉작용을 아래와 같이

---

156) 『皇帝宅經』 <總論>, "宅大人少一虛宅, 門大內小二虛, 牆院不完三虛, 井灶不處四虛, 宅地多屋, 少庭院廣, 五虛. 宅小人多一實, 宅大門小二實, 牆院完全三實, 宅小六畜多 四實, 宅水溝東南流五實."

기술하고 있다. 현재 우리나라에서 화장하는 비율이 매장하는 비율을 많이 앞지르고 있는 현실에서 가옥의 중요성은 더욱 더 높아졌다.

> ♣ 『황제택경』에서의 가옥과 묘지에 관한 지침
> 첫째, 묘지가 흉하고 가옥이 길하면 자손에게 관록이 있다.
> 둘째, 묘지가 길하고 가옥이 흉하면 자손에게 의식이 부족하다.
> 셋째, 묘지와 가옥이 모두 길하면 자손에게 영화가 있다.
> 넷째, 묘지와 가옥이 모두 흉하면 자손이 고향을 떠나 근본을 잃는다.[157]

2) 『택리지』에서의 주거론

조선후기 영조 때의 실학자 이중환(1751, 영조 27)이 편찬한 『택리지』에는 사람이 살 만한 터를 고를 때에 네 가지 조건을 갖춰야 한다고 기록되어 있다. 지리는 비록 좋아도 그곳에서 생산되는 이익이 모자란다면 오래 살 곳이 못 되고, 생산되는 이익이 비록 좋을지라도 지리가 좋지 않으면 이 또한 오래 살 곳이 못 된다.

> ♣ 『택리지』에서의 좋은 주거지 조건에 관한 지침
> 첫째, 가장 먼저 지리(地理)가 좋아야 한다.
> 둘째, 주거지에서 얻을 경제적 이익이 있어야 한다.
> 셋째, 고장의 인심이 좋아야 한다.
> 넷째, 아름다운 산수가 있어야 한다.
> 이 네 가지에서 하나라도 충족시키지 못하면 살기 좋은 땅이 아니다.[158]

---

157) 『皇帝宅經』 <總論>, "墓凶宅吉, 子孫官祿, 墓吉宅凶, 子孫衣食不足, 墓宅俱吉, 子孫榮華, 墓宅俱凶, 子孫移鄕絕種."
158) 이중환, 『택리지』, 을유문화사, 2000, 121쪽.

지리가 좋고 생산되는 이익이 풍부할지라도 그 지방의 인심이 후하지 않으면 반드시 후회할 일이 생기고, 가까운 곳에 소풍을 갈만한 산천이 없으면 정서를 화창하게 할 수 없다. 따라서 가옥을 건축하기 이전에 이상의 조건을 고려해서 집터를 결정해야 한다. 그러나 현대에서 이러한 조건을 모두 갖추고 건축한다는 것은 지난한 일이다. 가급적 지리적인 조건과 자연적인 조건을 갖춘 곳이라면 좀 더 나은 터가 될 것이다. 도시에서는 자연적인 터를 고르기보다는 도로에 인접한 곳, 막다른 골목 끝, 유흥가 밀집 지역을 피해서 건축하거나 거주하는 것이 좋다.

2. 건축(成造) 길흉년

1) 택년

가옥은 아무 해에나 짓지 않는다. 가옥건축에 길한 해가 있고 흉한 해가 있기 때문이다. 건축에 길한 해인지 흉한 해인지를 가장의 나이로 정하는 방법으로 '금루사각(金樓四角)'과 성조본명사각(成造本命四角)이 수록되어 있다.

8 18 28 38 48 58 68 78 Ⅹ ☴ 손	9 19 29 39 49 59 69 79 ○ ☲ 리	10 20 30 40 50 60 70 80 Ⅹ ☷ 곤
7 17 27 37 47 57 67 77 ○ ☳ 진	4 5 14 15 24 25 34 35 44 45 54 55 64 65 Ⅹ	1 11 21 31 41 51 61 71 ○ ☱ 태
6 16 26 36 46 56 66 76 Ⅹ ☶ 간	3 13 23 33 43 53 63 73 ○ ☵ 감	2 12 22 32 42 52 62 72 Ⅹ ☰ 건

<그림 10-1> 금루사각

이중에서 금루사각법159)은 『선택기요』·『연길귀감』과 『천기대요』 모두에 수록되어 있고, 성조본명사각은 『천기대요』에만 소개되어 있다. 두 이론은 상반된다.

조선후기 숙종~영조대의 유중림(1705~1771)의 『산림경제』 선택[택일] 조항에는 금루사각에 대해 다음과 같은 글이 기록되어 있다. "사각이란 그 방소가 일정하지 않아서 사리에 어두운 자는 이것에 구애되는 일이 많다. 그러니 지금 일자(日者, 지관, 지사)들이 사용하는 것은 모두 잘못된 것이다. 오직 이 금루사각만이 의거할 만한 점이 있다."160)고 하였다.

그 방법은 먼저 팔괘를 배열하되 1을 태(兌)에서 시작하여 2는 건(乾), 3은 감(坎), 4·5는 중궁(中宮)에 들어갔다가 6은 도로 간(艮)으로 나와서 7은 진(震), 8은 손(巽), 9는 이(离), 10은 곤(坤)의 순으로 돌아, 다시 태에서 시작하여 계산하되 건·곤·간·손 네 궁과 중위(中位)에는 살이 있고 감·이·진·태 네 개의 궁은 모두 사용할 수 있다. 대개 사람의 나이가 1·3·7·9에 이르러서는 바야흐로 집 지을 운에 맞는다."161) 가장의 나이가 태궁·감궁·진궁·리궁의 네 정위에 드는 해에 집을 지으면 가운이 대통하지만, 가장의 나이가 건궁·간궁·손궁·곤궁의 네 모퉁이에 드는 해와 중궁에 드는 해에 집을 지으면 불리하다.

[활용] 가장의 나이 41세에는 네 정위의 하나인 태궁에 드니 집을 지으면 길하다. 그러나 42세에는 네 모퉁이의 하나인 건궁에 드니 나쁘다.

2) 예제

[문제] 2015년도에 53세인 남자가 5년 안에 집을 지으려고 한다. 언제가 좋은가?

---

159) 『選擇紀要』 下編 <造葬類> 金樓四角을 재편집.
160) 유중림, 『증보산림경제』, 농촌진흥청, 2003, 275쪽.
161) 유중림, 『증보산림경제』, 농촌진흥청, 2003, 275~276쪽.

《해설》 <그림 10-1>에 의하면 57세가 되는 2019년이 좋다.

3. 건축 좌향

1) 좌향

좌향에서 좌(坐)는 건축물이 등진 방위이고 향(向)은 건축물이 향하는 방위이다. 한 가족이 살아가는 집 혹은 사무실의 건축물 좌향은 건축하는 해의 태세지로 결정하는 지운정국(地運定局)이 활용되고 있다. <표 10-1>에 수록되어 있는 24방위는 제6장의 <그림 6-3>을 참조하면 알 수 있다.

<표 10-1> 건축 좌향(지운정국)

태세	길한 좌향
辰 戌 丑 未	寅 申 巳 亥 艮 坤 巽 乾
子 午 卯 酉	子 午 卯 酉 壬 丙 甲 庚
寅 申 巳 亥	辰 戌 丑 未 乙 辛 癸 丁[162]

2) 예제

[문제] 2015년(乙未)에 가옥을 건축하려고 한다. 길한 좌향은?

《해설》 <표 11-1>을 참조하니 寅, 申, 巳, 亥, 艮, 坤, 巽, 乾 (인, 신, 사, 해, 간, 곤, 손, 건) 좌향이 좋다.

4. 시역(始役) 택일

시역은 토목이나 건축공사를 시작하는 것을 말한다. 대개 가옥을 건축하기 이전에 땅 평탄 공사를 먼저 하게 되는데 이 공사가 시역이다. 그러나 만약 토목공사를 하지 않더라도, 가옥 건축

---

162)『選擇紀要』上編 <用事類> 地運定局 참조 재편집.

을 시작하는 공사가 시역이 된다. 시역 택일에서 특이한 점은 마땅한 날이나 길한 날이 없다는 것이다.

1) 택일
(1) 꺼리는 날
본명일·대충일, 화해, 절명, 월파, 월기, 토왕용사가 있다.
토왕용사에는 동토를 하는 것은 옳지 않다.
(2) 길시
황도길시에 하면 마땅하다.163)

2) 설명
여기에서의 본명일은 가주 곧 가장 출생년의 간지를 말하고, 본명대충일은 본명일과 천간 및 지지가 충이 되는 간지일을 말한다. 가령 1962년(壬寅)에 출생한 가주이라면 본명일은 壬寅이고 본명일대충일은 丙申이다. 그리고 월파일은 월건지와 충이 되는 날이다. 가령 월건이 巳이라면 월파는 巳와의 충이 되는 亥이다. 월기일은 매월 음력 5일(초닷새), 14일(열나흘), 23일(스물사흘)이다. 화해일과 절명일은 생기복덕의 화해일과 절명일이고, 토왕용사는 오행의 하나인 토(土)가 왕성한 시기를 말한다.

3) 예제
[문제] 2015년(乙未) 5월(월건 巳)에 가옥을 건축하기 이전에 토목작업을 하려고 한다. 길일과 길시는? 가주는 1960년에 출생한 남자이고 출생한 해의 간지는 庚子이며 금년에 56세이다.

---

163) 『選擇紀要』上編 <用事類>, "忌: 本命日對沖, 禍害, 絶命, 月破, 月忌, 土旺用事. 曆注不宜動土日, 宜用皇道吉時."

[예제] 시역(始役) - 꺼리는 날

양력	음력	요일	일진	가주의 본명일	본명일 대충일	가주의 화해일	가주의 절명일	월파	월기	토왕 용사	해당 수
5/8	3/20	금	甲申								
9	21	토	乙酉								
10	22	일	丙戌				✓				
11	23	월	丁亥				✓	✓	✓		
12	24	화	戊子								

《해설》 가주의 본명일인 庚子와 그 대충일인 甲午가 보이지 않는다. 제5주의 <표 5-6>에서 가주의 화해일은 丑과 寅이고 절명일은 戌과 亥이다. 화해일은 없고, 절명일은 10일(丙戌)과 11일(丁亥)이다. 월건인 巳와 충이 되는 월파는 11일(丁亥)이고, 월기일은 음력 3월 23일(양력 5월 11일)이다. 토왕용사에는 해당하는 날이 없다. 따라서 최흉일은 흉이 3개인 5월 11일이고, 차흉일은 흉이 1개인 10일이다.

☞ 길일 : 흉이 없는 날짜는 5월 8일, 9일, 12일이므로 이 날들 중 하루를 선택하면 된다.

☞ 길시 : 5월 8일·9일·12일 중에서 8일을 선택했다고 가정한다. 8일의 일진은 甲申이다. 관례택일의 <표 4-6>을 보니 申일의 황도시가 子·丑·未·辰·戌·巳이다. 이중에서 자시, 축시, 술시는 밤 시간이므로 불가능하다. 따라서 낮 시간인 진시, 사시, 미시 중에서 하나를 선택해서 토목작업을 하면 된다.

5. 주춧돌 놓기[定礎] 택일

우리나라의 전통 한옥에서 기둥으로부터 전달되는 건물의 무게를 땅에 전달하는 작용을 하는 것이 주춧돌이다. '정초'에서의 초(礎)는 주춧돌이다. 주춧돌은 가옥이나 건물을 지을 때에 기둥을 세우기 전에 터를 다진 후, 기둥 놓을 자리에 놓는 네모 혹은 둥근 돌이다. 거의 모든 건물의 입구에 '머릿돌' 혹은 '定礎(정초)'라고 새겨진 돌이 이것인데, 대개는 건물의 이름과 설계한 사람, 준공한 날짜 등이 이 돌에 새겨져 있다. 현대식 양옥을 지을 때에는 건물 바닥 콘크리트를 타설할 때에 이 이론을 적용하면 된다.

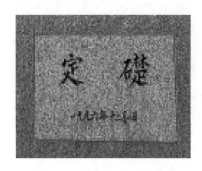 

<그림 10-2> 정초(좌) ‖ 주춧돌(우)

1) 택일

『선택기요』에서의 주춧돌을 놓는 데에 마땅하고 꺼리는 날은 앞의 시역과 서로 같다.164) 꺼리는 날을 피하고 마땅한 날을 골라 길시에 주춧돌을 놓으면 된다. 꺼리는 날은 가주의 본명일, 가주 본명일의 대충일, 생기복덕의 화해일과 절명일, 월파일, 월기일, 토왕용사~사립일이다.

<표 10-2> 월파, 천화, 월기

월건\신살	寅	卯	辰	巳	午	未	申	酉	戌	亥	子	丑
월파 (月破)	申	酉	戌	亥	子	丑	寅	卯	辰	巳	午	未
천화 (天火)	子	卯	午	酉	子	卯	午	酉	子	卯	午	酉
월기 (月忌)	매월 음력 5·14·23일											

---

164) 『選擇紀要』上編 <用事類>, 始役 "宜忌上同."

2) 길시

황흑도길흉정국의 황도시가 있다. 황도시는 제2장 관례편의 <표 4-6>을 참조하면 된다. 가령 子일 곧 쥐날에 주춧돌을 놓는다고 가정한다. <표 4-6>의 맨 아래에서 둘째 줄의 子일에 있는 황도시인 申·酉·卯·子·午·丑이 길시이다. 따라서 이중에서 하나를 선택하면 된다.

3) 예제

[문제] 2015년 6월(월건: 壬午)에 주춧돌을 놓으려고 한다. 길일과 길시는? 가주는 1963년에 출생한 남자이고 출생한 해의 간지는 癸卯이며 2015년에 53세이다.

《해설》 가주의 본명일인 癸卯와 그 대충일인 丁酉가 보이지 않는다. <표 5-6>에서 53세 가주의 화해일은 午이고 절명일은 辰과 巳이다. 화해일은 11일(戊午)이고 절명일은 9일(丙辰)과 10일(丁巳)이다. 그리고 월기일은 음력 4월 23일(양력 6월 9일)이다. 따라서 최흉일은 흉살이 2개인 6월 9일, 차흉일은 1개인 10일과 11일이다.

☞ 길일 : 흉이 없는 날짜는 6월 8일, 12일, 13일, 14일, 15일이므로 이 날들 중 하루를 선택하면 된다.

☞ 길시 : 6월 8일, 12일, 13일, 14일, 15일 중에서 6월 8일을 선택했다고 가정한다. 8일의 일진은 乙卯이다. <표 7-7>를 보니 卯일의 황도시가 寅·卯·酉·午·子·未이다. 이중에서 인시, 묘시, 유시, 자시는 밤 또는 이른 새벽과 저녁이므로 불가능하다. 따라서 오시 혹은 미시에 초석을 놓으면 된다.

[예제] 주춧돌 놓기 택일 - 꺼리는 날

양력	음력	요일	일진	가주의 본명일	본명일 대충일	가주의 화해일	가주의 절명일	월파	월기	토왕 용사	해당 수
6/8	4/22	월	乙卯								0
9	23	화	丙辰				√		√		2

10	24	수	丁巳			√				1
11	25	목	戊午		√					1
12	26	금	己未							0
13	27	토	庚申							0
14	28	일	辛酉							0
15	29	월	壬戌							0

6. 기둥 세우기[立株] 택일

입주는 주춧돌 위에 기둥을 세우는 일이다. 기둥을 미리 준비해 두었다가 주춧돌 위에 기둥을 세우면 된다. 기둥을 세우는 일에서 마땅하고 꺼리는 날은 앞의 시역과 서로 같다. 다만 꺼리는 날에 화재를 뜻하는 천화가 추가된다.165)

1) 택일

꺼리는 날은 가주의 본명일, 가주의 본명일 대충일, 생기복덕의 화해일과 절명일, 월파일, 월기일, 토왕용사~사립일, 천화일이 있다.

2) 길시

황흑도길흉정국의 황도시가 있다.

황도시는 <표 4-6>을 참조하면 된다.

<그림 10-3> 기둥

3) 예제

[문제] 2015년 6월(월건 壬午)에 기둥을 세우려고 한다. 길일과 길시는? 가주는 1963년(癸卯)에 출생한 남자이고 2015년에 53세이다.

《해설》 가주의 본명일인 癸卯와 그 대충일인 丁酉가 보이지 않

---

165) 『選擇紀要』 上編 <用事類>, "宜忌上同. 用黃道吉時. 又忌天火日."

는다. <표 5-6> 남녀본명생기법을 보니 53세 가주의 화해일은 午이고 절명일은 辰과 巳이다. 화해일은 23일(庚午)이고 절명일은 21일(戊辰)과 22일(己巳)이다. 그리고 월파일과 천화일은 모두 17일(甲子), 월기일은 음력 5월 5일(양력 6월 20일)이다. 최흉일은 흉살이 2개인 6월 17일이고, 차흉일은 1개인 6월 20일, 21일, 22일, 23일이다.

《결론》 ☞ 길일 : 꺼리는 것이 없는 날짜가 6월 16일, 18일, 19일이므로 이중에서 하루를 선택하면 되는데, 6월 16일을 선택했다고 가정한다. 16일의 일진은 癸亥이다.

☞ 길시 : 제7장에 있는 <표 7-7>을 보니, 亥일의 황도시가 午·未·丑·戌·辰·亥이다. 이중에서 축시, 술시, 해시는 밤 또는 이른 새벽과 저녁이므로 불가능하다. 따라서 오시(午時)나 미시(未時)나 진시(辰時)에 기둥을 세우면 된다.

[예제] 기둥 세우기 - 꺼리는 날

양력	음력	요일	일진	가주의 본명일	본명일 대충일	가주의 화해일	가주의 절명일	월파일	월기일	토왕 용사	천화	숫자
6/16	5/1	화	癸亥									0
17	2	수	甲子					√			√	2
18	3	목	乙丑									0
19	4	금	丙寅									0
20	5	금	丁卯						√			1
21	6	토	戊辰				√					1
22	7	일	己巳				√					1
23	8	월	庚午			√						1

7. 상량식 택일

1) 택일

상량(上樑)은 마룻대이고 상량식은 마룻대를 올려놓는 의식이다. 가옥 건축에서 상량문을 지어야 집이 완성된다고 믿었으며 상량식은 건물 건축과정에서 꼭 필요하였다. 대개의 경우 가옥을 건축할 때에 길일을 받아 상량식을 거행한다. 상량식에서 마땅하고 꺼리는 날은 앞의 시역과 서로 같다.[166] 꺼리는 날을 피해서 상량식을 거행하면 된다. 꺼리는 날은 본명일, 본명일대충일, 생기복덕의 화해일과 절명일, 월파일, 월기일, 토왕용사~사립일이 있다. 동토일은 상량을 비롯한 건축과 수리에서도 꺼린다.

2) 길시

황흑도길흉정국의 황도시가 있다. 황도시는 관례편의 <표 4-6>을 참조하면 된다.

3) 예제

[문제] 2015년(乙未) 6월(壬午)에 상량식을 하려고 한다. 길일과 길시는? 가주는 1963년에 출생한 남자이고 출생한 해의 간지는 癸卯이며 2015년에 53세이다.

《해설》 가주의 본명일인 癸卯와 그 대충일인 丁酉가 없다. 제5주차 <표 5-6>을 보니 53세 남자의 화해일은 午이고 절명일은 辰과 巳이지만 해당하는 일진이 없다. 오월(午月)의 월파일인 子는 29일(丙子)이고, 월기일은 음력 5월 14일(양력 6월 29일)이다. 따라서 흉살이 2개인 6월 29일이 흉일이다.

① 마땅한 날 : 마땅한 날이 6월 24일, 25일, 26일, 27일, 28일이므로 이 날들 중 하루를 선택하면 된다.

② 마땅한 시 : 6월 24일, 25일, 26일, 27일, 28일 중에서 6월 24일을 선택했다고 가정한다. 24일의 일진은 辛未이다.

---

166) 『選擇紀要』 上編 <用事類>, "宜忌上同."

<표 7-7>을 보니 未일의 황도시가 戌·亥·巳·寅·申·卯이다. 이 중에서 술시, 해시, 인시, 묘시는 밤 또는 이른 새벽이므로 불가능하다. 따라서 사시 혹은 신시에 상량식을 하면 된다.

[예제] 상량식 택일 - 꺼리는 날

양력	음력	요일	일진	가주의 본명일	본명일 대충일	가주의 화해일	가주의 절명일	월파일	월기일	토왕용사	해당수
6/24	5/9	수	辛未								0
25	10	목	壬申								0
26	11	금	癸酉								0
27	12	토	甲戌								0
28	13	일	乙亥								0
29	14	월	丙子					√	√		2

8. 파옥과 담허물기[破屋毁垣] 택일

'파옥'은 가옥을 부수는 일이고 '훼원'은 담을 허무는 일이다. 도시와 농어촌에서 가옥을 건축하거나 수리하기 위해 집이나 담을 부수는 일을 종종 목격하게 된다. 이러한 일에서 마땅한 날에는 건제12성의 파일이 있다. 그리고 꺼리는 날에는 건제12성의 평일과 건일 및 토왕용사 이후의 날도 꺼린다.[167] 이와 같이 파옥과 담 허물기에서는 건제12성의 이론이 주로 활용되고 있다는 것을 알 수 있다.

1) 택일
(1) 마땅한 날
  파일(破日)이다.
(2) 꺼리는 날

---

167) 『選擇紀要』 上編 <用事類>, "宜: 破日, 忌: 平日, 建日, 土旺用事後日."

평일, 건일, 토왕용사 뒤의 날들.

<표 10-3> (건제12성의) 건·평·파

12성 \\ 월건	寅	卯	辰	巳	午	未	申	酉	戌	亥	子	丑
파(破)	申	酉	戌	亥	子	丑	寅	卯	辰	巳	午	未
건(建)	寅	卯	辰	巳	午	未	申	酉	戌	亥	子	丑
평(平)	巳	午	未	申	酉	戌	亥	子	丑	寅	卯	辰

2) 예제

[문제] 서기 2015년 4월(庚辰) 11일에서 15일 사이에 가옥을 부수려고 한다. 길일과 길시는?

《해설》 진월의 마땅한 날인 파(破)에 해당하는 戌이 없다. 꺼리는 날 중에서 건(建)인 辰은 없고, 평인 未는 13일이며, 이 기간에는 토왕용사에 해당하지 않는다. 따라서 흉이 1개인 13일을 제외한 날 중에서 하루를 골라서 집이나 담을 부수면 된다.

[예제] 가옥 부수기 - 꺼리는 날

양력	음력	요일	일진	파일	해당수	건일	평일	토왕용사	해당수
4/11	2/23	토	丁巳		0				0
12	24	일	戊午		0				0
13	25	월	己未		0		√		1
14	26	화	庚申		0				0
15	27	수	辛酉		0				0

부수는 시간은 <표 7-7>의 황도시를 쓴다. 가령 4월 11일을 선택했다면 이 날의 일진이 丁巳이므로 午·未·丑·戌·辰·亥가 길시이다. 이중 축시, 술시, 해시는 밤이므로 불가하다. 따라서 낮 시간인 진시, 오시, 미시 중의 하나를 골라 파옥하면 된다.

```
┌─────────────────────────────────────────────┐
│     제2절. 가옥수리 방위와 택일, 인테리어 택일      │
└─────────────────────────────────────────────┘
```

건축한지 오래된 가옥을 수리하거나 또는 새로 단장[인테리어]
할 때에 적용하면 된다. 가옥수리 길흉일과 방위를 차례로 알아
본다.

1. 가옥 수리 및 단장[인테리어] 택일

1) 길일

건제12성의 길일, 수조동토길일, 천룡일·지아일, 대투수일이 있
다.

(1) 건제12성의 정·집·위·성·개

<표 10-4> (건제12성의) 정·집·위·성·개 ∥ 건·폐

월건 12성	寅	卯	辰	巳	午	未	申	酉	戌	亥	子	丑
정(定)	午	未	申	酉	戌	亥	子	丑	寅	卯	辰	巳
집(執)	未	申	酉	戌	亥	子	丑	寅	卯	辰	巳	午
위(危)	酉	戌	亥	子	丑	寅	卯	辰	巳	午	未	申
성(成)	戌	亥	子	丑	寅	卯	辰	巳	午	未	申	酉
개(開)	子	丑	寅	卯	辰	巳	午	未	申	酉	戌	亥
건(建)	寅	卯	辰	巳	午	未	申	酉	戌	亥	子	丑
폐(閉)	丑	寅	卯	辰	巳	午	未	申	酉	戌	亥	子

(2) 수조동토길일(修造動土吉日)

수조동토길일에는 상일(相日), 생기, 천덕, 월덕, 월은, 황흑도
길흉정국의 옥당일과 금궤일이 있다. 이 날 가옥을 수리하거나
방·창고·부엌 및 외양간·변소 등을 짓거나 수리하여 흙을 다루어

집터를 닦거나 벽을 바르는 일 등 모든 흙을 다루는 일에서 길하다.

<표 10-5> 수조동토길일

월건\길일	寅	卯	辰	巳	午	未	申	酉	戌	亥	子	丑
상일(相日)	巳	巳	巳	申	申	申	亥	亥	亥	寅	寅	寅
생기(生氣)	戌	亥	子	丑	寅	卯	辰	巳	午	未	申	酉
천덕(天德)	丁	坤未申	壬	辛	乾戌亥	甲	癸	艮丑寅	丙	乙	巽辰巳	庚
월덕(月德)	丙	甲	壬	庚	丙	甲	壬	庚	丙	甲	壬	庚
월은(月恩)	丙	丁	庚	己	戊	辛	壬	癸	庚	乙	甲	辛

(3) 천롱일·지아일

이 날은 가옥수리와 변소건축에서도 길일이다.

<표 10-6> 천롱일·지롱일

각순\길일	천롱일(天聾日)	각순\길일	지롱일(地聾日)
갑자갑술	丙寅 戊辰 丙子	갑자갑술	乙丑 丁卯 己卯 辛巳
갑신갑오	丙申 庚子	갑신갑오	乙未 己亥 辛丑
갑진갑인	壬子 丙辰	갑진갑인	辛亥 癸丑 辛酉

(4) 대투수일(大偸修日)

이 날에는 모든 흉살이 하늘로 올라가고 없으므로 공작 및 가옥 수리에 길하다.

<표 10-7> 대투수일

	대투수일
갑진순	壬子, 癸丑

갑인순	丙辰, 丁巳, 戊午, 己未, 庚申, 辛酉

2) 흉일

건제12성의 건·폐와 황흑도길흉정국의 천형흑도·주작흑도·백호흑도·천뢰흑도가 있다. 건제12성의 건·폐는 <표 10-4>, 황흑도길흉정국은 <표 4-6>을 각각 참조하면 된다.

3) 예제

[문제] 1963년(癸卯)에 출생한 남자가 2016년(丙申) 인월(寅月)에 집수리를 하려고 한다. 길일은?

《해설》① 마땅한 날 : 건제12성의 정은 18일, 집은 19일이다. 인월의 수조동토길일의 상일은 17일, 천덕은 15일, 옥당황도는 19일, 금궤황도는 16일이다. 그리고 천룡일은 16일, 지룡일은 15일이다. 이 외에는 길신이 든 날은 없다.

[예제] 가옥수리 택일 - 마땅한 날

양력	요일	일진	건제12성					수조동토길일							천룡	지룡	대투수	해당수
			정	집	위	성	개	상일	생기	천덕	월덕	월은	옥당	금궤				
2/15	월	丁卯								√						√		2
16	화	戊辰												√	√			2
17	수	己巳						√										1
18	목	庚午	√															1
19	금	辛未		√									√					2
20	토	壬申																0

② 꺼리는 날 : 황흑도길흉정국의 주작흑도는 15일, 백호흑도는 18일, 천뢰흑도는 20일이다. 건제12성의 건·폐에는 해당하는 날이 없다.

[예제] 가옥수리 택일 - 꺼리는 날

양력	요일	일진	건제 12성		흑도일				해당 수
			건	폐	천형	주작	백호	천뢰	
2/15	월	丁卯				√			1
16	화	戊辰							0
17	수	己巳							0
18	목	庚午					√		1
19	금	辛未							0
20	토	壬申						√	1

《결론》 흉살이 있는 날은 15일, 18일, 20일이다. 세 날을 제외한 날 중에서 16일과 19일은 길신이 2개이므로 최길하고, 17일은 1개이므로 차길하다.

2. 가옥수리 방위

1) 흉한 방위

수리하려고 하는 해의 무기방(戊己方), 태세방, 세파방, 삼살방, 대장군방을 수리하면 흉하다.

(1) 무기방(戊己方)

무기방은 수리하려고 하는 해의 태세와 월건으로 정한다. "戊와 己는 '도천(都天)'이며 토살(土殺)로서 수리하는 해(年)의 납음오행으로 극하면 흉살이 숨고 수리하는 방위를 범하면 대흉하다."[168] 도천 곧 토살은 태세를 따라 오호둔을 일으켜서 戊己가 닿는 곳이다. 가령 乙년의 하나인 乙未년에는 戊寅에서 둔월을

---

168) 『選擇紀要』下篇 造葬類上 <神殺義例>, "戊己都天乃土殺也. 年納音克之爲隱, 修方犯之大凶."

일으켜서 戊寅과 己卯가 닿는 곳이 이것이며 흉하다.

병술, 을미 갑진, 계축 임술, 신미 손(巽):辰·巳/ 동남	임오, 신묘 경자, 기유 무오, 정묘 병자 리(離):午/ 정남	갑신, 계사 임인, 신해 경신, 기사 戊寅 곤(坤):未申/ 남서
을유, 갑오 계묘, 임자 신유, 경오 己卯 진(震):卯/ 정동	무인, 정해 병신, 을사 갑인, 계해 임신 중궁(中宮)	경진, 기축 무술, 정미 병진, 을축 갑술 태(兌):酉/ 정서
신사, 경인 기해, 무신 정사, 병인 을해 간(艮):寅·丑/ 남동	계미, 임진 신축, 경술 기미, 무진 정축 감(坎):子/ 정남	기묘, 무자 정유, 병오 을묘, 갑자 계유 건(乾):亥·戌/ 서북

<그림 10-4> 무기방과 태세방(乙未년 예제)

그러나 수리하는 해의 납음오행으로 극하면 흉살이 숨는다. <그림 10-4>의 우측하단과 같이 己卯가 닿은 곳이 건궁이다. 따라서 건궁이 뜻하는 서북방을 수리하면 안 된다. 60갑자 납음오행은 <표 3-4>를 참조하면 된다.

사중금		성두토	
甲午	乙未	戊寅	己卯

수리하는 해의 간지가 乙未이면 乙未의 납음오행이 사중금이다. 이 금에서 戊寅과 己卯의 납음오행인 성두토를 극하지 못하므로 반드시 피해야 한다.

(2) 태세방(太歲方)

수리하려고 하는 해의 첫 월건을 중궁에 넣은 뒤에 순으로 돌려서 본년의 간지가 닿는 곳이 태세방이다. 가령 乙未년에 수리를 할 경우, 을미년의 첫 월건인 戊寅을 중궁에 넣어서 순으로 돌리면 <그림 10-4>의 좌측하단과 같이 乙未가 손궁에 닿는데 이곳이 태세방이다. 따라서 乙未년에는 손궁이 뜻하는 동남방을 수리하면 안 된다. 수리하는 해의 천간만 알면 <표 10-8>을 참조, 그 해의 첫 월건을 중궁에 넣어서 순행시키면 된다.

<표 10-8> 월건 정하는 방법

甲己年 (갑기년)	丙寅頭 (병인두)	甲이나 己로 시작하는 해에는 인월을 丙寅으로 시작
乙庚年 (을경년)	戊寅頭 (무인두)	乙이나 庚으로 시작하는 해에는 인월을 戊寅으로 시작
丙辛年 (병신년)	庚寅頭 (경인두)	丙이나 辛으로 시작하는 해에는 인월을 庚寅으로 시작
丁壬年 (정임년)	壬寅頭 (임인두)	丁이나 壬으로 시작하는 해에는 인월을 壬寅으로 시작
戊癸年 (무계년)	甲寅頭 (갑인두)	戊나 癸로 시작하는 해에는 인월을 甲寅으로 시작

태세에 대해 조진규의 『역사명원』에서는, 태세는 임금의 상이며 모든 신을 거느리고 이끌어서 방위를 통솔하여 바르게 하며 시간 질서를 주관한다. 만약 국가에서 지방을 순찰하거나, 출병하여 공격하거나, 궁궐을 짓거나, 영토를 개척한다면 태세방위를 향할 수 없다. 서민은 가옥을 수리 또는 짓거나 담장을 쌓을 때에 이 방위를 피해야 한다.[169]고 하였다. 따라서 이 방위로 가옥을 짓거나 수리할 수 없음을 알 수 있다.

(3) 세파방(歲破方)

수리하려고 하는 해의 태세를 충(沖)을 하는 12지가 세파이다. 가령 태세가 未이면 세파는 丑, 태세가 申이면 세파는 寅이다.

<표 10-9> 세파방

신살 ＼ 태세	子	丑	寅	卯	辰	巳	午	未	申	酉	戌	亥
세파방 (歲破方)	午	未	申	酉	戌	亥	子	丑	寅	卯	辰	巳

(4) 삼살방(三殺方)

수리하려고 하는 해를 기준으로 정한다. 申·子·辰년에는 巳午

---

169) 이창익, 「조선후기 역서의 우주론적 복합성에 대한 연구」, 2005, 서울대학교 박사학위논문 200쪽 참조.

未, 巳·酉·丑년에는 寅卯辰, 寅·午·戌년에는 亥子丑, 亥·卯·未년에는 申酉戌이 삼살이다. 만약 2015년(乙未年)에 가옥을 수리한다면 서방(申酉戌)이 삼살방, 2016년(丙申)에 가옥을 수리한다면 남방(巳午未)이 삼살방이다. 삼살에는 겁살(劫煞)·재살(災殺)·세살(歲殺)이 있다. 가령 巳년·酉년·丑년 곧 뱀해·닭해·소해에는 寅은 겁살, 卯는 재살, 辰은 세살이다.

<표 10-10> 삼살방

태세＼신살	삼살방	월건＼신살	삼살방
申子辰	巳午未(남방)	寅午戌	亥子丑(북방)
亥卯未	申酉戌(서방)	巳酉丑	寅卯辰(동방)

<표 10-10>에서는 방위를 12방위로 나누어서 설명하고 있다. 삼살은 한 해의 음독(陰毒)의 기이다. 세파와 마찬가지로 삼살을 억제하는 방법이 없으므로 이 방위를 범해서는 안 된다.[170]

(5) 대장군
대장군이 다스리는 곳은 수리방위와 동토를 꺼린다.[171]

<표 10-11> 대장군방

태세＼대장군	대장군	태세＼대장군	대장군
寅卯辰	亥子丑(북방)	申酉戌	巳午未(남방)
巳午未	寅卯辰(동방)	亥子丑	申酉戌(서방)

---

170) 『選擇紀要』 下篇 造葬類上 <神殺義例>, "三殺者, 歲之陰毒之氣也. 所理之地, 不可犯與歲破同例, 無制法."
171) 『選擇紀要』 下篇 造葬類上 <神殺義例>, "大將軍所理之地, 忌修方動土."

2) 길한 방위

(1) 삼덕방(三德方)

삼덕은 세덕·천덕·월덕이다. 만약 乙未년에 수리를 한다면 세덕방은 경방(庚方), 만약 寅월에 수리를 한다면 천덕방은 정방(丁方)이고 월덕방은 병방(丙方)이다.

<표 10-12> 육덕(세덕·세덕합)

세간\육덕	甲	乙	丙	丁	戊	己	庚	辛	壬	癸
세덕(歲德)	甲	庚	丙	壬	戊	甲	庚	丙	壬	戊
세덕합(歲德合)	己	乙	辛	丁	癸	己	乙	辛	丁	癸

<표 10-13> 육덕(천덕·천덕합·월덕·월덕합), 해신

월건\육덕	寅	卯	辰	巳	午	未	申	酉	戌	亥	子	丑
천덕(天德)	丁	坤未申	壬	辛	乾戌亥	甲	癸	艮丑寅	丙	乙	巽辰巳	庚
월덕(月德)	丙	甲	壬	庚	丙	甲	壬	庚	丙	甲	壬	庚

(2) 본명(本命)의 일록방, 역마방, 귀인방

일록·역마·귀인은 가옥을 수리하는 사람이 출생한 해의 간지로 정해진다. 본명은 가장의 본명을 말하는데, 가령 1963년에 출생한 사람이 수리한다면 출생한 해의 간지가 癸卯이므로 그의 본명은 '癸卯'이다.

① 록방(祿方)

록이 임한 방위로서 <표 10-14>와 같다. "천간 정록은 관(官)이 임한 곳을 만나는 것이 록(祿)이다. 양명의 근원으로서 일체의 충파(沖破)를 싫어한다. 甲의 록은 寅, 乙의 록은 卯인데 록이 넘치고, 丙戊의 록은 巳이고 丁己의 록은 午, 庚의 록은 申이고 辛의 록은 酉인데 서로 만나는 것을 기뻐하고, 壬의 록은 亥이고 癸의 록은 子인데 서로 넉넉하게 된다."172) 다시 말하면 갑년에 출생한 사람은 寅이 록이고, 을년(乙年)에 출생한 사람은 卯가 록이다. 1963년(癸卯)에 출생한 사람의 록방은 자방(子方)이다.

<표 10-14> 록방(祿方)

천간 정록	甲	乙	丙	丁	戊	己	庚	辛	壬	癸
록방 (祿方)	寅方	卯方	巳方	午方	巳方	午方	申方	酉方	亥方	子方

② 역마방(驛馬方)

寅午戊의 역마는 申, 亥卯未의 역마는 巳, 申子辰의 역마는 寅, 巳酉丑의 역마는 亥이다. 본명이 寅午戊이면 역마 방위는 申方, 본명이 亥卯未이면 역마 방위는 巳方, 본명이 申子辰이면 역마 방위는 寅方, 본명이 巳酉丑이면 역마 방위는 亥方이다.

<표 10-15> 역마방

본명 역마방	寅午戊 범띠, 말띠, 개띠	亥卯未 돼지띠, 토끼띠, 양띠	申子辰 원숭이띠, 쥐띠, 용띠	巳酉丑 뱀띠, 닭띠, 소띠
역마방	申方 (남서)	巳方 (남동)	寅方 (북동)	亥方 (북서)

정월의 월건 申에서 역으로 사맹(四孟: 寅巳申亥)이다. 해를 따라 12지를 취하고, 월을 따라 12지를 취하고, 일을 따라 12지를 취한다. 곧 연지·월지·일지로 역마를 취한다.173) 1963년(癸卯)에 출생한 사람의 역마방위는 사방(巳方) 곧 남동방이다.

---

172) 『選擇紀要』 上篇 <本原>, "天干正祿: 逢臨官爲祿, 養命之源, 切忌冲破. 甲寅乙卯祿盈豊, 丙戊祿巳丁己午, 庚申辛酉喜相逢, 壬亥癸子偏相優."

173) 『選擇紀要』 下篇 <論修方>, "驛馬: 寅午戊馬在申, 亥卯未馬在巳, 申子辰馬在寅, 巳酉丑馬在亥. 正月建申逆行四孟. 有從年支取者, 有從月支取者, 有從日支取者."

③ 귀인방(貴人方)

"甲·戊·庚년에 출생한 사람은 未·丑, 乙·己년에 출생한 사람은 申·子, 丙·丁년에 출생한 사람은 酉·亥, 壬·癸년에 출생한 사람은 卯·巳, 辛년에 출생한 사람은 寅·午가 천을귀인방이다."174) 위에서 1963년(癸卯)에 출생한 사람의 귀인방위는 묘방(卯方)과 사방(巳方) 곧 정동방과 남동방이다.

<표 10-16> 천을귀인

10간 귀인	甲戊庚	乙己	丙丁	辛	壬癸
천을귀인	未丑	申子	酉亥	寅午	卯巳

3) 예제

[문제] 1963년(癸卯)에 출생한 남자가 2016년(丙申) 인월(寅月)에 집수리를 하려고 한다. 길한 방위는?

《해설》 ① 흉한 방위에는 무기방, 태세방, 세파방, 삼살방이 있다.

㉮ 무기방

戊戌 손(巽):辰·巳/ 동남	갑오 리(離):午/ 정남	**丙申** 곤(坤):未申/ 남서
정유 진(震):卯/ 정동	경인 **己亥** 중궁(中宮)	임진 태(兌):酉/ 정서
계사 간(艮):寅·丑/ 남동	을미 감(坎):子/ 정남	신묘 건(乾):亥·戌/ 서북

가령 병신년에 수리한다. <표 10-8>에 의하면 병신년의 월건은 庚寅부터 시작된다. 따라서 중궁에는 경인, 건궁에는 신묘, 태

---

174) 『選擇紀要』 下篇 <論修方>, "貴人: 戊庚牛羊, 乙己鼠猴, 丙丁猪鷄位, 壬癸蛇兎藏, 六辛逢馬虎, 盡是貴人方."

궁에는 임진, 간궁에는 계사, 리궁에는 갑오, 감궁에는 을미, 곤궁에는 병신, 진궁에는 정유, 손궁에는 무기살의 하나인 戊戌이 닿는다. 따라서 무술이 닿는 동남방은 수리하면 안 된다. 그러나 己亥는 중궁에 닿으므로 무방하다.

㉯ 태세방

병신년의 인월은 庚寅에서 시작된다. 庚寅을 중궁에 넣어서 순행하였더니 금년의 태세인 丙申이 닿는 곳이 곤궁이다. 따라서 이 방위는 수리하면 안 된다.

㉰ 세파방

병신년의 세파는 寅이고 세파방은 인방(寅方)이다.

㉱ 금년의 태세가 丙申이므로 삼살방은 남방(巳午未)이다.

㉲ 병신년의 대장군방은 남방(巳午未)이다.

② 길한 방위에는 삼덕방, 본명 기준의 록방·마방·귀인방이 있다. 2016년(병신년)의 세덕방은 병방(丙方), 묘월의 천덕방은 미방(未方)·신방(申方), 월덕방은 갑방(甲方)이다. 계묘년에 출생한 가주의 록방은 자방(子方), 마방은 사방(巳方), 귀인방은 묘사방(卯巳方)이다.

[예제] 가옥수리 길흉방

흉방					길방					
무기방	태세방	세파방	삼살방	대장군	세덕방	천덕방	월덕방	록방	마방	귀인방
손방	곤방	인방	남방 사오미	남방 사오미	丙方	未方 申方	甲方	子方	巳方	卯方 巳方

《결론》 흉방은 손방, 곤방, 인방(寅方), 남방이다. 그리고 길방은 병방, 미방·신방, 갑방, 자방, 사방, 묘방·사방이다.

흉방(무기살) 길방(마방, 귀인방)	흉방(삼살방, 대장군) 길방(세덕방)	흉방(태세방) 길방(천덕방)

손(巽):辰·巳/ 동남	리(離):午/ 정남	곤(坤):未申/ 남서
길방(월덕방) 길방(귀인방) 진(震):卯/ 정동	중궁(中宮)	태(兌):酉/ 정서
흉방(세파방) 간(艮):寅·丑/ 남동	길방(록방) 감(坎):子/ 정남	건(乾):亥·戌/ 서북

월덕방·귀인방이 있는 진방(震方)과 록방이 있는 감방(坎方)은
수리해도 좋은 방위이다. 그러나 흉살만 있는 간방과 흉살과
길신이 병존하는 손방·리방·곤방은 흉한 편이다. 오히려 길신과
흉살이 없는 태방과 건방이 무방하다.

제11장
한의원·안과·병원치료 택일

제1절. 한의원 침구치료 날짜 택일

우리 주변에서 '허리가 아파서 침을 맞았는데 더 아프다.'는 말을 가끔 듣는다. 더 아픈 여러 가지 이유가 있겠지만 한의사나 침구사의 침구시술 능력과 무관하게 더 아플 수도 있다. 만약 길일에 한의사나 침구 전문가에게 침구 시술을 받는다면 더 나은 치료효과가 나타날 수 있을 것이다. 흉살이 없고 길신이 있는 날을 선택해서 침구 시술을 받으면 된다.

1) 택일
(1) 꺼리는 날

건제12성의 폐일, 속세, 온황, 수일인신소재일이다. 수일인신소재일은 대력을 보면 된다.[175]

대를 잇는다는 뜻이 있는 속세는 월건을 기준으로 정해지며, 인월에는 丑, 묘월에는 未, 진월에는 寅이 속세이다. 인월은 12절의 하나인 입춘~경칩, 묘월은 경칩~청명, 진월은 청명~입하까지이다. 그리고 온황(瘟癀)에서 '온'과 '황'은 전염병을 가리키는 글자이다. 온황 역시 월건을 기준으로 정해진다. 그러나 '<표 11-2> 수일인신소재일 1'은 음력 날짜를 기준으로 정해지고, '<표 11-3> 수일인신소재일 2'는 10간 12지를 기준으로 정해진다.

---

175) 『選擇紀要』上篇 用事類 <鍼灸>, "忌: 閉日, 續世, 瘟癀, 遂日人神所在日. 見臺曆."

<表 11-1> 속세, 온황, (건제12성의) 폐

월건 신살	寅	卯	辰	巳	午	未	申	酉	戌	亥	子	丑
속세 (續世)	丑	未	寅	申	卯	酉	辰	戌	巳	亥	午	子
온황 (瘟瘟)	未	戌	辰	寅	午	子	酉	申	巳	亥	丑	卯
폐 (閉)	丑	寅	卯	辰	巳	午	未	申	酉	戌	亥	子

<表 11-2> 수일인신소재일 1
(음력 날짜에 따라 인신이 소재하는 날)

음력 날짜	인신소재	음력 날짜	인신소재	음력 날짜	인신소재
1	발의 엄지	11	콧등	21	새끼손가락
2	외과 (바깥 복숭뼈)	12	발제(髮際)	22	외과
3	무릎	13	치아	23	간·발
4	허리	14	위완(胃腕)	24	수양명대장경
5	입	15	편신(徧身)	25	족양명위경
6	손	16	가슴(胸)	26	가슴
7	내과 (안 복숭뼈)	17	기충(氣衝)	27	무릎
8	팔	18	허리안쪽 (腰內)	28	음(陰)
9	엉덩이	19	발	29	무릎경락
10	등·허리	20	내과	30	족질(足跌)

\<표 11-3\> 수일인신소재일 2

(10간12지에 따라 인신이 소재하는 날)

10간	인신소재 부위	12지	인신소재 부위	12지	인신소재 부위
갑	머리	자	눈	자	복숭뼈
을	목	축	귀	축	머리
병	어깨·등	인	가슴	인	귀
정	가슴·옆구리	묘	코	묘	얼굴
무	배	진	허리	진	목
기	등	사	손	사	젖
경	무릎	오	가슴·배	오	가슴
신	코	미	발	미	배
임	신장	신	머리	신	심장
계	발	유	등	유	무릎
·	·	술	머리	술	허리
·	·	해	목(項)	해	넓적다리

수일인신소재일(遂日人神所在日) 1은 \<표 12-2\>에서와 같이 날짜에 따라 인신이 소재하는 인체부위가 다른데, 가령 음력 초하루에는 발의 엄지에 인신이 소재하기 때문에 이 부위에 침을 놓거나 뜸을 뜨면 안 된다.

　\<표 11-3\> 수일인신소재일 2에서, 甲子일에 인신이 소재하는 부위는 머리·눈·복숭뼈이고, 乙丑일에 인신이 소재하는 부위는 목·귀·머리이다. 따라서 갑자일에는 머리·눈·복숭뼈에 침구치료를 해서는 안 되고, 을축일에는 목·귀·머리에 침구치료를 해서는 안 된다. \<표 11-3\>에서 인신이 소재하는 부위에 대해 일

설에는, 신일(申日)에는 어깨와 허리, 유일(酉日)에는 정강이, 술일(戌日)에는 인후에 있다고도 한다. 수일인신소재일 1과 2는 모두 청나라에서 편찬한 『협기변방서』에 수록되어 있다.

 2) 예제

[문제] 2016년 3월 10일~14일에 침구사로부터 침 치료를 받으려고 한다. 길일인지? 그리고 어느 부위에 침을 맞으면 안 되는지?

《해설》 3월 10일~16일은 묘월이다. 묘월의 속세인 未는 14일이고, 온황인 戌과 폐인 寅은 없다.

《결론》 14일을 제외한 나머지 날에 침구실력이 있는 침구사에게서 침을 맞거나 뜸을 뜨면 된다. 그리고 음력 2월 2일에는 외과 곧 발 외측의 복숭뼈에 침구 치료를 받아서는 안 된다. 이 날의 일진이 辛卯이다. 辛일이므로 코에 그리고 卯일이므로 코와 얼굴에 침을 맞아서는 안 된다.

[예제] 침구치료 택일 - 꺼리는 날

양력	음력	요일	일진	속세	온황	폐	해당수
3/10	2/2	목	辛卯				0
11	3	금	壬辰				0
12	4	토	癸巳				0
13	5	일	甲午				0
14	6	월	乙未	√			1
15	7	화	丙申				0
16	8	수	丁酉				0

제2절. 안과 눈치료 날짜 택일

한방에서는 눈을 간의 창구이자 오장의 정기가 모이는 곳으로 보고 있다. 오장의 정기가 모두 눈에 모이므로 눈을 통해 사물을 볼 수 있다고 여긴 것이다. 눈을 치료하는 일은 신중을 요한다. 의사의 실수가 있을 수도 있기 때문이다. 꺼리는 날은 건제12성의 하나인 폐(閉)인데, 앞의 <표 11-1>을 참조하면 된다.

제3절. 병원 수술날짜 택일

2012년 5월 모 일간지에 발표된 ○○의대 교수팀 연구보고서에 따르면 의료진 과실로 1년에 4만 명이 사망한다고 한다. 이와 같은 숫자는 같은 기간 교통사고로 사망하는 숫자보다 무려 5.7배가 많은 숫자이고, 산업재해 사망자보다는 18.7배 많은 숫자라고 보고서에서는 밝히고 있다.

사소한 질병에서야 구태여 택일해서 병원에 갈 필요가 없겠지만, 위험성이 있는 질병 특히 수술을 요하는 암, 뇌, 디스크, 무릎관절염 등에서는 택일을 해서 치료를 받는 것이 바람직하다. 길일에 병을 치료해야하는 이유는 의료사고를 미연에 방지하고, 한걸음 더 나아가서 질병 치료를 무사히 마침으로써 건강을 회복하기 위함에 있다.

길일에 치료받는 것이 중요하지만 치료를 받는 방위 또한 중요하다. 흔히 "병은 연대가 맞아야 한다."고 한다. 이 말은 아무리 뛰어난 의술을 지닌 의사로부터 시술을 받을지라도 나와 연대가 맞지 않으면 병이 낫지 않을 수도 있다는 뜻이며, 또한 연대가 맞지 않으면 모 일간지 기사에서와 같이 의료사고 위험성이 있을 수도 있다. 따라서 나와 연대가 맞는 의사를 찾는 것 또한 중요하다. 현대 의료기술이 많이 발전했지만 부작용 또한 발생한다. 흉일을 피하고 길일을 골라서 병원 치료를 받고 치료약을 구한다면, 귀중한 생명을 구할 수도 있을 것이다. 이에 관련된 택일이 『선택기요』 용사류의 <구의요병(求醫療病)>에 기술되어 있는데, 구의요병은 곧 '의사를 구해서 병을 치료하는 택일'이다.

1) 택일
(1) 마땅한 날
육덕일, 건제12성의 제·개·파, 생기복덕법에서의 천의일, 해신일(解神日)이 있다. 육덕에서 세덕과 세덕합은 태세를 기준으로 정해지고, 천덕과 천덕합 그리고 월덕과 월덕합은 월건을 기준으로 정해진다. 그리고 천의는 생기복덕에서의 길신이고, 해산은 월건 기준의 길신이다. 생기복덕은 <표 5-6> 남녀본명생기법(생기복덕)을 참조하면 된다.

(2) 꺼리는 날
미일(未日), 건제12성의 폐·정, 온황일, 왕망일이 있다.176)
미일(未日)은 달력 또는 만세력에서 '未'가 적힌 날이고, 폐일과 정일은 건제12성의 흉살이다. 그리고 온황일과 왕망일은 <표 11-7>에서와 같이 월건 기준의 흉살로서 가령 인월의 온황은 未이고 왕망은 寅이다.

---

176)『選擇紀要』上篇 用事類 <求醫療病>, "宜: 六德, 除, 開, 破日, 天醫日, 解神日. 忌: 未日, 閉日, 瘟瘟, 往亡日, 定日. 비록 원서에는 기록이 없지만 인명과 관련된 본명일 및 그 대충일, 화해일과 절명일은 피하는 것이 좋다고 판단된다.

<표 11-4> 육덕(세덕·세덕합)

육덕 \ 세간	甲	乙	丙	丁	戊	己	庚	辛	壬	癸
세덕 (歲德)	甲	庚	丙	壬	戊	甲	庚	丙	壬	戊
세덕합 (歲德合)	己	乙	辛	丁	癸	己	乙	辛	丁	癸

<표 11-5> 육덕(천덕·천덕합·월덕·월덕합), 해신

육덕 \ 월건	寅	卯	辰	巳	午	未	申	酉	戌	亥	子	丑
천덕 (天德)	丁	坤未申	壬	辛	乾戌亥	甲	癸	艮丑寅	丙	乙	巽辰巳	庚
천덕합 (天德合)	壬	.	丁	丙	.	己	戊	.	辛	庚	.	乙
월덕 (月德)	丙	甲	壬	庚	丙	甲	壬	庚	丙	甲	壬	庚
월덕합 (月德合)	辛	己	丁	乙	辛	己	丁	乙	辛	己	丁	乙
해신	申	申	戌	戌	子	子	寅	寅	辰	辰	午	午

<표 11-6> (건제12성의) 제·개·파∥폐·정

12성 \ 월건	寅	卯	辰	巳	午	未	申	酉	戌	亥	子	丑
제(除)	卯	辰	巳	午	未	申	酉	戌	亥	子	丑	寅
개(開)	子	丑	寅	卯	辰	巳	午	未	申	酉	戌	亥
파(破)	申	酉	戌	亥	子	丑	寅	卯	辰	巳	午	未
폐(閉)	丑	寅	卯	辰	巳	午	未	申	酉	戌	亥	子
정(定)	午	未	申	酉	戌	亥	子	丑	寅	卯	辰	巳

<표 11-7> 온황, 왕망

신살 \ 월건	寅	卯	辰	巳	午	未	申	酉	戌	亥	子	丑
온황 (瘟瘟)	未	戌	辰	寅	午	子	酉	申	巳	亥	丑	卯
왕망 (往亡)	寅	巳	申	亥	卯	午	酉	子	辰	未	戌	丑

2) 예제

[문제] 50세 여자가 항암치료를 받기 위해 2016년(丙申) 3월 20일경에 대학병원에 수술날짜를 예약하려고 한다. 마땅한 일시는?

《해설》 ① 마땅한 날: 2016년 3월 21일~27일은 병신년의 묘월이다. 이 해의 세덕인 丙은 25일이고 세덕합인 辛은 없다. 묘월의 천덕이 未와 申이므로 천덕은 26일과 27일이다. 천덕합은 없다. 월덕인 甲은 23일이고 월덕합인 己는 없다. 그리고 묘월의 건제12성의 제(制)인 辰은 23일, 파(破)인 酉와 개(開)인 丑은 없다. 50세 여자의 묘월의 생기복덕에서의 천의(天醫)인 午는 25일, 해신인 申은 27일이다.

[예제] 질병치료 택일 – 마땅한 날

양력	요일	일진	육덕						건제12성			천의	해신	해당수
			세덕	세덕합	천덕	천덕합	월덕	월덕합	제	개	파			
3/21	월	壬寅												0
22	화	癸卯												0
23	수	甲辰					√		√					2
24	목	乙巳												0
25	금	丙午	√									√		2

| 26 | 토 | 丁未 | | √ | | | | | | | 1 |
| 27 | 일 | 戊申 | | √ | | | | | | √ | 2 |

② 꺼리는 날: 미일(未日)은 3월 26일, 건제12성의 폐일인 寅은 21일, 정일인 未는 26일, 왕망일인 巳는 24일이다. 하지만 온황일인 戌은 없다.

[예제] 질병치료 택일 - 꺼리는 날

양력	요일	일진	미일	건제12성		온황	왕망	해당수
				폐	정			
3/21	월	壬寅		√				1
22	화	癸卯						0
23	수	甲辰						0
24	목	乙巳					√	1
25	금	丙午						0
26	토	丁未	√		√			2
27	일	戊申						0

③ 《결론》 ☞ 길일 : 흉살이 전혀 없는 날은 22일, 23일, 25일, 27일이고 길신이 가장 많은 날은 23일, 25일, 27일이다. 따라서 23일이나 25일 또는 27일에 암 수술을 받으면 된다.

☞ 길시 : 수술시간은 황도시가 좋다. 만약 23일로 결정했다면 이 날의 일진이 甲辰이므로 辰·巳·亥·申·寅·酉이다. 이중에서 낮 시간인 진시와 사시 그리고 신시가 무난하다.

제12장
연회(宴會) 및 여행 택일

제1절. 안전하고 즐거운 연회를 위한 **연회 택일**

가정과 회사 그리고 공공기관에서는 크고 작은 연회가 종종 열린다. 이러한 연회에서 길일을 가려서 행사하면 행사를 주최하는 측과 고객 모두에게 안전사고가 발생하지 않으므로 연회를 성공리에 마칠 수 있다. 가정의 대표적인 연회에는 아기의 100일 잔치와 돌잔치 및 부모님의 회갑연이 있다.

아기가 출생한다는 것은 가정의 축복이자 친족의 길경사이다. 길일을 가려서 100일 잔치와 돌잔치를 하면 아기, 부모, 친인척이 안전하게 축하하는 잔치가 될 것이다. 그리고 회갑연은 사람이 태어나서 회갑까지 장수했음을 함께 기뻐하고 앞으로의 장수를 기원하고 신명을 내는 잔치로서, 예전에는 가문의 화목과 부귀영화를 드러내는 배경으로 쓰이기도 하였다. 그러나 최근에는 회갑연을 간단히 지내고 칠순잔치를 성대하게 여는 경향이 많다.

가정의 연회 외에 회사에서의 연회 및 공공기관의 정기적인 행사가 있다. 회사의 창립기념일 및 기타 행사에서 길일을 가려서 행사를 하면 사운(社運)이 좋아질 것이다. 또한 관청 곧 공공기관의 크고 작은 행사에서 길일을 선택해서 행사를 하면 경사와 복이 증대될 것이다.

1) 택일
(1) 마땅한 날
육덕(세덕, 세덕합, 천덕, 천덕합, 월덕, 월덕합), 천원, 월은, 건제12성의 성·개(成·開)가 있다.

(2) 꺼리는 날

월파일, 월기일, 왕망일, 월염일, 염대일, 건제12성에서의 폐일, 유일(酉日), 삭일(朔日:매월 초하루)이 있다.

<표 12-1> 육덕(세덕·세덕합)

세간 육덕	甲	乙	丙	丁	戊	己	庚	辛	壬	癸
세덕 (歲德)	甲	庚	丙	壬	戊	甲	庚	丙	壬	戊
세덕합 (歲德合)	己	乙	辛	丁	癸	己	乙	辛	丁	癸

<표 12-2> 육덕(천덕·천덕합·월덕·월덕합)

월건 육덕	寅	卯	辰	巳	午	未	申	酉	戌	亥	子	丑
천덕 (天德)	丁	坤 未申	壬	辛	乾 戌亥	甲	癸	艮 丑寅	丙	乙	巽 辰巳	庚
천덕합 (天德合)	壬	.	丁	丙	.	己	戊	.	辛	庚	.	乙
월덕 (月德)	丙	甲	壬	庚	丙	甲	壬	庚	丙	甲	壬	庚
월덕합 (月德合)	辛	己	丁	乙	辛	己	丁	乙	辛	己	丁	乙
	덕은 거의 모든 흉살을 능히 제압할 수 있다. 다만 삼살과 세파는 제압하지 못한다.											

<표 12-3> 천원, 월은, (건제12성의) 성·개

월건 신살	寅	卯	辰	巳	午	未	申	酉	戌	亥	子	丑
천원 (天願)	乙亥	甲戌	乙酉	丙申	丁未	戊午	己巳	庚辰	辛卯	壬寅	癸丑	甲子
월은 (月恩)	丙	丁	庚	己	戊	辛	壬	癸	庚	乙	甲	辛
성(成)	戌	亥	子	丑	寅	卯	辰	巳	午	未	申	酉
개(開)	子	丑	寅	卯	辰	巳	午	未	申	酉	戌	亥

<표 12-4> 월파, 월염, 염대, 왕망, (건제12성의) 폐, 월기

신살＼월건	寅	卯	辰	巳	午	未	申	酉	戌	亥	子	丑
월파 (月破)	申	酉	戌	亥	子	丑	寅	卯	辰	巳	午	未
월염 (月厭)	戌	酉	申	未	午	巳	辰	卯	寅	丑	子	亥
염대 (厭對)	辰	卯	寅	丑	子	亥	戌	酉	申	未	午	巳
왕망 (往亡)	寅	巳	申	亥	卯	午	酉	子	辰	未	戌	丑
폐(閉)	丑	寅	卯	辰	巳	午	未	申	酉	戌	亥	子
월기 (月忌)	매월 음력 5·14·23일											

2) 예제

[문제] 2015년(乙未) 7월(癸未)에 칠순잔치를 하려고 한다. 마땅한 날과 시간은?

《해설》 ① 마땅한 날

乙未년의 세덕(庚)은 8월 2일(庚戌)이고 세덕합(乙)은 7월 28일(乙巳)이다. 未월의 천덕과 월덕인 甲은 7월 27일이고, 未월의 천덕합과 월덕합인 己는 8월 1일이다. 未월의 천원인 戊午가 없다. 未월의 월은인 辛은 8월 3일이다. 未월의 성(成)인 卯는 7월 26일, 개(開)인 巳는 7월 28일이다. 따라서 길신이 가장 많은 날은 27일, 28일, 8월 1일이다.

[예제] 연회 - 마땅한 날

양력	음력	요일	일진	육덕						천원	월은	건제12성		해당수
				세덕	세덕합	천덕	천덕합	월덕	월덕합			성	개	
7/25	6/10	토	壬寅											0
26	11	일	癸卯									√		1
27	12	월	甲辰			√		√						2

28	13	화	乙巳	√							√	2
29	14	수	丙午									0
30	15	목	丁未									0
31	16	금	戊申									0
8/ 1	17	토	己酉				√		√			2
2	18	일	庚戌	√								1
3	19	월	辛亥							√		1

② 꺼리는 날

未월의 월파인 丑이 없다. 월기는 음력 6월 14일이다. 未월의 왕망 午는 7월 29일, 未월의 월염 巳는 7월 28일, 未월의 염대 亥는 8월 3일, 未월의 폐(閉)인 午는 7월 29일이다. 그리고 유일(酉日) 곧 닭날은 8월 1일이고, 음력 초하루인 삭일은 없다. 따라서 꺼리는 신살이 가장 많은 날은 3개가 있는 7월 29일이고, 꺼리는 신살이 없는 날은 7월 25일, 26일, 27일, 30일, 31일, 8월 2일이다.

《결론》 7월 27일은 길이 가장 많은 날이면서 흉이 전혀 없는 날이다. 따라서 이 날이 최길일이다. 차길한 날은 7월 28일과 8월 1일이다. 7월 28일이 비록 월염에 해당하지만 천덕에 해당하고 8월 1일은 비록 유일 곧 닭날이지만 천덕합에 해당하기 때문에 흉한 기운을 상쇄되기 때문에 무난한 날이다.

[예제] 연회 – 꺼리는 날

양력	음력	요일	일진	월파	월기	왕망	월염	염대	폐閉	酉日	삭일	해당수
7/25	6/10	토	壬寅									0
26	11	일	癸卯									0
27	12	월	甲辰									0
28	13	화	乙巳				√					1
29	14	수	丙午		√	√			√			3

30	15	목	丁未								0
31	16	금	戊申								0
8/1	17	토	己酉						√		1
2	18	일	庚戌								0
3	19	월	辛亥					√			1

① 유일(酉日)

　달력이나 책력에서 '酉'가 적힌 날이다. 지지가 12개이므로 유일(酉日)은 12일에 한 번씩 돌아온다. 유일을 민간에서는 '닭날'이라고 부르기도 한다.

② 삭일(朔日)

　음력 초하루가 삭일이다. 이 달의 초하루에서 다음 달 초하루까지의 시일이 평균 29일 12시간 44분이므로 대략 30일이 한 주기이다. 한국천문연구원 홈페이지에 접속하면 합삭시각을 알 수 있다. 가령 2016년 설날인 2월 8일의 저녁 11시 39분에 합삭이 되고 따라서 이 시각이 음력으로 새해가 시작된다. 참고로 '삭망(朔望)'은 삭일과 망일을 가리키는 것으로서 삭일(朔日)은 음력 초하루를 가리키고, 망일(望日)은 보름날을 가리킨다.

제2절. 안전한 여행을 위한 **여행 택일**

집을 나서서 여행할 때 활용된다. 여행에는 단기간의 여행과 장기간의 여행이 있다. 특히 장기간의 지방이나 외국으로의 관광과 출장에 활용되는데, 여기에는 직장업무를 수행위한 출장과 공직업무를 수행하기 위한 출장이 있다.

1) 택일
(1) 마땅한 날

육덕일, 천원일, 건제12성의 개일이 있다. 길시에는 황도길시가 있다.

(2) 꺼리는 날

본명일, 본명일대충일, 사일(巳日), 생기복덕법의 화해일과 절명일, 월파일, 월기일이 있다.[177]

① 육덕, 천원일, 건제12성의 개일 : 모두 관례택일편에 설명되어 있다.

② 본명일 : 태어난 해의 간지(干支)와 동일한 간지이고 본명일대충일은 본명일과 천간과 지지가 모두 충이 되는 간지를 말하는데, 가령 丙申년에 출생한 사람이 있다면 그의 본명일은 丙申이고 그 대충일은 壬寅이다. 그리고 戊戌년에 출생한 사람의 본명일은 戊戌이고 그 대충일은 甲辰이다.

③ 사일(巳日) : 달력에서 '巳'가 적혀있거나 뱀이 그려져 있는 날인데 민간에서는 '뱀날'이라고도 부른다.

④ 화해일·절명일 : 남녀본명생기법 곧 생기복덕에서의 흉일이다.
제5주차 <표 5-6> 남녀본명생기법(생기복덕)을 참조하면 된다.

⑤ 월파일 : 월건과의 충(沖)이 되는 날인데 가령 인월(寅月)에는 申, 묘월(卯月)에는 酉, 진월(辰月)에는 戌이 월파이다. <표

---

177) 『選擇紀要』 上篇 用事類 <行幸·遣使·出行>, "宜: 六德, 天原, 開日, 黃道吉時. 忌: 本命日對沖日, 巳日, 禍絶日, 月破, 月忌."

12-4>를 참조하면 된다.

⑥ 월기일 : 음력 1일(초하루), 14일(열나흘), 23일(스물 사흘)이다.

2) 예제

[문제] 2016년(丙申) 5월(辛巳) 8일~15일 사이에 베트남으로 여행을 떠나려고 한다. 마땅한 날과 시간은? 여행가는 사람은 1958년(戊戌)에 출생한 남자이다.

《해설》 ① 마땅한 날 : 丙申년의 세덕인 丙은 14일, 세덕합인 辛은 9일이다. 사월의 천덕인 辛은 9일, 천덕합인 丙은 14일, 월덕인 庚은 8일, 월덕합인 乙은 13일이다. 그리고 천원인 丙申은 없다. 건제12성의 성인 丑은 없고, 개인 卯는 9일이다.

[예제] 여행 택일 – 마땅한 날

| 양력 | 음력 | 요일 | 일진 | 육덕 | | | | | | 천원 | 건제12성 | | 해당수 |
				세덕	세덕합	천덕	천덕합	월덕	월덕합		성	개	
5/8	4/2	일	庚寅					√					1
9	3	월	辛卯		√	√						√	3
10	4	화	壬辰										0
11	5	수	癸巳										0
12	6	목	甲午										0
13	7	금	乙未						√				1
14	8	토	丙申	√			√			√			3
15	9	일	丁酉										0

② 꺼리는 날 : 1958년에 출생한 사람의 본명일(戊戌)이 없고 대충일(甲辰) 또한 없다. 사일(巳日)은 5월 11일이다. 위 사람의 금년(2016) 한국나이가 59세이므로 그의 화해일은 辰·巳이고 절명일은 午이다. 화해일인 辰은 10일이고 巳는 11일, 절명일

인 午는 12일이다. 그리고 巳월의 월파일인 亥는 없고, 월기일
은 음력 4월 5일이다. 남녀본명생기(생기복덕)는 <표 5-6>
을 참조하면 된다.

[예제] 여행 택일 – 꺼리는 날

양력	음력	요일	일진	본명일	대충일	巳日	화해일	절명일	월파일	월기일	해당수
5/8	4/2	일	庚寅								0
9	3	월	辛卯								0
10	4	화	壬辰				✓				1
11	5	수	癸巳			✓	✓			✓	3
12	6	목	甲午					✓			1
13	7	금	乙未								0
14	8	토	丙申								0
15	9	일	丁酉								0

③ 《결론》 ☞ 길일 : 길신이 가장 많은 날은 3개인 9일과 14일이
다. 그리고 흉이 없는 날은 8일, 9일, 13일, 14일, 15일이다.
따라서 흉이 없고 길이 많은 9일이나 14일에 출발하면 된다.
☞ 길시 : 배를 타는 시간은 황도시가 좋다. 가령 9일에 여행을
가기로 결정했다면 이 날의 일진이 辛卯이므로 이 일진의 황도
가 寅·卯·酉·午·子·未·이다. 인시와 묘시는 너무 이른 시간이고,
유시는 너무 늦은 시간이며, 자시는 한밤중이므로 안 된다. 따
라서 낮 시간인 오시나 미시에 출발하면 된다.

배를 타고 강 또는 바다 여행을 가거나 여객선이나 화물선을 운항할 때에 활용하면 된다.

 1) 택일

(1) 마땅한 날

육덕일이 있다.

(2) 꺼리는 날

염대일, 함지일, 왕망일, 팔풍일, 촉수용일[178]이 있다.

<표 12-5> 염대, 함지, 왕망

월건\신살	寅	卯	辰	巳	午	未	申	酉	戌	亥	子	丑
염대 (厭對)	辰	卯	寅	丑	子	亥	戌	酉	申	未	午	巳
함지 (咸池)	卯	子	酉	午	卯	子	酉	午	卯	子	酉	午
	함지를 도화(桃花)로 부르기도 한다. 대시대패(大時大敗) 한다.											
왕망 (往亡)	寅	巳	申	亥	卯	午	酉	子	辰	未	戌	丑

<표 12-6> 팔풍, 촉수용

계절\신살	봄	여름	가을	겨울
팔풍(八風)	丁丑, 丁巳	甲申, 甲辰	丁亥, 丁未	甲戌, 甲寅
촉수용 (觸水龍)	계절과 무관하다. 丙子일, 癸未일, 癸丑일이다.			

---

178) 『選擇紀要』 上篇 用事類 <乘船渡水>, "宜: 六德日, 忌: 厭對, 咸池, 往亡, 八風, 觸水龍日."

2) 예제

[문제] 2016년(丙申) 5월 20일~25일(癸巳) 사이에 배를 타고 제주도로 여행을 가려고 한다. 마땅한 날과 시간은? 여행을 가는 사람은 1963년(癸卯)에 출생한 남자이다.

《해설》 ① 마땅한 날 : 丙申년의 세덕인 丙은 24일, 세덕합인 辛은 없다. 사월(巳月)의 천덕인 辛은 없고, 천덕합인 丙은 24일이다. 월덕인 庚은 없고, 월덕합인 乙은 23일이다.

[예제] 여객선 여행 택일 - 마땅한 날

양력	음력	요일	일진	육덕						해당수
				세덕	세덕합	천덕	천덕합	월덕	월덕합	
5/20	4/14	금	壬寅							0
21	15	토	癸卯							0
22	16	일	甲辰							0
23	17	월	乙巳						√	1
24	18	화	丙午	√			√			2
25	19	수	丁未							0

② 꺼리는 날 : 사월(巳月)의 염대인 丑과 왕망인 亥가 없다. 함지인 午는 24일이다. 5월 5일에 입하가 시작되었으므로 이 시기가 여름이고, 여름의 팔풍은 甲申과 甲辰 중 22일이 甲辰이다. 그리고 촉수용인 丙子·癸未·癸丑은 없다.

[예제] 여행 택일 - 꺼리는 날

양력	음력	요일	일진	염대	함지	왕망	팔풍	촉수용	해당수
5/20	4/14	금	壬寅						0
21	15	토	癸卯						0
22	16	일	甲辰				√		1
23	17	월	乙巳						0
24	18	화	丙午		√				1

25	19	수	丁未						0

《결론》 택일은 흉일을 피하는 것이 우선이다. 22일과 24일만 흉이 있고 나머지 날에는 흉이 없다. 따라서 흉살이 없는 22일과 24일을 제외한 날 중에서, 23일이 길신이 1개이므로 이 날 승선해서 여행가면 된다.

※ **보충설명** : 흉일에 배가 침몰한 예

① 1993년(癸酉) 10월(癸亥) 10일(乙未): 전북 위도를 떠나 격포항으로 향하던 서해훼리(주) 소속 '서해훼리호'가 침몰하면서 140여명이 사망·실종했다. 이 날(乙未)은 해월의 염대와 왕망에 해당한다.

② 2014년(甲午) 4월(戊辰) 16일(丁巳): 인천을 떠나 제주로 항해하던 여객선이 진도 앞바다에서 침몰하면서 탑승한 476명 중 미수습자 9명을 포함하여 304명이 사망했다. 16일(丁巳)은 봄의 팔풍(八風)에 해당한다.

③ 2017년(丁酉) 12월(辛亥) 3일(甲子): 영흥도 해역에서 10톤급 낚시 어선이 급유선과 충돌한 뒤에 전복되어 22명중 13명이 사망하고 2명이 실종됐다. 3일(甲子)은 해월의 함지에 해당한다.

④ 2017년(丁酉) 12월(壬子) 22일(癸未): 필리핀에서 250명을 태운 여객선이 침몰하여 4명이 사망하고 7명이 실종됐다. 22일(癸未)은 촉수용에 해당한다.

제13장
아들 임신기도 및 임신·출산 택일

가문의 번창과 국가의 백년대계를 위한
임신기도(求嗣) 및 임신·출산 택일

1. 아들 임신기도[求嗣] 택일

구사 택일은 아들을 낳아 대를 잇게 해 달라고 기원하는 택일이다. 현대에서의 이 택일은 아들딸과 무관하게 아기를 갖게 해 달라고 기원하는 택일에서 활용되고 있다. 기원하는 대상은 믿는 종교와 신앙에 따라 다르다. 전통적인 신앙 대상으로는 북두칠성, 산신, 토속신앙, 불상이 있다. 예로부터 우리 조상들은 북두칠성이 생사를 주관한다고 믿어 왔고, 민가의 속설에 의하면 지상의 모든 사람은 북두칠성의 점지를 받아 태어난다고 한다. 따라서 예전의 우리 어머니들은 심산유곡의 옹달샘이나 개울가 또는 집안의 장독대 위에 맑은 물을 떠 놓고 아기를 점지해달라고 기원하였다.

이 외에도 여근석과 남근석, 갓 바위, 목신에 기원하기도 한다. 또한 불교에서 칠성신앙을 수용한 이후로는 사찰의 칠성각에서 아기를 점지해 달라는 기도를 하거나 혹은 부처에게 아기를 점지해 달라는 기도를 하기도 한다. 고대로부터 동아시아에는 유교 이념이 강했으므로 구사 택일이 매우 중요하게 인식되었고 길일에 구사 기도를 해왔다.

북두칠성은 출생뿐만이 아니라 사(死)도 주재한다고 믿었다. 가족이 상을 당하면 시신을 염을 한 뒤에 관(棺)의 안에 '칠성판'을 놓고 그 위에 시신을 고이 모시는데, 이러한 풍습을 통해 북두칠성이 사(死)도 주재한다는 것을 알 수 있다.

1) 택일

(1) 마땅한 날
육덕일, 천원일, 월은일, 익후일, 속세일, 복생일, 건제12성의 개일, 황도일이 있다.

(2) 꺼리는 날
본명일과 본명일대충일, 생기복덕법에서의 화해일과 절명일, 인일(寅日), 월파일, 월기일이 있다.[179]

2) 길신과 흉살 설명

① 속세(續世) : 월지 기준의 신살이다. 속세에는 '세대를 잇는다.'는 뜻이 있다. 속세는 구사를 비롯하여 제사, 기복, 침구치료에서의 길일이다.

② 익후(益後) : 월지 기준의 신살로서 '뒤의 사람에게 이익이 되게 한다.'는 뜻이 있다. 구사를 비롯하여 제사와 기복에서의 길일이다.

③ 복생(福生) : 월지 기준의 신살이다. 복과 상스러움이 발생한다는 신살로서, 구사 외에도 출행 및 제사와 고사 각종 기도에서의 길일이다.

3) 길시
마땅한 날을 고른 뒤에 황도시를 고르면 된다.

<표 13-1> 천원, 월은, 익후, 속세, 복생, 개(開)

월건＼신살	寅	卯	辰	巳	午	未	申	酉	戌	亥	子	丑
천원 (天願)	乙亥	甲戌	乙酉	丙申	丁未	戊午	己巳	庚辰	辛卯	壬寅	癸丑	甲子
월은 (月恩)	丙	丁	庚	己	戊	辛	壬	癸	庚	乙	甲	辛

---

179) 『選擇紀要』 用事類 <祭祀, 祈福, 求嗣> 宜 : 六德, 月恩, 天願, 益後, 俗世, 開日, 福生, 黃道日. 忌 : 本命日, 對冲, 禍害, 絶命日, 寅日, 月破, 月忌日.

익후 (益後)	子	午	丑	未	寅	申	卯	酉	辰	戌	巳	亥
속세 (續世)	丑	未	寅	申	卯	酉	辰	戌	巳	亥	子	午
복생 (福生)	酉	卯	戌	辰	亥	巳	子	午	丑	未	寅	申
개(開)	子	丑	寅	卯	辰	巳	午	未	申	酉	戌	亥

<표 13-2> 월파, 월기

월건 신살	寅	卯	辰	巳	午	未	申	酉	戌	亥	子	丑
월파 (月破)	申	酉	戌	亥	子	丑	寅	卯	辰	巳	午	未
월기 (月忌)	매월 음력 5·14·23일											

4) 예제

[문제] 1981년(辛酉)에 출생한 35세 부인이 2015년(乙未) 7월 하순(癸未)에 구사를 위해 대구 갓 바위에서 치성을 올리려고 한다. 마땅한 날과 시간은?

《해설》 ① 마땅한 날

기도를 하는 乙未년의 세덕은 庚이고 세덕합은 乙이다. 세덕은 없고, 세덕합은 28일이다. 또한 기도를 하는 미월의 천덕과 월덕은 甲이고 천덕합과 월덕합은 己이다. 27일(甲辰)은 천덕과 월덕에 해당하고, 천덕합과 월덕합은 없다. 미월의 천원(戊午)과 월은(辛)은 없다. 익후인 申은 31일, 속세인 酉는 없다. 그리고 복생이면서 건제12성의 개(開)인 巳는 28일이다. 미월의 황도일[180]은 戌·亥·巳·寅·申·卯인데 28일은 巳, 25일은 寅, 31일은 申, 26일은 卯이다.

---

180) 제4주차 <표 4-6> 황흑도길흉정국 참조할 것.

[예제] 구사(求嗣) 택일 – 마땅한 날

양력	음력	요일	일진	육덕						속세	익후	천원	월은	복생	개開	황도일	해당수
				세덕	세덕합	천덕	천덕합	월덕	월덕합								
7/25	6/10	토	壬寅													√	1
26	11	일	癸卯													√	1
27	12	월	甲辰			√		√									2
28	13	화	乙巳		√									√	√	√	4
29	14	수	丙午														0
30	15	목	丁未														0
31	16	금	戊申								√					√	2

② 꺼리는 날

1981년에 출생한 부인의 본명일은 辛酉이고 그 대충일은 乙卯이지만 辛酉와 乙卯가 없다. 인일(寅日)은 25일이다. 35세 부인의 화해일은 卯이고 절명일은 子이다. 화해일은 26일(癸卯)이고 절명일은 없다. 기도를 하는 미월(未月)의 월파(丑)는 없다. 월기일은 음력 6월 14일이다.

[예제] 구사(求嗣) 택일 – 꺼리는 날

양력	음력	요일	일진	본명일	본명일 대충일	寅日 (범날)	화해일	절명일	월파	월기	해당 수
7/25	6/10	토	壬寅			√					1
26	11	일	癸卯				√				1
27	12	월	甲辰								0
28	13	화	乙巳								0
29	14	수	丙午							√	1
30	15	목	丁未								0
31	16	금	戊申								0

③ 《결론》

☞ 길일 : 흉살이 없는 날이 27일, 28일, 30일, 31일이므로 이 중에서 길일을 고르면 된다. 최길한 날은 길신이 4개인 28일이고, 차길한 날은 길신이 2개인 27일과 31일이다.

☞ 길시 : 28일을 선택했다고 가정한다. 이날의 일진이 乙巳이므로 午·未·丑·戌·辰·亥가 황도시이고 따라서 이 시간에 기도하면 된다.

```
※ 구사(求嗣) 기도처
  경북 청도군 운문사의 사리암, 경남 남해군의 보리암, 강원도
설악산의 봉정암이 있다.
```

2. 임신 택일

1) 임신 택일의 의미

2012년 MBC에서 방영된 '해를 품은 달'이 인기가 높았다. 두 사람의 사랑을 다룬 이 드라마에 관상감 관리가 임금과 황후의 합궁(合宮) 택일을 해서 진언하는 장면이 나온다. 그리고 『중종실록』 22년 7월 12일(정해) 3번째 기사에서, "세자의 합궁(合宮)을 10월로 택일하여 입계(入啓)하라."[181]는 기록이 보인다. 이를 통해 왕실에서 택일을 해서 합궁했다는 것을 알 수 있다.

조선중기의 명의 허준(1546~1615)의 『동의보감』에는 합궁에 관한 구체적인 이론이 수록되어 있다. 허준이 편찬한 『동의보감』 <음양교합피기(陰陽交合避忌)>에는 임신하는 날에 대한 조건이 수록되어 있다. "병정일(丙丁日), 상현일(반달), 하현일(반달), 음력 보름, 음력 그믐, 음력 초하루, 바람이 심하거나 혹은 비가 많이 오거나 혹은 안개가 많이 끼거나 혹은 너무 춥거나 더운

---

181) 『중종실록』 22년 7월 12일(丁亥), "世子合宮, 以十月擇日, 入啓可也."

날, 천둥·번개와 일식·월식·무지개와 지진이 있는 날을 피해야 한다."고 기록되어 있다.

"남자에게는 몸에 해롭고 또한 여자에게는 병이 생길뿐만 아니라 이러한 날 임신해서 태어난 아이는 바보가 되거나, 고집이 세거나, 우둔하거나, 벙어리·귀머거리가 되거나, 절름발이 혹은 맹인이 된다."고 하였다. 위와 같은 장소에서는 병이 많이 생기고 수명도 짧으며 불효하고 어질지 못하게 되는 것이다. 이외에도 해와 달과 별과 불빛 아래, 그리고 사당과 절 그리고 우물·부엌·변소 옆, 무덤이나 시체가 있는 관 옆에서 합궁해서는 안 된다.

그리고 "법도에 맞게 합궁하면 복과 덕을 갖춘 총명한 아이가 임신되어, 아이의 성품과 행실이 좋아 집안이 날로 융성할 것"이라고 하였다. 이와 같은 이유로 합궁하는 장소와 날짜 그리고 날씨는 매우 중요하다고 할 수 있다. 또한 『동의보감』 <구사(求嗣)>에는 "자식을 얻기 위해서는 부인은 월경을 고르게 하고, 남자는 정신이 넉넉해야 하며, 욕망을 줄이고 마음을 맑게 하는 것이 좋다."고 하였다.

2) 방사(房事)를 꺼리는 날

조선후기 관상감에서 간행한 『천기대요』에는 합궁 곧 방사를 꺼리는 날[182]이 수록되어 있다. 『동의보감』에서 언급한 글과 <표 13-3>을 대조해보면 동일한 내용이 수록되어 있다는 것을 알 수 있다.

<표 13-3> 방사를 꺼리는 날

달(음력) 꺼리는 날	방사를 꺼리는 날	달(음력) 꺼리는 날	방사를 꺼리는 날
1월	3, 14, 16, 28	2월	2, 28
3월	1, 9, 28	4월	8, 28

---

182) 『신증천기대요』, 대지문화사, 2004, 317쪽.

5월	5, 6, 7, 15, 16, 17, 25, 26, 27	6월	28
7월	28	8월	28
9월	28	10월	10, 28
11월	25, 28	12월	7, 20, 28
큰달	17	작은달	16
절기	분지일(동지·하지·춘분·추분), 사립일(입춘·입하·입추·입동), 삼복일(초복·중복·말복).		
달	상현(대략 초8일◑), 하현(대략 22일◐), 합삭일(合朔日 초하루), 망일(望日:보름), 회일(晦日:그믐날).		
삼원 춘추 이지	상원·중원·하원의 첫 甲子일, 춘사(春社)와 추사(秋社), 하지 후의 丙丁일과 전후 각각 5일씩, 동지 후의 庚辛일과 전후 각각 5일씩, 본궁일, 甲子일과 庚申일. ※ 춘사와 추사는 춘분과 추분에서 가장 가까운 두 무일(戊日).		
기후	크게 더운 날, 크게 추운 날, 크게 안개 낀 날, 큰 비가 오는 날, 천둥과 번개 치는 날, 일월식이 있는 날, 무지개 낀 날, 지진이 있는 날, 칠흑처럼 어두운 날.		

※ 삼원춘추이지에서의 본궁일은 <그림 13-1>·<그림 13-2>와 같다. 가령 31세 남자의 본궁은 <그림 13-1>에서와 같이 辰·巳이므로 辰·巳일에는 방사를 꺼린다. 또한 28세 여자의 본궁은 <그림 13-2>에서와 같이 午이므로 午일에는 방사를 꺼려야 한다.

<표 13-3>에서 소개가 된 춘사는 서기 2016년의 경우 3월 7일(戊戌)과 27일(戊申)이고, 추사는 9월 13일(戊戌)과 23일(戊申)이다. 춘사날에는 토지신에게 농사의 순조로움을 비는 제사를 지내고, 추사날에는 추수 감사제를 지낸다.

<표 13-4> 2018년의 주요 민속

사립	분지일	이사	삼복	비고
입춘: 2월 4일	춘분: 3월 21일	춘사(春社): 3월 17일	초복: 7월 17일	양력
입하: 5월 5일	하지: 6월 21일	추사(秋社): 9월 17일	중복: 7월 27일	양력

입추: 8월 7일	추분: 9월 23일		말복: 8월 16일	양력
입동: 11월 7일	동지: 12월 22일			양력

7☞, 15, 23, 31, 39, 47, 55, 63, 71, 79, 87, 95 辰·巳 ☴ 손하절(巽下絶)	1☞, 8☞, 16, 24, 32, **40**, 48, 56, 64, 72, **80**, 88, 96 午 ☲ 리허중(離虛中)	○♙, 9♙, 17, 25, 33, 41, 49, 57, 65, 73, 81, 89, 97 未·申 ☷ 곤삼절(坤三絶)
6,♪ 14, 22, **30**, 38, 46, 54, 62, **70**, 78, 86, 94 卯 ☳ 진하연(震下連)		2♙, 10, 18, 26, 34, 42, **50**, 58, 66, 74, 82, **90**, 98 酉 ☱ 태상절(兌上絶)
5,♪ 13, 21, 29, 37, 45, 53, 61, 69, 77, 85, 93 丑·寅 ☶ 간상연(艮上連)	4☜, 12, 20, 28, 36, 44, 52, **60**, 68, 76, 84, 92, **100** 子 ☵ 감중연(坎中連)	3♙, 11, 19. 27, 35, 43, 51, 59, 67, 75, 83, 91, 99 戌·亥 ☰ 건삼련(乾三連)

<그림 13-1> 본궁(남자)

☞6, 13, 21, **29**, 37, 45, 53, 61, 69, 77, 85, 93 **辰 巳** ☴ 손하절(巽下絶)	☜5, 12, **20**, 28, 36, 44, 52, **60**, 68, 76, 84, 92, 100 **午** ☲ 리허중(離虛中)	☜4, 11, 19, 27, 35, 43, 51, 59, 67, 75, 83, 91, 99 **未 申** ☷ 곤삼절(坤三絶)
☞7, 14, 22, **30**, 38, 46, 54, 62, **70**, 78, 86, 94 **卯** ☳ 진하연(震下連)		3☜, **10**, 18, 26, 34, 42, **50**, 58, 66, 74, 82, **90**, 98 **酉** ☱ 태상절(兌上絶)
○☞, 15☜, 23, 31, 39, 47, 55, 63, 71, 79, 87, 95 **丑 寅** ☶ 간상연(艮上連)	1☞, 8☞, 16, 24, 32, **40**, 48, 56, 64, 72, **80**, 88, 96 **子** ☵ 감중연(坎中連)	2☜, 9☜, 17, 25, 33, 41, 49, 57, 65, 73, 81, 89, 97 **戌 亥** ☰ 건삼련(乾三連)

<그림 13-2> 본궁(여자)

양력	음력	일진	요일
3/25	2/17	丙午	금
26	18	丁未	토
27	19	戊申	일
28	20	己酉	월
29	21	庚戌	화
30	22	辛亥	수
31	23	壬子	목

3) 예제

[문제] 서기 2016년(丙申) 3월 25일(2월 17일)~3월 30일(2월 23일)에 방사를 꺼리는 날은?

《해설》 달력(만세력)을 확인할 결과 음력 2월은 작은달이다. <표 14-3>에서 2월에 방사를 꺼리는 날은 음력 2일과 28일이지만 여기에 해당하는 날이 없다. 작은달에 꺼리는 날은 음력 16일이다. 음력 2월은 29일까지 있는 달인데 16일은 여기에 해당하지 않는다.

그리고 음력 2월 23일은 하현(◗)이다.[183]

참고로 음력 2월의 삭(朔) 곧 초하루는 2월 1일, 상현은 2월 8일, 망(보름)은 15일, 하현은 23일이다. 달의 운행에 따라 네 개의 날짜를 꺼리는 경향이 있는데 그것은 합삭일(合朔日), 상현일, 망일(望日), 하현이다. 참고로 합삭일은 초하루, 상현은 대략 초8일(◑), 망일은 보름, 하현은 대략 22일(◗), 회일(晦日)은 그믐날을 가리킨다.

3. 출산을 꺼리는 방위(産室禁忌方)

조선왕조실록에는 출산택일에 관련된 무수히 많은 기록이 보인다. 이중 조선후기의 기록 세 편을 살펴본다. 순조 27년(1827) 4월에 "삼가 우리 조정의 고사를 살펴보면, 산실청을 매양 출산 석 달 전에 설치하였으나 이번에는 윤5월에 설치해야 합니다. 5월 이전에 미리 '일관(日官)'으로 하여금 길일을 선택하게 하고 여러 가지 일들을 미리 준비해서 거행하도록 하소서. 하니, 그대로 따랐다."[184] 또한 순조 27년(1827) 5월에는 "세자 빈궁의 산실청을 윤5월 11일 묘시(05:00~07:00)의 길일에 설치하기로 하고 홍희준을 권초관으로 삼았다."[185]는 기록이 있다.

그리고 고종 7년(1870) 4월에는, "중궁전의 태후(胎候)가 지금 일곱 달이 되었다고 합니다."……"산실청을 설치하는 것을 모두 택일하여 거행하는 것이 어떻겠습니까?"하니, 하교하기를, "입진(入診)은 택일하여 거행하고, 산실청의 설치는 하교를 기다려서 하라."고 하였다.[186] 앞에서 살펴보았듯이, 조선시대에는 산실

---

183) 진짜만세력(http://afnmp3.homeip.net/~kohyc/calendar/index.cgi) 참조.
184) 『순조실록』 순조 27년 4월 22일 1번째기사. "産室謹稽國朝故事, 産室廳每前期三朔擧行, 今番設廳, 當在閏五月. 請待五月, 令日官擇吉日. 凡諸等事, 預爲準備, 以爲擧行之地." 從.
185) 『순조실록』 순조 27년 5월 3일 1번째기사, "産室世子嬪宮産室設廳, 以閏五月十一日卯時擇吉, 以洪義俊爲捲草官."

을 설치하는 일을 관상감의 관원이 택일을 해서 길일에 설치하였음을 알 수 있다. 본문에서의 일관은 택일을 하는 관상감의 관원을 가리키는데, 이러한 조선시대 일관의 직무를 현대에서는 철학관을 운영하는 사람들이 대신하고 있다. 예전에는 집안에 있는 산실에서 아기를 출산했다. 그러나 현대에서는 거의 대부분 임신 중에 다니던 산부인과에서 출산하고 있다. 출산을 꺼리는 방위가 『천기대요』에 수록되어 있다.

1) 택일
(1) 꺼리는 방위
　신황살방, 정명살방, 소아살방, 태세 기준의 삼살방이 있다.[187]
① 신황살, 정명살

<표 13-5> 신황살·정명살(남자)

상원	신황	간	리	감	곤	진	손	중	건	태
	정명	곤	감	리	간	태	건	중	손	진
중원	신황	중	**건**	태	**간**	리	감	곤	진	손
	정명	중	**손**	진	**곤**	감	리	간	태	건
하원	신황	곤	진	손	중	건	태	간	리	감
	정명	간	태	건	중	손	진	곤	감	리
연령		10 19 18 37 46 55 64 74	11 20 29 38 47 56 **65** 75	12 21 30 39 48 57 66 75	13 22 **31** 40 49 58 67 76	14 23 32 41 50 59 68 77	15 24 33 42 51 60 69 78	16 25 34 43 52 61 70 79	17 26 35 44 53 62 71 80	18 27 36 45 54 63 72 81

---

186) 『고종실록』 고종 7년 윤10월 10일, "中宮殿胎候, 今爲七朔矣."……"醫官診察, 竝擇日擧行何如?" 敎曰: "入診, 擇日擧行; 産室設廳, 待下敎爲之."
187) 『신증천기대요』, 대지문화사, 2004, 308쪽.

<표 13-6> 신황살·정명살(여자)

상원	신황	중	손	진	곤	감	리	간	태	건
	정명	중	건	태	간	리	감	태	진	손
중원	신황	간	태	건	중	손	진	곤	감	리
	정명	곤	진	손	중	건	태	간	리	감
하원	신황	곤	감	리	간	태	건	중	손	진
	정명	간	리	감	곤	진	손	중	건	태
연령		10	11	12	**13**	14	15	16	17	18
		19	20	21	22	23	24	25	26	27
		18	29	**30**	31	32	**33**	34	35	36
		37	38	39	40	41	42	43	44	45
		46	47	48	49	50	51	52	53	54
		55	56	57	58	59	60	61	62	63
		64	65	66	67	68	69	70	71	72
		74	75	75	76	77	78	79	80	81

㉮ 작용

신황살과 정명살 두 살에서 행년(行年)이 닿는 곳이 신황살이고 신황의 대궁(對宮)이 정명살이다. 수리와 음택·양택 조성에서도 크게 꺼리지만 다만 100보 밖은 꺼리지 않는다.

㉯ 일으키는 방법

상원갑자에서 남자는 10세를 간(艮)에서 일으켜서 순행[11세는 리(離), 12세는 감(坎), 13세는 곤(坤)] 하고, 여자는 10세를 중궁(中宮)에서 일으켜서 역행[11세는 손(巽), 12세는 진(震), 13세는 곤(坤)] 한다. 중원갑자에서 남자는 10세를 중궁에서 일으켜서 순행[11세는 건(乾), 12세는 태(兌), 13세는 간(艮)] 하고, 여자는 10세를 간(艮)에서 일으켜서 역행[11세는 태(兌), 12세는 건(乾), 13세는 중궁] 한다. 하원갑자에서 남자는 10세를 곤궁에서 일으켜서 순행[11세는 진(震), 12세는 손(巽), 13세는 중궁] 하고, 여자는 10세를 곤(坤)에서 일으켜서 역행[11세는 감(坎), 12세는 리(離), 13세는 간(艮)] 한다. 이러한 방법으로 채출한 것이 <표 13-5><표 13-6>이다.

삼원갑자에는 상원갑자와 중원갑자 그리고 하원갑자가 있다. 근현대의 상원갑자는 1864년~1923년, 중원갑자는 1924년~1983년, 하원갑자는 1984년~2043년이다.

<표 13-7> 삼원갑자(1864년~2043년)

삼원	서기 연도	간지	연수
상원 갑자	1864~1883	갑자~계미	20년간
	1884~1903	갑신~계묘	20년간
	1904~1923	갑진~계해	20년간
중원 갑자	1924~1943	갑자~계미	20년간
	1944~1963	갑신~계묘	20년간
	1964~1983	갑진~계해	20년간
하원 갑자	1984~2003	갑자~계미	20년간
	2004~2023	갑신~계묘	20년간
	2024~2043	갑진~계해	20년간

만약 1922년에 출생했다면 상원갑자에 출생한 사람이고, 1981년이나 1982년에 출생했다면 중원갑자에 출생한 사람이며, 1984년이나 2005년에 출생했다면 하원갑자에 출생한 사람이다. 위의 예제에서 1987년에 출생한 사람은 하원갑자에 출생한 사람이다.

② 태세 기준의 삼살방

<표 13-8> 삼살방(기준: 태세)

태세	申子辰	寅午戌	亥卯未	巳酉丑
삼살	巳午未 (남방)	亥子丑 (북방)	申酉戌 (서방)	寅卯辰 (동방)

③ 소아살

9월 ☴(손궁) 辰·巳(남동)	5월 ☲(리궁) 午(정남)	7월 ☷(곤궁) 未·申(남서)
8월 ☳(진궁) 卯(정동)	1월 10월	3월·12월 ☱(태궁) 酉(정서)
4월 ☶(간궁) 寅·丑(북동)	6월 ☵(감궁) 子(정북)	2월·11월 ☰(건궁) 戌·亥(북서)

<그림 13-3> 양년(子·寅·辰·午·申·戌)의 소아살(기준: 음력)

5월 ☴(손궁) 辰·巳(남동)	1월·10월 ☲(리궁) 午(정남)	3월·12월 ☵(감궁) 未·申(남서)
4월 ☳(진궁) 卯(정동)	6월	8월 ☱(태궁) 酉(정서)
9월 ☶(간궁) 寅·丑(북동)	2월·11월 ☵(감궁) 子(정북)	7월 ☰(건궁) 戌·亥(북서)

<그림 13-4> 음년(丑·卯·巳·未·酉·亥)의 소아살(기준: 음력)

2) 예제

[문제] 하원갑자에 출생한 30세(1987년도에 출생) 임신부가 병신년(丙申年, 2016년)의 4월 10일(음력 3월 4일)에 출산을 하려고 한다. 어느 방위에 있는 산부인과를 가야 하는가?

《해설》 ① 신황살에 해당하는 리방(離方, 정남)과 정명살에 해당하는 감방(坎方, 북동)이 불가하다.

② 병신년의 삼살방이 巳·午·未이므로 巳·午·未가 뜻하는 남방이 불가하다.

③ 양년인 병신년(丙申年)에 출산한다고 했으므로 <그림 13-3> 양년의 소아살을 보면 된다. 그리고 음력으로 3월 4일 이므로 3월의 난을 보면 된다. 양년의 음력 3월의 소아살이 태궁에 있으므로 태방(兌方) 곧 정서방이 불가하다.

④ 결론 : 정남방(신황살), 정북방(정명살), 남방(삼살방), 서방 (소아살방)은 모두 불가하다. 남은 것은 곤궁인 남서방, 건궁인 북서방, 간방인 북동방, 손궁인 동남방이므로 이 네 방위로 가면 된다.

4. 아기 젖 떼는 날

아기가 어느 정도 성장을 했는데도 불구하고 젖을 떼지 못할 때에 활용하면 된다. 현대의 아기는 생후 1년에서 1년 6개월 사이에 많이 뗀다. 여러 가지 방법으로 젖을 떼려고 하지만 잘 떼지 못할 때에는 택일학에서의 길일을 골라서 떼면 효과가 있다.

1) 택일

(1) 마땅한 날

복단일(伏斷日)과 묘일(卯日)이 있다.

(2) 꺼리는 날

5월과 7월이다.[188]

2) 길신과 흉살 설명
① 복단일

복단일은 동양천문학에서의 '28수'와 관련이 있다. 28수를 12
지에 따른 12일에 배속하여 두 바퀴를 돌리고도 네 개가 남은
것이 복단이다. <표 13-9>에서와 같이, 자일(子日)에는 허, 축
일에는 두, 인일에는 실, 묘일에는 여, 진일에는 기, 사일에는 방,
오일에는 각, 미일에는 장, 신일에는 귀, 유일에는 자, 술일에는
위, 해일에는 벽에 해당하는 날이 복단일이다.

<표 13-9> 복단일

일지 수(宿)	子	丑	寅	卯	辰	巳	午	未	申	酉	戌	亥
28수	허 虛	두 斗	실 室	여 女	기 箕	방 房	각 角	장 張	귀 鬼	자 紫	위 胃	벽 壁

<표 13-10> (용이하게 도출한) 복단일

요일 일진	일요일	월요일	화요일	수요일	목요일	금요일	토요일
복단 일진	子 巳	未	寅 酉	辰 亥	午 丑	申	卯 戌

동양천문학에서의 별자리는 모두 28개이고 일주일은 7일이다.
28을 7로 나누어 환산하면 <표 13-10>과 같이 용이하게 복단
일을 알 수 있다. 이 방법은 달력이나 만세력만 있으면 즉시 활
용이 가능하다. 즉 일요일이면서 이 날의 일진이 子 혹은 巳이면
복단일, 월요일이면서 이 날의 일진이 未이면 복단일 …… 토요일
이면서 이 날의 일진이 卯 혹은 戌이면 복단일이다.

복단을 '칠원복단(七元伏斷)' 또는 '암금복단(暗金伏斷)'이라고
도 부른다. 복단일은 아기의 젖을 떼는 일에서 길일이다. 또한
이 날은 "측간[변소]을 만들고, 구멍을 막고, 개미를 차단하고,
둑을 무너뜨리는 일에서 마땅하며, 장가(葬家)에서는 꺼리지 않

---

188) 『新增天機大要』「天機大要新增補遺」<小兒斷乳>, "宜: 伏斷卯日. 忌:
   五月, 七月."

는다. 또한 매장과 이장(조장, 造葬), 혼인, 관직자의 부임, 출행, 아들을 임신(구사, 求嗣)하기 위한 기도, 교역, 동토[토목]는 모두 흉하다."[189]고 하였다.

<표 13-11> 복단일의 작용

마땅	꺼림
유아 젖떼기, 변소 건축, 구멍 막기[塞穴], 개미 차단, 둑[언, 堰] 허무는 일	조장(造葬), 혼인, 상관의 부임, 출행, 구사(求嗣)를 위한 기도, 교역, 동토[토목]

② 묘일은 지지(地支) 중의 묘일(卯日)을 가리킨다. 지지가 12개이므로 12일에 한 번씩 묘일이 온다.

③ 음력 5월, 음력 7월

3) 예제

[문제] 서기 2016년 3월 12일경에 생후 2년 된 아기에게서 젖을 떼려고 한다. 길일은?

《해설》 ① 마땅한 날

3월 10일(辛卯)이 목요일이므로 午일이나 丑일이 아니어서 복단일에 해당하지는 않지만, 마땅한 날의 하나인 묘일(卯日)이다. 3월 11일(壬辰)은 금요일이지만 申일이 아니므로 복단일이 아니다. 3월 12일(癸巳)은 토요일이지만 卯일이나 戌일이 아니므로 복단일이 아니다. 3월 13일(甲午)은 일요일이지만 子일이나 巳일이 아니므로 복단일이 아니다. 3월 14일(乙未)은 월요일이고 未일이므로 복단일이다.

② 꺼리는 날

서기 2016년 3월 12일경은 음력 2월이기 때문에 흉한 달에 해당하지 않는다.

③ 결론

---

189) 『新參贊秘傳天機大要』卷之上 喪葬門 <七元伏斷日>, "宜: 作厠, 塞穴, 斷蟻, 作破堰. 不忌: 葬家. 造葬, 婚姻, 上官, 出行, 求嗣, 交易, 動土皆凶."

3월 10일과 14일이 좋다. 따라서 두 날 중 하루를 선택해서
젖을 떼면 된다.

[예제] 유아 젖떼기 택일 - 마땅한 날·꺼리는 달

양력	음력	요일	일진	卯日	복단일	해당수	5월	7월	해당수
3/10	2/2	목	卯	√		1			0
11	3	금	辰			0			0
12	4	토	巳			0			0
13	5	일	午			0			0
14	6	월	未		√	1			0

제14장

사진삭회·신상개광·영정 및 약조제·술빚기·장담그기

<그림 14-1> 국조 단군상(대종교) <그림 14-2> (서산)마애여래삼존상

제1절. 사진삭회·신상개광·영정(寫眞塑繪·神像開光·影幀)

사진(寫眞)은 사람의 얼굴을 종이에 그리거나 사진기로 찍는 일이고 '삭회(塑繪)'에서의 '삭(塑)'은 사람의 상을 뜻하고 '회(繪)'는 그림을 뜻하므로 곧 사람의 얼굴을 그리거나 찍는 일이다. 삭회(塑繪)를 『천기대요』에서는 새길 '조(雕)'에 그림 '회(繪)'를 써서 '조회(雕繪)'라고 하였으므로 돌이나 나무에 사람의 얼굴을 조각하거나 종이에 그리는 일임을 알 수 있다. 그리고 신상(神像)은 신의 상을 뜻하고 개광은 영정이나 신상의 점안(點眼)을 뜻한다.

현재 우리나라 사람이 믿고 있는 종교에는 민족종교와 외래종교가 있다. 민족종교는 대종교·단군교·한얼교·천도교·증산도·대순지리회가 대표적이고, 외래종교는 유교·불교·천주교·기독교가 대표적이다. 민족종교 중 대종교와 한얼교에서는 고조선을 건국한 국조 단군을 모셨다. 외래종교인 불교의 산신각에는 산신도, 칠성각에는 북두칠성을 신격화 한 칠성님, 대웅전에는 인도의 석가모니나 관세음보살상 또는 지장보살상이나 나한상을 모셨다. 그리고 유교에서는 유교에서 추앙을 받는 유교의 성현들을 모셨다.

또한 기독교와 천주교에서는 예수상과 성모마리아상을 각각 모셨다. 이외에도 국가발전에 크게 이바지한 이순신 장군과 최영 장군을 비롯한 많은 영정을 모셨으며, 또는 각 지역에서 지역발전에 공헌한 분들의 위패나 영정을 모시고 그 뜻을 기리고 있다. 이외에도 그리고 각 가문에서는 시조나 중시조의 위패나 영정을 모시고 추모하고 있다.

위와 같은 각 종교의 신앙대상인 단군상, 불상, 공자상, 예수상, 성모마리아상이나 산신도, 칠성님·나한상 및 조상의 영정을 돌이나 나무에 조각하는 일과 종이에 그림을 그리는 일 그리고 점안식과 각 가정에서 사망 후 장례와 기제사에서 쓰일 영정사

진을 찍는 일에서도 이 택일이론이 적용된다.

1) 택일

(1) 마땅한 날

육덕일, 황도시가 있다.

(2) 꺼리는 날

본명일, 본명일대충일, 월파, 월기, 화해, 절명, 귀곡, 신호가 있다.[190]

2) 길시

마땅한 날을 고른 뒤에 황도시를 고르면 된다.

<표 14-1> 육덕(세덕·세덕합)

세간 육덕	甲	乙	丙	丁	戊	己	庚	辛	壬	癸
세덕 (歲德)	甲	庚	丙	壬	戊	甲	庚	丙	壬	戊
세덕합 (歲德合)	己	乙	辛	丁	癸	己	乙	辛	丁	癸

<표 14-2> 육덕(천덕·천덕합·월덕·월덕합)

월건 육덕	寅	卯	辰	巳	午	未	申	酉	戌	亥	子	丑
천덕 (天德)	丁	坤 未申	壬	辛	乾 戌亥	甲	癸	艮 丑寅	丙	乙	巽 辰巳	庚
천덕합 (天德合)	壬	.	丁	丙	.	己	戊	.	辛	庚	.	乙
월덕 (月德)	丙	甲	壬	庚	丙	甲	壬	庚	丙	甲	壬	庚
월덕합 (月德合)	辛	己	丁	乙	辛	己	丁	乙	辛	己	丁	乙

---

190) 『選擇紀要』 用事類 <寫眞塑繪·神像開光·影幀>, "宜 : 六德(歲德, 歲德合, 天德, 天德合, 月德, 月德合), 黃道時. 忌 : 主事本命日, 對沖, 月破, 月忌, 禍害, 絶命, 神號, 鬼哭."

| | 덕은 거의 모든 흉살을 능히 제압할 수 있다. 다만 삼살과 세파는 제압하지 못한다. |

본명일과 본명일대충일은 행사하는 사람이 출생한 해의 간지(干支) 및 그 간지와 상충되는 간지이다. 그리고 화해일과 절명일은 <표 5-6>을 참조하면 된다. 월파는 월건과의 충(沖)이 되는 날, 월기는 음력 매월의 5일·14일·23일이다. 그리고 귀곡과 신호는 월건 기준의 신살이다. 황흑도길흉정국의 황도일과 황도시는 <표 4-6>을 참조하면 된다.

<표 14-3> 월파, 월기, 귀곡(온황), 신호

월건 신살	寅	卯	辰	巳	午	未	申	酉	戌	亥	子	丑
월파 (月破)	申	酉	戌	亥	子	丑	寅	卯	辰	巳	午	未
귀곡 (鬼哭)	未	戌	辰	寅	午	子	酉	申	巳	亥	丑	卯
신호 (神號)	戌	亥	子	丑	寅	卯	辰	巳	午	未	申	酉
월기 (月忌)	매월 음력 5·14·23일											

3) 예제

[문제] 1950년(庚寅)에 출생한 남자가 2016년(丙申) 11월 초순(戊戌)에 단군상을 건립하려고 한다. 길일과 길시는?

《해설》 ① 마땅한 날

병신년의 세덕은 丙이고 세덕합은 辛, 술월의 천덕과 월덕은 丙이고 천덕합과 월덕합은 辛이다. 세덕 및 술월(戊月)의 천덕과 월덕인 丙이 없다. 그러나 금년의 세덕합 및 술월의 천덕과 월덕합인 辛은 11월 5일이다. 길신이 있는 날은 11월 5일에 3개가 있고, 다른 날에는 길신이 전무하다.

[예제] 사진삭회·신상개광·영정 - 마땅한 날

양력	음력	요일	일진	육덕						해당 수
				세덕	세덕합	천덕	천덕합	월덕	월덕합	
11/1	10/2	화	丁亥							0
2	3	수	戊子							0
3	4	목	己丑							0
4	5	금	庚寅							0
5	6	토	辛卯		√		√		√	3
6	7	일	壬辰							0

② 꺼리는 날

1950년의 간지가 庚寅이므로 그의 본명일은 庚寅이고 그 대충일은 甲申이다. 따라서 그의 본명일은 11월 4일이고 그 대충일은 없다. 1950년에 출생한 남자의 금년 나이는 67세이다. 그의 화해일은 辰·巳이고 절명일은 午인데 화해일은 6일이고 절명일은 없다. 그리고 술월(戌月)의 월파인 辰은 6일, 월기는 음력 10월 5일(양력 11월 4일), 술월의 귀곡인 巳와 신호인 午는 없다.

③ 결론

택일은 흉살을 피하는 것이 우선이다. 흉살이 없는 날이 11월 1일, 2일, 3일, 5일이므로 이날 중에서 하루를 선택하면 된다. 11월 2일을 선택했다고 가정한다. 이 날의 일진이 戊子이므로 申·酉·卯·子·午·丑이 황도시이다. 낮 시간이 오시(11:30〜13:30)와 신시(15:30〜17:30)이므로 이 시간에 행사를 하면 된다.

[예제] 사진삭회·신상개광·영정 — 꺼리는 날

양력	음력	요일	일진	본명일	본명일대충일	화해일	절명일	월파	월기	귀곡	신호	해당수
11/1	10/2	화	丁亥									0
2	3	수	戊子									0
3	4	목	己丑									0
4	5	금	庚寅	√					√			2
5	6	토	辛卯									0
6	7	일	壬辰			√	√					2

제2절. 약 조제와 술빚기 택일

현대인은 주로 제약회사에서 개발해서 상품화한 약을 약국에서 구입해서 복용하지만 현대에서도 천연 생약재를 이용하여 전통적인 방법으로 약을 조제하는 경우가 많다. 예로부터 귀한 약은 약 고유의 법제과정을 거쳐서 조제를 하되 길일을 골라 약을 짓는다. 한의원과 민간에서 약 조제 시, 택일해서 조제를 하면 약성을 배가할 수 있다. 그리고 현대에서 완제품 술이 주조회사에서 대량으로 만들어져서 시중에 유통되고 있지만, 지금도 민속에서는 전통 민속주나 특수한 술을 빚고 있다. 가령 김천의 과하주, 금산의 인삼주, 계룡의 백일주, 안동의 안동소주, 전주의 이강주 등이 있다. 이때 길일을 골라 술을 빚으면 더욱 품격있는 술맛을 낼 수 있을 것이다.

위의 두 가지 택일이론은 『선택기요』와 『연길귀감』에 수록되어 있다. 두 문헌 모두 마땅한 날에는 천원일과 오부일로 수록되어 있다. 그러나 꺼리는 날에는 『선택기요』에는 월파일, 월염일, 辛일이 수록되어 있지만 『연길귀감』에는 세 가지 흉살 외에도 건제12성의 평·수(平·收)가 추가되어 있다. 꺼리는 날의 하나인 신일(辛日)은 달력에서 辛이 적힌 날로서 辛丑·辛卯·辛巳·辛未·辛酉·辛亥가 있다.

1) 택일
(1) 마땅한 날
 천원일, 오부일이 있다.
(2) 꺼리는 날
  월파일, 월염일, 辛일이 있다.[191]
  <표 14-4> 천원, 오부 ‖ 월파, 월염, (건제12성의) 평·수

월건 신살	寅	卯	辰	巳	午	未	申	酉	戌	亥	子	丑
천원(天願)	乙亥	甲戌	乙酉	丙申	丁未	戊午	己巳	庚辰	辛卯	壬寅	癸丑	甲子
오부(五富)	亥	寅	巳	申	亥	寅	巳	申	亥	寅	巳	申
월파(月破)	申	酉	戌	亥	子	丑	寅	卯	辰	巳	午	未
월염(月厭)	戌	酉	申	未	午	巳	辰	卯	寅	丑	子	亥
평(平)	巳	午	未	申	酉	戌	亥	子	丑	寅	卯	辰
수(收)	亥	子	丑	寅	卯	辰	巳	午	未	申	酉	戌

2) 예제
[문제] 2016년 4월 5일에서 10일 사이에 전통 민속주를 빚고자 한다. 마땅한 날은?
《해설》 ① 마땅한 날: 이 시기는 월건이 壬辰이다. 진월의 천원

---

191) 『選擇紀要』 上篇 用事類 <醞釀·合藥>, "宜: 天原, 五富日. 忌: 月破, 月厭, 辛日.

인 乙亥가 없다. 오부인 巳는 4월 5일이다.

[예제] 약 조제 및 술 빚기 택일 - 마땅한 날·꺼리는 날

양력	요일	일진	천원	오부	해당 수	월파	월염	후일	해당 수
4/5	화	丁巳		√	1				0
6	수	戊午			0				0
7	목	己未			0				0
8	금	庚申			0		√		1
9	토	辛酉			0			√	1
10	일	壬戌			0	√			1

② 꺼리는 날: 진월의 월파인 戌은 4월 10일, 월염인 申은 8일, 辛일은 9일이다.

③ 《결론》 택일에서는 길일을 선택하기 이전에 흉살을 피하는 것이 더욱 중요하다. 따라서 흉살이 있는 8일, 9일, 10일은 불가하다. 4월 5일은 길신이 1개 있으므로 길일이다. 6일과 7일은 비록 길신은 없지만 흉살이 없으므로 무난한 날이다.

제3절. 장 담그기 택일

지역에 따라 차이는 있지만 대개 정초~삼월에 장을 담근다. 메주를 쑤어서 간장이나 된장 고추장을 담그는 일은 오래전부터 우리 민족이 해 오던 연례행사이다. 장 담기에 좋은 날로『규합총서(閨閤叢書)』에서는 "병인일(丙寅日)과 정묘일(丁卯日), 제길신일(諸吉神日), 우수일, 입동일, 황도일, 삼복일"을 들고 있다. 그리고 민간에서는 손 없는 날인 10일·20일 및 그믐날 또는 말날(午日)이나 돼지날(亥日)에 장을 담근다.[192]『규합총서』는 조

선말기에 부녀자의 생활지침을 위한 순 한글로 된 책이다.

택일 문헌에서의 마땅한 날과 꺼리는 날은 아래와 같다. 마땅한 날인 천덕합과 월덕합은 육덕에 속하고, 만(滿)·성(成)·개(開)는 건제12성에 속하며, 오일은 달력에서 말 그림이 그려져 있는 날을 가리킨다. 그리고 꺼리는 날인 신일(辛日)은 천간 辛이 적힌 날인데 가령 辛丑·辛卯·辛巳·辛未·辛酉·辛亥를 가리킨다.

1) 택일
(1) 마땅한 날

丁卯·丙寅·丙午, 천덕합, 월덕합, 건제12성의 만·성·개, 오일(午日)이 있다.

(2) 꺼리는 날

辛일이 있다.[193]

<표 14-5> (건제12성의) 만·성·개

월건 신살	寅	卯	辰	巳	午	未	申	酉	戌	亥	子	丑
만(滿)	辰	巳	午	未	申	酉	戌	亥	子	丑	寅	卯
성(成)	戌	亥	子	丑	寅	卯	辰	巳	午	未	申	酉
개(開)	子	丑	寅	卯	辰	巳	午	未	申	酉	戌	亥

2) 예제

[문제] 2016년 2월 23일~2월 26일에 날을 골라 장을 담기로 했다. 마땅한 날은?

《해설》 ① 마땅한 날

2월 23일~2월 26일은 인월이다. 인월의 천덕합인 壬과 월덕합인 辛이 없다. 그리고 인월의 만인 辰은 28일이고, 개인 子

---

193) 국립민속박물관,『한국세시풍속사전』참조.
193) 『신증천기대요』, 대지문화사, 2004, 273쪽.

는 24일이지만, 성인 戌은 없다. 그리고 말날을 뜻하는 오일
(午日) 또한 없다.

② 꺼리는 날

신일이 없다.

[예제] 술 빚기 택일 – 마땅한 날·꺼리는 날

양력	요일	일진	丁卯	丙寅	丙午	천덕합	월덕합	건제12성			午日	해당수	辛日	해당수
								만	성	개				
2/23	화	乙亥										0		0
24	수	丙子								√		1		0
25	목	丁丑										0		0
26	금	戊寅										0		0
27	토	己卯										0		0
28	일	庚辰						√				1		0

③ 《결론》

흉살이 있는 날이 없다. 길신이 있는 날이 24일과 28일이므로
두 날 중 하루를 선택해서 장을 담그면 된다.

제15장
농수산업 택일

제1절. 벌목(伐木) 택일

벌목은 산림자원을 활용하기 위해서 나무를 베는 일이다. 우리 나라에서는 산에서 벌목을 하고 있으므로 사고의 위험이 뒤따른 다. 따라서 이 택일이 필요하다.

1) 택일
(1) 마땅한 날
건제12성의 위일(危日), 오일(午日), 신일(申日), 입동후~입춘 전이 있다.
(2) 꺼리는 날
월파일, 월염일, 건제12성의 건·개일(建·開日), 왕망일이 있 다.194)

2) 길신과 흉살 설명
길신인 위와 흉살인 건·개는 《관례택일》 <표 4-4> 건제12성 길흉정국에 수록되어 있다. 그리고 오일(午日)은 말날을 가리키 고, 신일(申日)은 원숭이날을 가리킨다. 또한 '입동후~입춘전'에 서의 입동은 대개 양력 11월 7일경이고 입춘은 2월 5일경이다. 이 기간은 나뭇잎이 떨어진 시기이므로 벌목하기 좋은 시기이다. 따라서 이 시기에 꺼리는 날을 피하고 마땅한 날을 골라 벌목을 하면 된다. 꺼리는 날에서 월파는 월건과의 충이 되는 날, 월염

---

194) 『選擇紀要』 上篇 用事類 <伐木>, "宜: 危日, 午申日, 立冬後立春前. 忌: 月破, 月厭, 建·開日, 往亡日."

은 한 달의 안액을 맡은 신이 싫어하는 날, 왕망은 일을 행해서 죽거나 망하는 날이다.

<표 15-1> (건제12성의) 위·건·개

12성 \ 월건	寅	卯	辰	巳	午	未	申	酉	戌	亥	子	丑
위(危)	酉	戌	亥	子	丑	寅	卯	辰	巳	午	未	申
건(建)	寅	卯	辰	巳	午	未	申	酉	戌	亥	子	丑
개(開)	子	丑	寅	卯	辰	巳	午	未	申	酉	戌	亥

<표 15-2> 월파, 월염, 왕망

신살 \ 월건	寅	卯	辰	巳	午	未	申	酉	戌	亥	子	丑
월파(月破)	申	酉	戌	亥	子	丑	寅	卯	辰	巳	午	未
월염(月厭)	戌	酉	申	未	午	巳	辰	卯	寅	丑	子	亥
왕망(往亡)	寅	巳	申	亥	卯	午	酉	子	辰	未	戌	丑

3) 예제

[문제] 2016년 12월 11일~12월 15일에 산림청 직원이 벌목을 하려고 한다. 길일은?

《해설》 이 시기는 입동후~입춘전이고 월건은 子이다.

① 마땅한 날

자월(子月)의 위일(未)은 15일이다. 그리고 오일은 14일이고 신일은 16일이다.

② 꺼리는 날

자월의 월파인 午는 14일이다. 그러나 월염인 子, 건일인 子, 개일인 戌, 왕망인 戌은 없다.

[예제] 벌목 택일 - 마땅한 날 ∥ 꺼리는 날

양력	요일	일진	위일	午日	申日	해당수	월파	월염	건일	개일	왕망	해당수
12/11	일	丁卯				0						0
12	월	戊辰				0						0
13	화	己巳				0						0
14	수	庚午		√		1	√					1
15	목	辛未	√			0						0
16	금	壬申			√	1						0

③ 《결론》 흉살이 있는 14일은 길신이 있는 날이기도 하다. 이 날을 제외한 날 중 길신이 있는 16일이 가장 좋다. 그리고 흉살이 없는 11일, 12일, 13일, 15일도 모두 길일이다.

취어택일은 '안전한 취어를 위한 택일'이라고 할 수 있다. 우리나라 국토의 동쪽에는 동해, 남쪽에는 남해, 서쪽에는 서해195)가 있다. 우리 국토의 삼면이 바다였으므로 어업이 발달해 왔고, 이와 같은 이유로 인해 '취어택일'이 발생하여 이 택일 이론이 택일문헌에 수록되어 있다. '취어'는 고기잡이를 뜻한다. 취어택일은 주로 원근해와 강 그리고 호수에서 조업을 할 때에 활용되지만 이외에도 최근에는 여유생활을 즐기기 위해 휴일에 배를 타고 바다낚시를 갈 때에도 이 이론을 활용하면 된다.

아래에서 '우수후~입하전'이 취어시기로 기록이 되어 있는 이유는, 이 시기에는 대체로 태풍과 같은 이상이변이 적기 때문일 것으로 생각된다. 하지만 현대에서는 선박건조기술 발달로 인해 선박이 대형화되어 있으므로, 사고의 위험이 예전에 비해 적은 편이다. 만약 취어택일 이론에 기상예보를 참고해서 조업을 하면 더욱 안전할 것이다.

1) 택일
(1) 마땅한 날
건제12성의 집·위·수, 우수후~입하전이 있다.
(2) 꺼리는 날
육덕일, 건제12성의 개(開), 팔풍일, 촉수용일, 왕망일이 있

---

195) 국내에 출판되어 있는 많은 지도와 구글(https://www.google.co.kr/)에는 우리나라의 서쪽에 있는 바다를 '황해' 또는 '黃海'로 표기하고 있는데 이는 옳은 표기가 아니다. 예로부터 『조선왕조실록』 등 우리나라의 기록물에는 '西海'로 기록되어 있기 때문이다. '黃海'는 우리나라의 서해 너머에 있었던 나라에서 부르던 바다명이다. 한국민족대백과사전에는 황해를 "우리나라 서쪽에 있는 바다."로 정의되어 있는데, 황해를 "중국인이 부르던 바다명이다."로 정의하는 것이 좀 더 옳다. 만약 중국과의 국토분쟁이 생겼을 경우에는 우리에게 불리한 표기가 황해(黃海)이다.

다.196)

<표 15-3> (건제12성의) 집·위·수·개

월건 12성	寅	卯	辰	巳	午	未	申	酉	戌	亥	子	丑
집(執)	未	申	酉	戌	亥	子	丑	寅	卯	辰	巳	午
위(危)	酉	戌	亥	子	丑	寅	卯	辰	巳	午	未	申
수(收)	亥	子	丑	寅	卯	辰	巳	午	未	申	酉	戌
개(開)	子	丑	寅	卯	辰	巳	午	未	申	酉	戌	亥
왕망 (往亡)	寅	巳	申	亥	卯	午	酉	子	辰	未	戌	丑

<표 15-4> 팔풍, 촉수용

신살 계절	봄	여름	가을	겨울
팔풍 (八風)	丁丑, 丁巳	甲申, 甲辰	丁亥, 丁未	甲戌, 甲寅
촉수용 (觸水龍)	계절과 무관하다. 丙子일, 癸未일, 癸丑일이다.			

2) 길신과 흉살 설명

길신인 집·위·수와 흉살인 개(開)의 길흉은 《관례택일》 <표 4-4> 건제12성길흉정국에 자세하게 수록되어 있다. 그리고 육덕은 <표 14-1>과 <표 14-2>에 수록되어 있다. 팔풍과 촉수용은 수로를 이용한 여행에서도 흉살이지만 배를 타고 취어를 하는 택일에서도 역시 흉살이다. 취어에 마땅한 시기를 우수후~입하전으로 설명하고 있는데, 우수는 양력 2월 19일경이고 입하는 5월 4일경이다. 그리고 왕망(往亡)은 《이사택일》 2의 2) '왕망' 설명을 참조하면 된다.

---

196) 『選擇紀要』 上篇 用事類 <取漁>, "宜: 執·危·收日, 雨水後立夏前. 忌: 六德, 開日, 八風日, 觸手龍日, 往亡日."

3) 예제

[문제] 2016년(丙申) 3월(卯月) 9일~14일에 바다낚시 동호인들과 바다낚시를 가려고 한다. 길일은?

《해설》 3월 9일~14일까지는 우수후~입하전이고 월건은 卯이다.

① 마땅한 날

묘월(卯月)의 집일 申, 위일 戌, 수일 子가 표에 없다.

② 꺼리는 날

병신년의 세덕합 辛은 10일, 천덕 未는 14일, 월덕 甲은 13일이다. 그러나 병신년의 세덕 丙과 묘월의 천덕합 및 월덕합인 己가 없다. 그리고 묘월의 왕망인 巳는 12일이다. 그러나 묘월의 개(開)인 丑, 봄의 팔풍인 丁丑·丁巳, 촉수용인 丙子·癸未·癸丑은 없다.

[예제] 취어 및 낚시 택일 — 마땅한 날∥꺼리는 날

| 양력 | 일진 | 건제12성 | | | 해당수 | 육덕 | | | | | | 開 | 팔풍 | 촉수용 | 왕망 | 해당수 |
		집	위	수		세덕	세덕합	천덕	천덕합	월덕	월덕합					
3/9	庚寅				0											0
10	辛卯				0		√									1
11	壬辰				0											0
12	癸巳				0										√	1
13	甲午				0					√						1
14	乙未				0			√								1

③ 《결론》

흉살이 있는 날은 10일, 12일, 13일, 14일이다. 따라서 이 날을 제외한 9일과 11일이 길일이다.

제3절. 가축들이기 택일

가축을 기르기 위해 소, 돼지, 닭, 오리 등 가축을 사오는 택일이다. 농업이 주된 산업이던 시절에는 소 한 마리가 재산의 반이었다. 비록 현대에서 소 한 마리가 그 시절만큼의 재산 가치는 안 되지만, 가축사양이 주업인 가정에서는 길일에 가축을 사 오는 일이 중요하며, 길일에 가축을 사오면 가축이 병들지 않게 사양할 수 있을 것이다.

1) 택일

(1) 마땅한 날

육덕일, 천원일, 월은일, 모창일, 오부일, 건제12성의 개일이 있다.

(2) 꺼리는 날

월파일, 월기일, 월염일, 월형일, 월해일, 월삼살일, 天吏, 大時, 건제12성의 평·수일이 있다.[197]

2) 길신과 흉살 설명

육덕은 <표 14-1>과 <표 14-2>에 수록되어 있고, 월파와 월염은 <표 15-2>에 수록되어 있다.

<표 15-5> 천원, 월은, 오부, 개(開)

월건 신살	寅	卯	辰	巳	午	未	申	酉	戌	亥	子	丑
천원 (天願)	乙亥	甲戌	乙酉	丙申	丁未	戊午	己巳	庚辰	辛卯	壬寅	癸丑	甲子
월은 (月恩)	丙	丁	庚	己	戊	辛	壬	癸	庚	乙	甲	辛

---

197) 『選擇紀要』上篇 用事類 <牧養納畜>, "宜: 六德, 天願, 月恩, 母倉, 五富, 開日. 忌: 月破, 月忌, 月厭, 月刑, 月害, 月三殺日, 天吏, 大時, 平·收日.

오부 (五富)	亥	寅	巳	申	亥	寅	巳	申	亥	寅	巳	申
개(開)	子	丑	寅	卯	辰	巳	午	未	申	酉	戌	亥

<표 15-6> 모창

길신＼5계	봄	여름	가을	겨울	토왕
모창(母倉)	亥子	寅卯	辰戌丑未	申酉	巳午

<표 15-7> 삼살일(기준: 월건)

월건＼신살	삼살	월건＼신살	삼살
申子辰	巳午未	寅午戌	亥子丑
亥卯未	申酉戌	巳酉丑	寅卯辰

<표 15-8> 월형, 월해, 평, 수, 개, 천리, 대시, 월기

12성＼월건	寅	卯	辰	巳	午	未	申	酉	戌	亥	子	丑
월형 (月刑)	巳	子	辰	申	午	丑	寅	酉	未	亥	卯	戌
월해 (月害)	巳	辰	卯	寅	丑	子	亥	戌	酉	申	未	午
평(平)	巳	午	未	申	酉	戌	亥	子	丑	寅	卯	辰
수(收)	亥	子	丑	寅	卯	辰	巳	午	未	申	酉	戌
개(開)	子	丑	寅	卯	辰	巳	午	未	申	酉	戌	亥
천리 (天吏)	酉	午	卯	子	酉	午	卯	子	酉	午	卯	子
대시 (大時)	卯	子	酉	午	卯	子	酉	午	卯	子	酉	午
월기 (月忌)	매월 음력 5·14·23일											

① 천리(天吏)

천리는 흉살로서 이 날은 관직자의 임관과 부임, 원행, 사송을 꺼린다. 『역왈』에서 천리는 정월에 酉에서 일으켜서 역행하여 사중198)이라고 하였다.

② 대시(大時)

『회남자』에서 대시는 함지(咸池)라고 하였고, 『이정조』에서 대시는 정월에 卯에서 일으켜서 역행하여 사중이라고 하였다. 『신추경』에서 대시는 장군의 상인데 이날은 출군, 전쟁, 가옥건축, 모임을 꺼린다고 하였다.199)

3) 예제

[문제] 2016년(丙申) 3월(卯月) 중순에 소를 사 와서 우사에 들이려고 한다. 길일은?

《해설》 태세는 丙申, 3월 25일~30일의 월건은 卯이다.

① 마땅한 날

병신년의 세덕인 丙은 25일, 묘월의 천덕인 未·申은 26일·27일, 월덕합인 己는 30일이다. 그러나 세덕합인 辛과 천덕합 그리고 월덕인 甲은 없다. 묘월의 월은인 丁은 26일, 봄의 모창인 亥는 30일이다. 그러나 묘월의 천원인 甲戌, 봄의 모창인 子, 오부인 寅, 건제12성의 개(開)인 丑은 없다.

[예제] 납축 택일 – 마땅한 날

양력	요일	일진	육덕						천원	월은	모창	오부	개일	해당 수
			세덕	세덕합	천덕	천덕합	월덕	월덕합						
3/25	금	丙午	√											1
26	토	丁未			√					√				2
27	일	戊申			√									1
28	월	己酉												0

---

198) 『欽定協紀辨方書』 卷六 儀禮四, "天吏者, 月中凶神也. 其日, 忌臨官, 赴任, 遠行, 詞訟. 『歷例』曰, 天吏者, 正月起酉, 逆行四仲."

199) 『欽定協紀辨方書』 卷六 儀禮四, "『淮南子』曰, 大時咸池也. 『李鼎祚』曰, 大時者, 正月起卯, 逆行四仲. 『神樞經』曰, 大時者, 將軍之象. 所值之日忌出軍, 攻戰, 會親."

29	화	戊戌											0
30	수	己亥					✓						1

② 꺼리는 날

묘월의 월파 酉는 28일, 월염 酉는 28일, 월삼살 申酉戌은 각각 27일·28일·29일, 천리 午는 25일, 건제12성의 평(平)인 午는 25일이다. 그러나 월해 辰, 월형 子, 월기(음력 5일·14일·23일), 건제12성의 수(收)인 子는 없다.

[예제] 납축 택일 – 꺼리는 날

양력	요일	음력	일진	월파	월기	월염	월형	월해	월삼살	천리	대시	평	수	해당수
3/25	금	2/17	丙午							✓		✓		1
26	토	18	丁未											0
27	일	19	戊申						✓					1
28	월	20	己酉	✓		✓			✓					3
29	화	21	庚戌						✓					1
30	수	22	己亥											0

③ 《결론》

택일은 흉일을 피하고 길일을 고르는 것이 원칙이다. 흉살이 없는 날은 26일과 30일이다. 이중에서 26일은 길신이 2개이니 최길하고, 30일은 1개이니 차길하다. 만약 26일에 소를 우사로 들인다면 이 날의 일진이 丁未이므로 술·해·사·인·신·묘가 황도시이다. 이중에서 낮 시간인 사시와 신시가 적당하다.

《부록》 택일 문답

1. 인터넷 택일 사이트에서 출산택일 신청 시 부모의 사주를 요구하는 까닭이 무엇입니까?
《답변》 사주로 하기 때문입니다. 사주에는 택일하는 이론이 없으므로 택일문헌으로 택일하는 것이 옳습니다.

2. 택일에서의 '동토', '동토일'은 같은 것입니까?
《답변》 동토는 토목공사이고 동토일은 토목공사를 하는 날입니다.

3. 토왕절과 토왕용사는 같은 뜻으로 이해하면 되겠습니까?
《답변》 예. 같은 뜻입니다.

4. 이사택일에서의 구기법은 한국나이를 적용합니까? 만 나이를 적용합니까?
《답변》 한국나이를 적용합니다.

5. 건축택일에서의 금루사각법은 한국나이를 적용합니까? 만 나이를 적용합니까?
《답변》 한국나이를 적용합니다.

6. '기복택일'은 제사택일 이론을 적용합니까? 구사택일 이론을 적용합니까?
《답변》 기복택일·제사택일·구사택일은 동일한 택일이론을 적용합니다.

7. 방사를 꺼리는 날에서 본궁일은 한국나이를 적용합니까? 아니면 만 나이를 적용합니까?
《답변》 한국나이를 적용합니다.

8. 출산방위를 가리는 이론에서 신황살과 정명살에서의 연령은 한국나이를 적용합니까? 만 나이를 적용합니까?
《답변》 한국나이를 적용합니다.

9. 고사를 지낼 때 북쪽으로 지내면 됩니까? 아니면 출입문 반대방향으로 지내야 합니까?
《답변》 기제사를 비롯한 모든 제사에서는 병풍을 칩니다. 고사나 기제사에서 병풍을 어느 방위에 설치하든지간에 병풍이 있는 곳이 북쪽이 됩니다. 가옥 내부의 구조가 맞을 경우이라면, 가급적 북쪽을 등지게 병풍을 치면 더욱 좋습니다.

10. 택일에는 여러 가지의 주당이 있습니다. 양력을 적용합니까? 음력을 적용합니까?

《답변》 혼인주당, 신행주당, 이사주당, 파빈주당, 상문주당, 안장주당 등 모든 주당은 음력을 적용합니다.

11. 기제사는 돌아가신 날의 자시(子時)에 지내야 합니까? 그럼 자시는 몇 시를 가리킵니까?

《답변》 기제사는 조상이 돌아가신 날 자시에 지내는 것이 옳습니다. 서울 기준의 자시는 밤 11시 32분 이후부터 120분입니다. 부산지역은 11시 24분, 대구지역은 11시 26분 이후입니다.

조선후기의 대표적인 예서(禮書)인 『사례편람』에는, 돌아가신 날의 날이 샐 무렵에 지낸다고 기록되어 있습니다. 현대에서는 돌아가신 날의 저녁에 기제사를 지내는 것도 방안이 될 수 있습니다. 가령 5월 10일이 기제사일 경우, 자시인 5월 10일의 자시에 지내도 되지만 10일의 동이 틀 무렵이나 또는 10일의 저녁에 지내도 됩니다. 무엇보다 가장 중요한 것은 많은 가족이 편리한 시간에 고인을 추모하는 시간입니다. 그러나 기제사 하루 전날이나 뒷날은 안 됩니다.

《참고문헌》

1. 원전류

『選擇紀要』(觀象監 刊行, 國立中央圖書館 영인본).

『協吉通義』(觀象監 刊行, 國立中央圖書館 영인본).

『沙溪全書』

『書雲觀志』

『涓吉龜鑑』, (국립중앙도서관 마이크로필름本).

『禮記』

『儀禮』

『周禮』

『增補天機大要』(觀象監 刊行, 國立中央圖書館 本).

2. 단행본류

김홍경 편역,『음양오행설의 연구』, 신지서원, 1993.

김희자,『알기 쉬운 가정의례』, 한국학술정보(주), 2011.

남기현 역,『춘추번로』, 자유문고, 2005.

남민이,『현대 생활 속의 상장례』, 학문사, 2011.

소길 저, 김수길·윤상철 역,『오행대의』, 대유학당, 1998.

신승운,『예기집설대전』1, 전통문화연구회, 2005.

윤사순,「조선조 예 사상의 연구」,『동양학』13, 1983.

이길표,『전통가례』, 한국문화재보호재단, 2000.

이목춘,『축문집람』, 보경문화사, 2010.

이수동,『가정의례택일』, 한국자격교육원, 2014.

_____,『관혼례택일』, 한국자격교육원, 2014.

_____,『상장례택일』, 한국자격교육원, 2014.

_____,『음양오행설총론』, 한국자격교육원, 2014.

이순지, 김수길·윤상철 공역,『천문류초』, 대유학당, 2006.

이 재,『사례편람』, 명문당, 2003.

이목춘,『축문집람』, 보경문화사, 2010.

이중환,『택리지』, 을유문화사, 2000.

임소주 원저 성여춘 개편,『신증천기대요』, 대지문화사, 2004.

장철수,『한국전통사회의 관혼상제』, 한국정신문화연구원, 1984.

_____,『한국의 관혼상제』, 집문당, 1995.

주희 지음, 임민혁 옮김,『주자가례』, 예문서원, 2013.

최　호,『관혼상제』, 필문당, 1998.

한동구,『한국의 관혼상제』, 국서간행회, 1973.

允錄·梁湘潤 編著,『協紀辨方書』, 台北: 武陵出版公司, 1984.

人民中国出版社,『中国方术概观选择』 上·下, 北京: 人民中国出版
社, 1992.

3. 논문류

권병숙,「전통혼례의 현대적 의미」; 친영례를 중심으로,『유교문
　　　화 연구』18, 2011.

김근하,「전통상례의 택지에 관한 연구」, 영남대학교 박사학위논
　　　문, 2011.

김만태,「역서류를 통해 본 택일문화의 변화」,『민속학연구』20,
　　　국립민속박물관, 2007.

박범수·박승열,「교사를 위한 전통 생활예절 연구」,『한국초등교
　　　육』12, 2001.

윤창열,「음양오행론의 발생과 그 응용」,『대한한의학원전학회지
　　　』제19-4, 2006.

이수동,「조선시대 잡과의 음양과 연구; 택일과목을 중심으로」,『
　　　원불교사상과 종교문화』51, 원광대학교 원불교사상연구원,
　　　2012.

_____,「조선말기 명과학 시험교재『선택기요』연구」,『장서각』
　　　32, 2014.

_____,「조선후기 혼례택일 연구」,『동양예학』34, 2015.

_____, 「조선후기 상례택일 방법론 고찰」, 『동양예학』 37, 2015.

_____, 「조선후기 선택서의 혼례택일 방법론 고찰」, 『실천민속학회』 28, 2016.

이창익, 「조선후기 역서의 우주론적 복합성에 대한 연구」 서울대학교 박사학위논문, 2005.

전용훈, 「정조대의 曆法과 術數學 지식: 『千歲歷』과 『協吉通義』를 중심으로」, 『한국문화』 54, 서울대학교규장각 한국학연구원, 2011.

조영숙, 「사계 김장생의 예학사상 연구 :『가례집람』 「혼례편」을 중심으로」, 성균관대학교 석사학위논문, 2004.

주영애, 「한국전통혼례문화의 발전적 계승을 위한 일 연구」, 『한국가족자원경영학회 학술대회논문집』 1, 2009.

4. 사이트

동양예학회: http://www.yehak.com/

범국민예의생활실천운동본부: http://www.yejeol.or.kr/book/book_4_s2.php

주자가례 전통예절: http://www.jkh38.co.kr/contents_old.htm

진짜만세력: http://afnmp3.homeip.net:81/~kohyc/calendar/index.cgi

한국민속대백과사전: http://folkency.nfm.go.kr/main/main.jsp

한국민족문화대백과사전: http://encykorea.aks.ac.kr/

한국역대인물종합정보시스템: http://people.aks.ac.kr/index.aks

나가는 말

수 년 전 동양학 수학의 꿈을 안고 원광대학교 동양학대학원에 진학하였고 그 뒤에 학우들의 권유로 관상감에 관련된 글을 적어서 발표하게 되었다. 조선시대에는 '관상감'이라는 국립관청에서 천지인삼재학문을 교육하고 또한 이 학문에 밝은 사람을 국가고시의 하나인 음양과(陰陽科)를 통해 관상감 관원을 선발하였다. 음양과 시험과목과 교재를 조사하다가 택일 문헌이 있다는 사실을 알게 된 뒤에 택일 문헌들을 수집하였고, 이중『선택기요』와『역길귀감』을 번역하면서 이론을 정리하였다.

나중에 알게 된 사실이지만 학계에서 택일 문헌이 있다는 것을 아는 학자가 거의 없다는 것이며 물론 번역본이 있을 리 만무하다. 지금 가만히 생각해보니 이 책의 초고가 만들어진지 어느덧 10년이 지났고 완성본에 가깝게 만들어진 것이 3년이 지났으니 10년이라는 세월의 공을 이 책에 들인 셈이다. 이 책의 출판을 몇 년 전부터 저울질하다가 이제야 이 책을 세상에 공개하게 되었다.

이 책의 가장 큰 특징은 택일 상담과 강의를 하면서 저술된 책이므로 누구나 활용이 가능한 '실사구시' 성격의 책이라는 점이다. 따라서 택일을 업으로 하는 분들과 일반인 모두에게 '표준'이 될 수 있는 택일책이라고 생각하면서 이 책을 세상에 공개하지만 미흡한 부분이 있을 것이다. 아무쪼록 이 책이 택일을 업으로 하는 역술인은 물론이고 혼인, 이사, 개업, 매장, 이장, 수묘(修墓) 등 가정과 집안의 대소사에서 흉일을 피하고 길일을 가려서 행사하려고 하는 일반인 모두에게 작은 도움이 되길 바란다.

단기 4351년(서기 2018) 음력 11월 28일
빛고을 光明에서 이수동 적음

택일 프로그램으로 2~3분만에 택일 하기

택일 프로그램 사용 안내

한국택일연구소에서 개발한 프로그램을 활용하면 2~3분에 택일을 신속하게 할 수 있다.

1. 프로그램을 활용하면 택일을 제대로, 쉽게, 신속하게 할 수 있다.
택일 문헌에 근거하여 택일의 신살을 전산화하여 택일했기 때문이다.
⇒ 프로그램에 사용된 택일 문헌: 『협기변방서』, 『협길통의』, 『선택기요』, 『연길귀감』, 『천기대요』 등.

2. 프로그램에서의 택일의 종류
혼인택일(약혼일시택일, 혼례일시택일), 출산택일, 연회택일(돌잔치, 회갑잔치, 칠순잔치), 이사택일(이사방위, 이사날짜), 개업택일, 고사택일, 건축택일(터닦기, 상량식택일), 득남기도택일, 시험합격택일, 여행택일, 출장택일, 질병택일(수술날짜), 장례택일(입관시간, 파빈시간, 발인방위, 하관시간), 이장택일, 묘지수리택일.

3. 택일 프로그램의 필요성
○ 우리나라 속담에 "새집 짓고 3년 나기 어렵고, 새 사람 들어와서 3년 나기 어려우며, 묘지 쓰고 3년 나기 어렵다."는 말이 있다. 이는 가옥건축, 혼례, 매장·이장을 할 때 택일이 잘못되면 3년 안에 흉한 재액을 당하기 쉽다는 말이다.
○ 현재 역술인은 사주로 택일을 하거나 혹은 민력(택일력)으로 택일을 하고 있다. 그러나 사주학에는 택일하는 이론이 전무하므로 사주로 하는 택일은 이치에 어긋나고, 민력(택일력)에는 본명일, 본명일대충일, 나이에 따라 달라지는 화해일, 절명일이 등이 빠져있을 뿐만 아니라 불과 7개에서 10개 정도의 신살로 각종 택일을 하고 있으므로 민력(택일력)으로 하는 택일은 신뢰할 수 없다. 그러나 본 프로그램을 활용하면, 각종 택일에서 요구하는 모든 길신과 흉살을 전산화하여 택일 프로그램

을 제작하였으므로 완벽한 택일을 할 수 있다.

4. 택일 프로그램 사용료
❀ 1년 사용료: 70만원
❀ 2년 사용료: 100만원
❀ 5년 사용료: 200만원
❀ 10년 사용료: 500만원

5. 활용 방법
①프로그램 사용 신청 ⋯→ ②한국택일연구소(http://www.taekil.com/)에 접속 ⋯→ ③회원가입 ⋯→ ④로그인 ⋯→ ⑤원하는 택일을 이용

6. 문의전화
010-7321-5539
gigong@naver.com